UNFILTERED

社群假象

不掉進與他人比較的絕望陷阱

HOW TO BE AS HAPPY AS YOU LOOK ON

SOCIAL MEDIA

潔西卡‧艾寶 **Jessica Abo**——著

閻蕙群——譯

方舟文化

Contents

目　錄

Part 1
社群媒體讓你焦慮了嗎？　　　　25

CHAPTER 1　當科技遇上心計　　　　26

當你對自己的人生心滿意足時，

就不會因為羨慕或是忌妒，而質疑你自己的價值。

推薦序

你是否正在拿別人的「精彩片段」，與自己的「幕後花絮」相比？

30 歲左右，我毅然決然辭去金融業的工作，進入諮商心理研究所就讀，就在看似找到志向、平順充實的學習旅程中，某一天，卻發生了化學變化。

那是一個有著和煦陽光的初夏午后，我交出厚重的期末報告，心情瞬間輕盈許多，一個勁兒地往床上躺，沒事做了呢！無意識地拿起手機，點開 Facebook，用大拇指往上滑了幾下；突然，一張照片吸住了我的目光，我像是被定格一般盯住照片不放，然後，從胸口湧出一股強烈的酸意，全身依然無法動彈。

照片中，我的某位女性臉友身處一家高級的米其林餐廳，用甜美幸福的笑容看著鏡頭，她的右邊是她事業有成的丈夫，她手上抱著的是她剛滿周歲的孩子，桌上擺著兩個愛馬仕包包（粗估價值約台幣百餘萬元），那天，是她的生日。

無法動彈、腦袋一片空白了不知道多久，接著我感覺到臉頰熱呼呼地，滾下好幾行淚，我怎麼了？我好生氣、我也好難過，我好……嫉妒！我怎麼可以嫉妒？欸，蘇予昕，難道你是這種無法祝福別人、見不得別人好的小人嗎？

十幾分鐘後，情緒漸漸趨於平靜，理性出現了一個小小的、溫暖的聲音：「要不要關心一下，『嫉妒』它想表達什麼？」我打開電腦，開

啓一個word檔，把手放在鍵盤上，讓手指像是有自主意識一般，自由地表達──「我不懂，我是嫉妒那兩個愛馬仕嗎？還是嫉妒她有個疼愛她的老公？」、「當然，有人送我愛馬仕我會開心收下啦，但這不是我此刻渴望的東西，我也擁有一位非常合拍的伴侶，那我到底在意的點是什麼呢？」

　　經過了一番內在探索後，我才體悟到，原來，我渴望的是這位女性臉友呈現出來的「人生勝利組感」，就像一個名牌包那麼惹眼，而不論我學習的滿足感再怎麼豐沛，卻沒辦法被別人具體的看見；尤其，身為一個沒有生產力的學生，很容易失去價值、忘記自己的意義在哪裡。但這也讓我和自己重新核對，正在行走的這條路，是否真的通往我所渴望的方向？我的答案是，即使暫時沒辦法被他人認可，我已經在正確的道路上了！想到這裡，剛剛的酸楚逐漸從胸口離開，升起一股堅定、平靜的感受。

　　以上是我個人因「社群網站」而引發的心理風暴。作者潔西卡像個老朋友般，試圖用輕鬆的故事讓我們理解，這種「社會比較」（social comparison）並不客觀，別老是拿他人的「精彩片段」與自己的「幕後花絮」相比；而要跳脫這種比較，她認為只能透過回到真實、活出真實才能做到。

　　我更深的體會是，任何事物皆有陰陽兩面，即使臉友的愛馬仕包引發了我如此劇烈的心理衝擊，這依然是一段幫助我了解自己的寶貴經驗，因此，既然我們誰也無法脫離潮流，不如讓這本書告訴你，**如何聰明地善用社群網站，讓關係更深刻，找到自我價值！**

　　　　　　　　　　　　　　　　　　── 蘇予昕　諮商心理師

推薦序
管別人今天貼了什麼！

　　我是在飛機上寫這篇推薦序的。我一結束紐約公寓的整理工作，便迫不及待搭機趕去跟孩子們團聚，因為之後我就要開始拍攝一部劇名叫做《完美主義者》（The Perfectionists）的新戲。這部新戲的劇名跟本書有個共同點，兩者都是要提醒我們：**許多人為了要在人前展示自己的人生完美無缺，而讓自己面臨了難以承受的巨大壓力。**

　　這種壓力之沉重，我可是再清楚不過了。小時候我因為多次搬家，經常淪為校園裡的局外人，只能冷眼旁觀各個小圈圈，希望能找到我的歸屬。20 歲的時候，我忙於認識自己，也想弄清楚我為什麼跟自己的父母如此不同；為此我還展開了接納自己之旅，而且這趟旅程直到今天都還未結束。

　　30 歲的時候，我的生活被工作、愛情以及當個媽媽 —— 世間最棒的禮物 —— 所填滿。

　　40 歲的時候，我感謝上天讓我身心健康，而且擁有自己想要的一切。在即將邁入 50 歲大關之際，我想告訴各位：

　　這一路走來我愛過、也曾迷失過，我學到了寶貴的人生課題，並且成長茁壯。我何其有幸，擁有一份眾多演員夢寐以求的事業，但我也必須老實告訴各位，這一路走來並不是一直都很順遂的。

　　有在社群媒體上追蹤我的人，都知道我向來不會羞於貼出我的糗事，我這麼做的目的，是希望大家不要因為自己不順，卻在看到別人過

得很爽時而眼紅，其實天底下並不是只有你一個人那麼衰。

人生本就是不完美的，但那又有什麼關係，我希望有更多人願意擁抱他們的真實人生。

真實的人生——而不是我們使用濾鏡自拍後，貼在社群媒體上的那些耀眼照片——才是可貴的。**你的人生是你自己的真實經驗，你應當以自己的故事為榮**——別管他人今天貼了什麼。那就是本書作者潔西卡想要傳達給讀者的訊息，而且也是為什麼我如此喜愛這本書，並大力推薦它的原因。

回想我跟潔西卡的第一次見面，是她為紐約的 NY1 新聞台來探訪我的手提包產品線；之後我們在紐約時裝週第二度見面，第三次見面則是在《花邊教主》[1] 的拍攝現場，她在劇中客串電視公司的記者。

不過直到她邀請我擔任慈善活動的主持人，我們才開始有了比較深的交情；那是她為需要骨髓移植的人所籌辦的一場公益活動。各位將會在本書中看到，潔西卡對於那場骨髓配對晚會真的是盡心盡力，不但特地到片場探我的班，還幫我加入了骨髓捐贈者資料庫。

我在多年前就認識的潔西卡，跟各位即將在書中認識的是一樣的人——坦然擁抱人生中的一切，因為她想要用一種真實無偽的方式過日子。在書中的字裡行間，潔西卡傳授了許多私房招數，教大家如何打破一成不變的呆板生活。如果你正為了工作不順心而感到挫折，或是不知道該為哪個弱勢族群發聲，她都能幫你找到一條新的出路。不論你是最近剛失婚，還是正在熱戀當中，或是努力想要忘掉上一段戀情，你都能夠從她分享的有趣故事或個人省思，找到符合你現況的案例可供參考。

....

1　Gossip Girl，由塞西莉‧馮‧齊格薩（Cecily von Ziegesar）所作同名流行小說改編而成的美國 TA 電視劇。

總之，這本書提醒了你我，逆境乃人生常事，所以作者想要幫助大家振作起來，不再空想虛度人生。各位在讀了本書之後，將會擁有新的工具來幫助你有所作爲，並決心爲這個世界創造更多的愛與喜樂，我祝各位接下來的人生旅程一帆風順並且心想事成。

　　奉上滿滿的愛給各位，請好好享用這本美妙的書！

──凱莉・魯瑟福[2]

2　Kelly Rutherford，已爲人母的演員、社運人士、慈善家。她的 Instagram 帳號：@kellyrutherford。

作者序
讓自己活得更加表裡如一

　　我在撰寫本書期間，只要有人問起我的職業，我都故意略過我的記者本業，直接告訴對方：「我正在寫一本討論社群媒體假象的書。」因為我很愛看到對方露出「我懂！」的表情，並且點頭如搗蒜的模樣。

　　我早就想要寫一本能引起讀者共鳴的書，並在書中提供一些務實好用的撇步。所以我很樂於回答對方接下來可能會提出的一連串疑問：

- 「妳是怎樣想到這個書名的？」
- 「妳為什麼會想要寫這本書？」

　　老實說，這個念頭其實已經盤據我心中好長一段時間：整整 10 年了！不過一開始的情況跟如今可是天差地別。我發現這本書不但自有其生命，而且跟我一樣，在過去這 10 年間起了千變萬化呢。

　　接下來就請聽我細數這本書的整個演變過程吧：

　　2008～2014：儘管我的職業是個說故事的人，卻沒信心寫一本書介紹我自己，所以我問一位有著傳奇人生的朋友，能不能為他寫一本傳記。他說他不想被眾人指指點點，不過要是我也把我的人生故事放進書裡，那他就願意跟我分享他的故事。

　　於是我們投注了 6 年的光陰在那本書上，我數度搭機去訪問他，我

的爸媽甚至為了配合我們某次的會面還更改了他們的度假計畫。在費了那麼大的一番工夫之後，他展開了一份新的事業，不想把他的私生活攤開在世人的眼前，所以他決定退出這個計畫，而我也整整 1 年沒再碰過我寫下的數百頁文稿。

2014～2015：當我終於下定決心要整理那堆作品時，我的摯友珍妮佛‧威考芙（Jennifer S. Wilkov）適時出現，並且成了替我指引明路的「北極星」。我刪除了那位傳奇人物的所有篇幅，只留下我自己的故事並加以編輯整理。

威考芙建議我仔細思考寫這本書的原因，以及我鎖定的讀者群；她還教了我寶貴的一課：為讀者而寫。她的建議我照單全收，並且花了一整年的時間寫書。

在此同時，我參加了 Entrepreneur Media 在紐約市舉辦的一場大會，並因而得知，他們除了發行《Entrepreneur》這份財經雜誌之外，也出版書籍。當時我的 YouTube 頻道也正式推出，我覺得如果能為有志創業的人寫本書挺不錯的。

稍後各位將會看到，我開辦 YouTube 頻道的過程非常辛苦，除了不停燒錢之外，我本身更是忙得不可開交。回顧我在開台後第一年所錄製的影片，每個影片的主題都一樣：**這是我目前遇到的狀況，給你做個參考、也希望能幫到你**；而這個主題也延伸到本書。我很幸運在那年有多位後進願意閱讀我寫的東西，並且給我許多建議。

2016：在我努力重新打造這本書的同時，我遇到了今生的摯愛並且訂下婚約，儘管我的生活算是蠻公開的──因為我常跟人分享最新的電視新聞以及公益活動，不過我決定要好好守護這件事，所以當布萊特向

我求婚時，我們決定不將喜訊貼在社群媒體上。

後來當人們問我為何沒有公開分享此事，我都是這樣回答的：

「我很能體會單身者的心情，畢竟我自己曾經空窗好長一段時間。所以我不希望那些還在尋覓良緣的朋友，來我的臉書上看到我的好消息時，會覺得心裡很不是滋味。」

而我的真心話是：我不想讓那些拚命想要脫單的朋友覺得難受。我本人當然是很開心，也覺得自己很幸運，但這件事只要我跟布萊特知道就好；所以我們只跟非常親近的摯友分享，不需要讓全世界的人都知道（或是看到），我被一枚戒指給套牢了。

許多朋友能夠體諒我的貼心之舉，不過也有人說，看到別人的喜訊會帶給他們希望，這兩種觀點我都認同。當時我正在撰寫新的章節與導言給威考芙看，其中的內容包括我擔任演講者時漂亮的個人履歷，以及另外一份看起來沒那麼亮眼的經歷，但如實交待了我這一路走來的整個過程。

我一直要求自己把真實自我攤在世人眼前，所以我在演講和 YT 影片中，都會如實呈現真正的自己。當我在 2016 年成為 Entrepreneur.com 的撰稿人時，我瞬間有了一個更大的平台，來分享人們如何化危機為轉機的故事。1 年後，Entrepreneur Network 團隊把我介紹給叢書部門的人，於是我提出了另一個版本的撰書提案。

2017：布萊特跟我在 7 月完婚，8 月我就懷孕了。當時我們正打算從東岸搬到西岸，所以日子忙得不可開交。9 月我把出書提案送交 Entrepreneur 出版部，並且準備搬離我在紐約的公寓，結束東西兩岸奔波的日子。

在前往洛杉磯的飛行途中，我跟老公說，我實在不喜歡我在提案中

所寫的書名，當時我提的是書名是《做自己人生的執行長》（*Chief Empowerment Officer: How to Be the CEO of Your Life*）。不知是出於直覺還是懷孕期的荷爾蒙在作祟，腦中總有股聲音拚命想要把我拉往一個新的方向。所以在我跟 Entrepreneur 出版部簽訂書約的當下，我滿腦子仍在想著該取什麼書名才好！

我覺得《做自己人生的執行長》這個書名不夠貼切，我比較想用《人生眞靠杯》（*Life Is F**king Hard: How to Be As Happy as Your Social Media Feed Looks*）當作書名，但是我也很擔心爸媽回到老家，不敢把這本大剌剌寫著 F 字眼的書秀給親朋好友們看。

接下來的 10 月跟 11 月，我飛遍了東岸，進行我的巡迴演說、主持活動，並且趕場跟許多親友見面，希望能在飛回洛杉磯之前盡量見到最多人。當時我很想跟每個人分享我已懷孕 20 週的喜訊，但是因為我跟老公還在焦急地等待檢驗報告，所以我只能忍住不說。因此每個見到我的人，看到的都只是一個非常開心的小胖妞。

在那趟東岸之旅的過程中，我會見的每個友人，幾乎都有一肚子的苦水想要傾訴，儘管我也很想分享我的故事，但我卻不能在檢驗結果確定之前就跟大家宣布喜訊。所以這些對話令我更加確信，書名應該叫做《人生眞靠杯》。

我在紐約的時候，曾跟 Entrepreneur 媒體部的人見面數次，討論我爲 Entrepreneur.com 拍攝的影片，我告訴他們，我打算把這些影片放進這本書裡。其實打從一開始，我就希望這本書是互動式的，除了借鏡其他人的故事，也將納入我對創造內容的熱愛。所以如果你輸入各章內文的影片連結，就可即時觀看訪談，藉由影片內容了解更多他人的經驗談。

在與編輯團隊開會時，我曾詢問是否有任何字眼需要避開，結果他們告訴我，人們對於跟執行長有關的文章及影片，多半興趣缺缺退避三

舍，最好改用「創業家」或「創辦人」取而代之。這個消息令我大吃一驚，因為我的整體發想就是執行長，而且這本書的核心概念，就是努力成為你自己人生的執行長。

這下我們只好砍掉重練從頭來過，我把我的想法化為文字，寫了一篇很長的電郵給 Entrepreneur 的出版總監珍妮佛・多爾西（Jennifer Dorsey），以及行銷暨業務總監梵妮莎・坎波絲（Vanessa Campos）；我告訴她們，我自創的服飾品牌推出一件印有「**#不用濾鏡**」（#Unfiltered）字樣的 T 恤，因為我很愛這個想法：我認為我們沒必要使用濾鏡讓自己變得更好看。

我詳細說明了我對這個書名的想法，以及我希望這本書能夠達成什麼目標，結果現在這個書名雀屏中選。雖然之後我們為了行銷做了一些調整，不過這就是現在這個書名的由來。這個書名正確傳達出我希望各位在閱讀本書時能夠得到的訊息：**你們一定能夠採取一些行動，讓自己活得更加表裡如一——而不必刻意展現出完美無瑕的樣子。**

本書內容概要

我把本書分成 6 大部分，因為每位讀者需要的東西可能不一樣；雖然這本書無法滿足所有人的全部需求（天底下沒有一本書辦得到），但至少能滿足你在人生中某個階段的需求，例如：

- 你跟你家的青少年可以用各取所需的方式一起閱讀本書：你讀你熱愛的商業主題，他們則可以看看如何因應告白被打槍的窘境，或是如何找到良師益友。
- 你擁有美滿的婚姻但痛恨工作，或者你熱愛工作，並衷心期盼

有朝一日能尋獲美滿的姻緣。

· 你剛跟舊愛分手，正打算把所有心力投注在新的事業，或是需要一些時間獨自療傷。

· 你遇上了一位很會欺負部屬的慣老闆，不知該如何是好。

· 你跟閨蜜出現嫌隙，不知還有誰可以信靠。

· 你滿懷痛苦，正在想方設法尋求解決之道。

· 你想更加投入公益活動，或是累翻了想要休息一下。

　　不論你此刻正在經歷什麼樣的狀況，你在閱讀本書時可能會發現，某幾段話或某幾頁的內容深得你心，你想立刻用螢光筆畫下重點，但是對於其他的內容則完全提不起興趣。

　　當然也可能上述所有情況都與你不符，你只是想找本書打發長途飛行的無聊（我也會這樣）。但不管你的人生正處於什麼情況，我都希望你能夠在這本書裡找到令你心有戚戚焉的內容。

　　我之所以會寫這本書，是因為我們每個人都在為自己的人生努力打拚，而且我們在不同的階段需要不同的事物。所以我特別在這本書中加入許多重點摘要——因為沒有人想要在讀完了一大堆內容之後，卻發現錯過了對他們很有意義的真正重點。

　　當你在閱讀本書時，你會在某幾章中遇到「**問問你自己**」，它們是一些你可以練習的習題，包括填充題或機智問答，要不要做這些練習由你決定，因為不會有人幫你打分數，它們是為了讓你在有需要時，能夠藉由與自己對答而找出的實用建議；如果那些練習能夠對你有所助益，我會非常開心！即便你對它們不感興趣，至少看一眼吧，說不定能讓你想一想呢。

　　至於「**#我的故事**」這部分，談的是我人生中的高低起伏，希望各位

讀了之後會發現，原來天底下並不是只有你那麼倒楣嘛。如果你對做練習的興趣更高，大可不看「**#我的故事**」；但如果你願意抽空讀一讀我那些陳年往事，或許你會覺得我的境遇跟你相比，根本是小巫見大巫，抑或許令你覺得自己的處境其實沒那麼糟。雖然我並不希望各位拿你自己的人生境遇跟我的相比，不過我想你很可能已經跟你周遭——尤其是社群媒體——的人比過高下了。

就像成功並非按照某些順序發生，本書的章節也是以方便各位隨興閱讀的方式編排。如果你最近告白被打槍，你不妨直接跳去看第 5 及第 6 章；如果你的工作令你心力交瘁，正打算把副業變成事業，請直接看第 9 章。如果你受夠了莫名其妙的約會，並且需要開懷大笑，那我建議你直接讀第 13 章，看看我跟其他一些倒楣鬼的悲慘約會情節。總之，請各位隨心所欲地閱讀本書吧。

我衷心期盼閱讀這本書能讓各位得到這些收穫：確認人生是屬於你自己的，大可不必擺出光鮮亮麗的假象給別人看——包括社群媒體與真實人生皆是如此。這本書並非要讓那些令你感覺「矮人一等」的傢伙繼續「耀武揚威」，而是教你如何拿回你的力量，並且把你的努力、能量與快樂，投注到你自己的人生。那就是為什麼我希望你看到「**看影片！**」的記號時，就去看看相關的影片，因為那些訪談或許能夠激勵你採取行動。

免責聲明

雖然書中提到的所有故事都是真的，不過為了保護當事人的隱私，所以相關的人名都做了更改。我並非提供醫療或健康諮詢的專業人士，也不是領有證照的社工或治療師，所以我沒有辦法對你正在經歷的每件

事做出指導，因為我並不是你，而且我也沒過著你的人生。我既不是法力無邊的精靈，也沒有能夠預見未來的水晶球，所以我無法向你保證，當你讀完這本書之後，你就會有能力解決所有的問題。我也沒有開設像Uber 或 Netflix 之類的公司，所以我不會使用一些自己根本不懂的專業術語或行話。

但是我會誠實地跟各位分享，我對許多議題的想法與意見。我會如實說出我曾經經歷過的事情，並分享是什麼原因幫助我平安度過每一個難關，希望這些經驗談也能夠幫助你更快度過你的難關。我還把我曾經訪問過的卓越人士與專家們的故事放進書裡，他們大方分享了自己如何在計畫頻頻凸槌的情況下力挽狂瀾；你不僅可以讀到他們的建議，更可以從我的 YT 頻道以及 Entrepreneur.com 上觀看相關的影片。最後一點，除非我有聲明，否則我並未向任何人收費，也未替書中提到的任何產品代言或背書。

有鑑於人們每天花在社群媒體上的時間極長，我想確定各位已經具備了能夠在線上與離線時都能好好過日子的工具。我寫這本書是為了幫助各位對自己的現狀、以及擁有的一切感到快樂滿意——即便社群媒體上看到的每個人似乎都過得比你好。我希望本書的內容能提醒你，坦然面對現階段的人生。最後，我希望各位像我一樣對本書愛不釋手。

—— 潔西卡・艾寶

Part 1

社群媒體
讓你焦慮了嗎？

Finding Your Happy Place

· · · · ·

　　有時我們明知那些精心打造的社群形象，往往只是人們貼出的「華麗版的自己」，但是為何我們仍無法克制「羨慕、嫉妒、恨」的情緒，甘心被社群媒體給唬得一愣一愣的呢？

　　當你對自己的人生心滿意足時，就不會因為羨慕別人而質疑起自己的價值；正視你的負面情緒，找出讓你活得不開心的根源，著手解決那些長期被你忽略的問題與挑戰。

CHAPTER 1 當科技遇上心計
When Psychology Meets Technology

結束一天漫長的工作後，你只想趕緊回到家，一邊小酌一邊追劇。你拿出一只酒杯，順手打開 IG，隨即看到你朋友 PO 出她在夏威夷衝浪的照片：「超完美的一天！」瞬間想到自己工時超長，卻不成對等的薪水。你關上應用程式，登入 LinkedIn，心不甘情不願地開始找工作……劇只好改天再追了，美味的白酒也沒心情品嚐了……**#我的靠杯人生啊**

　　這樣的情況或許也曾發生在你身上：你一早神清氣爽地起床，順手拿起手機，因為你很好奇這世界上 —— 或是*你的世界裡* —— 發生了什麼新鮮事；或許你只是迫不及待地想知道，你昨晚臨睡前貼的文得到多少個讚，說時遲那時快，你看到以下的畫面：

- 你的朋友全在某個派對裡狂歡，唯獨你沒被邀請。
- 有人升官了，可惜那人不是你。
- 你的前男友訂婚了。
- 你弟弟買房了，你卻還窩在租來的小套房裡。
- 你妹的孩子都會走路了，你的肚子還是一點動靜都還沒有。

不管是上述哪種情況，你的好心情都在瞬間盪到谷底。

要是你從未經歷過上述情況，那還真不尋常；你要嘛很滿意現在的狀況，要不就是你完全沒使用任何一種社群媒體。對大多數人來說，這種「人比人氣死人」（compare and despair）的心情，是再熟悉不過了。

另外還有一種情境：你今天真倒楣，有可能是因為你跟男／女友大吵一架，或是你們團隊裡的某個人耽誤了一個提案的重要時程——搞不好那個人就是你。

不過你並沒有在你的動態中寫下「今天過得糟透了」，反倒是替你買的酪梨吐司／包包／新車拍了一張照片，套用一個花俏的濾鏡，然後寫下：

「我愛我的人生。#讚爆了（killingit）」

你這麼做是覺得沒必要讓別人知道你的生活有多糟。接下來，為了幫你忘掉這不順心的一天，你決定把剩下的時間都用來查看有多少人對你的貼文做出回應或留言——**雖然你明明跟其中的大多數人都沒交談過，平常也不在意或甚至根本不認識對方**；但你現在卻像是緊盯著電視機等待選舉開票結果的人一樣，緊盯著自己的動態，壓根沒意識到時間過得飛快，一眨眼已是半夜，而且你還有一籃子的髒衣服待洗。

最後一種，也是我經常聽到的情境：你跟一位朋友共進午餐，他從頭到尾都在埋怨自己的人生超不幸，從工作到戀愛每件事都不順心。你耐心地聽著，偶爾甚至給點建議。在你盡責地當完朋友的垃圾桶後，你們各自打道回府，但 2 個小時後，朋友貼了一篇文章，講的全然不是那麼回事，倒像是他生活裡的每件事都稱心如意極了。突然間，你開始怨懟自己為什麼買不起名牌潮鞋／上不起酷炫的健身房／住不起漂亮的豪

宅。你好恨自己的人生差他一大截，但你明知事實根本不是這麼回事！你們剛剛才一起喝咖啡聊了一堆是非——整整 2 小時！那為什麼你的腦袋分不清哪些是事實哪些是虛構的？

我們明明是聰明能幹的人類，卻會被社群媒體給唬得一愣一愣的。說真的，這實在太愚蠢了。要是你覺得成年人還那麼容易被騙未免太遜，其實我更為孩子們感到難過！我曾訪問書中多位專家，從而得知人類大腦的控制器，也就是前額葉皮質區，竟然要到 25 或 26 歲才發展完全。要是連你這個成年人都會因為沒受邀參加某人的婚禮或生日宴會而覺得不爽，更何況是小孩子呢？當他看到同學全都穿著時下最夯的名牌潮 T 上學，唯獨他沒有，他的心情肯定是更加難受。

所以你究竟該怎麼做，才能不那麼在乎別人的一舉一動，而好好地珍惜自己人生中的一切？你或許以為答案很簡單：不要上網、避免下載任何會害你不開心或分心的應用程式就行了，但這未必一定能奏效。有些學校、公司或典禮場合，都要求不准使用手機，這是很值得稱許的；一些設計師也正努力研發更多能幫我們監控手機使用狀況的功能。不過這仍無法解釋，為什麼我們這些努力上學上班、負責持家以及養家活口的人，一看到別人貼在網路上的虛偽人生，都會莫名其妙地心生羨慕，嫉妒得氣到抓狂。我們該如何解決這個問題呢？

就讓我們從科學講起吧！

大腦與社群媒體的連結

不論你是為了排遣等待時的無聊心情而使用社群媒體，還是因為在派對上無人搭理而想要尋求歸屬感，社群媒體業已成為 21 世紀人類用來逃避日常生活的出口，而且每個人對外都想要呈現出自己很有特色、人

面很廣的印象。當你獨自一人在家時，你是不是會在不知不覺的情況下，隨手拿起手機滑它個「幾秒」，哪知一眨眼已經過了1小時？

當我們登入社群媒體，就能跟他人產生有意義的連結。像是找到失聯許久的兒時好友、疏於往來的親戚，甚至能找到工作與尋得真愛，就連已經分手的前男友或高中時的暗戀對象，也都能找到。

◎ 孤獨有害健康

2018年3月19日出版的《哈佛商業評論》，有篇標題為「美國最孤獨的工作者」的文章，作者群指出：「研究顯示，孤獨對於健康造成的危害及產生的醫療成本，等同於1天之內吸15根菸。」文中還強調，孤獨的員工表現通常略遜一籌，而且較可能辭職。作者之一的紹恩‧阿克爾（Shawn Achor）在他的著作及研究中指出，即便只是同儕的稱讚或是與同事共進午餐之類的簡單行動，都能夠提供正面的社會支持，並改善一家企業的文化。

無獨有偶，《紐約時報》也刊登過一篇報導：「英國任命孤獨事務部長」（2018年1月17日），撰文者錫蘭‧因蘇（Ceylan Yeginsu）引述英國的跨黨派組織「喬考克斯孤獨委員會」（Jo Cox Commission on Loneliness）在2017年提出的報告：「英國有超過900萬人經常或總是感到孤獨。」我很高興英國政府特別任命專責官員來處理這個議題，但是看到政府的研究發現：「英國有20萬名年長者，超過1個月未曾跟朋友或親戚說過話。」這樣的情況真的令我很痛心。

社群媒體上的動態能讓我們想起好友的生日，也能從朋友的貼文學

到新事物；我們不必親自參與，就可以「聽到」朋友間的對話與辯論；只要點擊一下，我們就可以推銷商品或是捐款給公益團體；不論是罷工或是遊行，我們都能從自家的廚房餐桌，跟全世界站在一起，為他們加油打氣壯大聲勢。

我們在社群媒體的人際網絡也很適合分享內容，不論是在地慈善活動的細節，還是為想去希臘旅遊的朋友介紹好玩的景點，我們都可以分享很多有用的資訊。許多研究也已顯示，正在對抗病魔的人，能從社群媒體的支持慰問而受益。在你遇上不如意的事情時，要是朋友適時傳來一些勵志的人生小語，或是令人捧腹大笑的爆紅影片，就能讓糟糕的心情一掃而空。

根本沒必要每 5 分鐘就滑一下手機

儘管我們的生活的確需要有意義的連結，但許多人一心想要從社群媒體尋求歸屬感，最後得到的卻是膚淺的表面支持。不論我們得到多少個讚，或是有多少追蹤與訂閱數，都不代表這些人真的會來參加我們的生日派對，或半夜時還陪在我們身邊。獲得快樂的方法之一，是把時間投注在那些真正對你不離不棄的朋友身上，他們會在你不如意時鼓勵你，或是真的到你身邊安慰你。

我們都明白，其實根本沒必要每 5 分鐘就滑一下手機，況且就算我們沒更新任何動態，人生也不會就此停頓。所以社群媒體顯然並非我們的痛點，而且一直掛在網上通常也無法解決問題。我每個星期都會聽到各種年齡層的人抱怨：「我再也不想上社群媒體了。」雖然有人宣稱他們刪掉了手機上的某個應用程式，但那通常只會維持 1 天，因為他們深怕錯過了某些「要事」，最後終究會忍不住查看；這就是令人聞之色變

的「害怕錯過任何訊息」毛病──錯失恐懼症（Fear Of Missing Out，簡稱 FOMO）。

有一份名為「眼不見未必能淨：限制使用無線行動裝置，對低、中、重度使用者的焦慮程度之影響」的研究報告發現，當你拿走某人的手機，他們表示會感到焦慮，而且焦慮會一直持續到他們拿回手機為止。其中一位研究者賴瑞‧羅森（Larry Rosen），是加州州立大學多明格茲山分校的榮譽教授；羅森鑽研科技心理學長達 30 多年。他在接受我的專訪時指出，他跟同事曾在 2016 年做過一項研究，觀察 200 多位學生的手機使用情形：學生們使用一款稱為 Instant 的應用程式，該程式會統計他們每一天解鎖手機的次數，並追蹤解鎖時間會持續多久。

羅森指出：「研究顯示學生平均每天會解鎖 56 次，總計維持 220 分鐘；那表示學生平均每 15 分鐘解鎖一次，並且持續不到 4 分鐘。隔年，我們針對一批新的同性質團體又做了一次研究，結果顯示學生每天會解鎖 50 次，不過持續時間長了些，約 5 分鐘又 15 秒，1 天下來總計達到 262 分鐘。學生們表示，盯著手機的時間變長，是因為在看社群媒體。」

不過羅森最感興趣的是，學生們為什麼會想要看社群媒體。學生說半數時間是因為收到通知，所以他們才會解鎖，看看是誰又張貼了什麼文章，或是回應一則新留言，又或者是看簡訊。

「另外一半時間，學生其實並沒有收到更新或通知，但他們卻解鎖手機，這表示他們體內的可體松或腎上腺素在緩慢累積，這些正是產生焦慮的化學物質。你的大腦開始充滿這些化學物質，並且告訴你：『有人可能貼了文，你最好看一下。』當它累積到一定程度時，人們就會採取行動，並解鎖查看手機。」

羅森指出，這種深怕錯過任何「好戲」的情況，引發了許多健康問題，他在 2012 年針對此現象出版一本著作《科技精神失調症》

（*iDisorder: Understanding Our Obsession With Technology and Overcoming Its Hold on Us*），他把這種精神失調定義為過度使用科技對心理造成的負面衝擊，顯現出來的狀況包括壓力、焦慮、憂鬱症、強迫症，簡言之，「害怕錯過任何訊息」的毛病，已然掌控我們使用社群媒體的習慣。

這種現象是如何發生的呢？原本是為了讓我們生活更加便利的科技，是在何時成為壓力與分心的來源呢？

這種現象雖然是逐漸發生的，但速度卻會愈來愈快。羅森指出，在還沒有網路的時代，科技對人類生活的影響是以實體產品的形式出現，像是收音機、電話以及電視。為了讓各位了解現今科技滲透到世界的速度有多快，當初收音機是在問世 38 年之後，才達到 5,000 萬的使用人數，請各位猜猜看，寶可夢花多長時間達到這個門檻呢？

如果你猜的是 **1 星期**，恭喜你，答對了！

戒掉不停查看手機的 4 個方法

如果你認為自己跟數位產品「黏太緊」—— 你走到哪手機就跟到哪：吃早餐、上廁所、開會，甚至一路跟到床上 —— 因此你想要重新調整你的大腦，羅森建議各位不妨嘗試以下的方法：

方法 1：把所有的社群媒體圖標從首頁移放到檔案夾裡，讓你需要多花一點時間才能找到它們。

方法 2：排定一個查看手機的時間表，而不是想看就看。記得昭告眾親友你正在執行此戒斷計畫，免得他們因為貼文沒有立即獲得你按讚，而氣得火冒三丈。

方法 3：留意那些開在切換頁面的應用程式，因為我們會不自覺

地想要查看它們；如果你並沒有排時間查看某個應用程式，你要確認它的切換分頁是關閉的，或是已經把這個應用程式放進檔案夾裡。

方法 4：關閉所有的通知，沒必要一有人貼東西你就必須馬上知道，讓它等。

遵循這些原則看似有點愚蠢，因爲你明明是使用者，怎麼看起來反倒像是你被社群媒體控制了。但無論如何，羅森說採取這些措施是必要的，**因為社群媒體引起的「社會比較」（social comparison）現象絕非危言聳聽，同時的確傷害到許多人。**

我們幹嘛那麼在意別人？

如果某個跟你很親近的人，過著人人稱羨的完美生活，令你感覺自己矮他一截，這是能夠理解的。但令人覺得莫名其妙的是，很多人一看到別人上傳的新貼文就火冒三丈，但其實雙方平常根本不曾說過話！

爲什麼會這樣呢？

羅森指出：「社會比較理論認爲，身爲社會性動物的人類，會比較自己與其他動物的地位。我們忘了人們只會貼出理想版的自己，再加上只想報喜不報憂，因此多半不會呈現眞實的人生。我們鮮少看到人們貼出負面的消息，就連跟我們很有交情的熟人，我們也會把他們貼在網路上的狀況，當作是他們的眞實人生。」

羅森舉例說明，就像我們跟某人共進午餐，席間那人聊起他家裡的事情，當中也有些不順心之處。但 1 小時後當他貼出令人艷羨的好消息時，我們仍會相信他的日子過得比較好，這種現象眞的很莫名其妙！人

類的智慧之高，已經能打造手機與太空梭，**為什麼我們寧可相信人們貼在社群媒體上的美麗假象，而無視於此人曾親口向我們坦承他的事業走下坡，或是夫妻關係瀕臨破裂？**

正向心理學專家艾維亞·戈斯坦（Aviva Goldstein，www.avivagoldstein.com），把這種只把好的一面給人看的現象稱為「選擇性正向」（selectively positive），而我們對此一行為的強烈反應，則與情緒有關。

為什麼我們只想貼出「華麗版」的自己？

從事教育與家庭諮商工作的戈斯坦，曾進行多項專案研究計畫。她認為人之所以會在網路上呈現出「選擇性正向」版本的自己，並非是刻意想要造假，而是受到文化規範的制約。

戈斯坦指出：「當你在街上遇到朋友隨口問起你的近況，通常你一定會提出正面的回應：『挺不賴的、一切都好。』但如果是遇到交情比較深的老朋友，我們就比較不會說些場面話，而是會老實吐苦水：『唉，被你看見我這副狼狽樣……我已經重感冒好幾天了，孩子們也被我傳染了，最近工作也很不順……』但我們平常跟人寒暄，多半只會挑好的事情講，在社群媒體上也是如此。人們日復一日、每天不斷上傳到社群媒體的成千上萬圖像，訴說的都只是人們日常生活中無關緊要的故事，而不是最真實的樣貌。」

戈斯坦指出，有些人會鉅細靡遺地分享他做的每一件事：「各位想必都看過網路上有這樣的人，告訴大家他早上幾點起床，早餐吃了什麼，他們坐在交通車上的哪個位子，晚餐吃了什麼。而且這些貼文通常還會附上自拍照，讓大家看到他們剛起床時的尊容，或是晚餐吃的披薩。這麼做就能呈現自己最好的一面，同時也呈現出真實的一面。」

「儘管我們都意識到，大家會刻意在網路上展現好的一面，但許多人還是會情不自禁地跟別人做比較；當人一旦感情用事，理性、智能或認知就全都派不上用場。即便我們明知自己看到的只是一部分的故事，但是透過那些炫耀式的貼文『親眼見識』到別人的成功，我們還是免不了會產生嫉妒、羨慕或自憐自艾的情緒。」

戈斯坦表示，最快速的解決方法，當然是封鎖那些貼文總是害你產生自我懷疑的朋友「但這麼做只能治標不能治本，想要徹底根治愛比較的毛病，就要努力讓自己達到更好的境界；**當你對自己的人生心滿意足時，就不會因為羨慕別人的經驗，而質疑你自己的價值。**」

另外，戈斯坦也提醒，這種老是要跟社群媒體上的人一較高下的行為，對我們是弊多於利；因為我們把別人的虛假人生信以為真，從而質疑自身的經歷，會對我們的健康造成嚴重的影響。

讓人成癮的社群媒體

科學家目前還不願宣稱社群媒體是會成癮的，但戈斯坦指出，我們已經確知典型的網路行為，跟其他的成癮行為極為相像：「社群媒體具有成癮的特質，舉例來說，神經傳導物質多巴胺，是大腦中負責控制與調節記憶、心情、行為以及情緒的化學物質，當你刷新一個頁面、看到一個讚，或其他的反應，大腦就會釋放出多巴胺。有海洛因毒癮的人，吸毒後大腦會亮起來的部位，就跟你在社群媒體上獲得正面回饋時，大腦會亮起來的部位是一樣的。」

儘管許多人是為了打發時間而上社群媒體，但它卻剝奪了我們跟周遭的真人相處、享受戶外風光以及充份活在當下的機會。而且研究顯示，掛網除了會影響我們的心靈，還會影響我們的身體；所以當你的眼

晴痠澀、視力減退，你的姆指痠痛不已，或是你的背痛得要命，你恐怕要減少掛網的時間，並且盡速就醫。

為什麼你就是忍不住想看社群媒體？

戈斯坦指出，除了害怕錯知任何資訊（手機時不時就發出訊息通知聲），許多人離不開社群媒體更是因為渴望獲得社群媒體的認可而離不開他們的行動裝置。

「社會認可對於青少年的發展至關重要，許多人甚至到成年以後仍舊相當重視社會認可。要成為社會的一份子就必須獲得社會認可，而所謂的社會認可，是指學習符合社會規範的行為，如何待人處事，以及懂得區分細微的差別，能根據不同的情境做出適當的反應。例如跟朋友一起吃披薩時的行為，跟出席葬禮時的舉止肯定是不同的。社群媒體透過按讚或表情符號，提供了獲得認可的簡單途徑，**儘管這種作法並非一無是處，卻不能算是真正的認可，而且有可能扭曲了現實。**我們以為與某人的往來是真正的友誼，但實際上我們只是分享一些無關緊要的表面事物。你把某人視為密友，但其實他們根本未曾見過你痛哭或是狂笑，也不知道什麼事情會令你嚇到不知所措。所以我們才會搞不清楚什麼是真正的友誼與支持。」

另外戈斯坦也提到，過度依賴網路社交圈還會衍生其他問題，也就是所謂的「網路去抑制效應」（online disinhibition effect），指的是網民會肆無忌憚地貼出攻擊性的傷人言論，這些話他們平常是不敢當著某人的面說出來的，但是在網路上發表，就不會看到對方的痛苦表情。「這種行為通常會導致網路霸凌，且會延伸到真實人生中。」（同樣的道理，如果我們只跟對方透過螢幕往來，就看不見對方臉上綻放的微笑。）

為了幫助各位縮短你的掛網時間，並重新跟周遭的真實世界連結，戈斯坦同樣提供了以下幾個有效的作法：

方法1：每天一定要透過手機直接打電話跟別人交談至少2次。

方法2：當你跟某人聚在一起的時候，特別留意一下對方的眼珠　　　　　顏色，這樣雙方就會有眼神接觸。

方法3：規定禁用手機的時段（晚餐、就寢前），或是禁用手機　　　　　的區塊（廚房、餐桌、床上或浴室），並且嚴格遵守。

　　戈斯坦認為養成上述習慣是很重要的，因為它們能促使我們打破一成不變的慣例，並提醒我們要跟他人以及自己建立直接的連結。建議各位下次登入社群媒體時，不妨嘗試以下作法，好讓自己能獲得更有意義的體驗：

方法1：每天一定要透過簡訊或留言，跟3位朋友交流，光是　　　　　「按讚」不算數。

方法2：每天一定要對某人的貼文提供正面或讚賞的留言。

方法3：一定要公開分享你遇到的某些挑戰與挫折。

　　上述這些作法，不只能讓你不再把別人的貼文照單全收，而且還能使你成為一名積極主動的社會參與者，並以潛移默化的方式，鼓勵其他人與你展開「真人交流」，而不只是在社群媒體上往來。

　　現在各位已經學到一些與人往來的訣竅，能夠用來幫你獲得更正面的網路經驗，接下來我們就要一探你的人生當中需要關注的其他領域。

CHAPTER 2 對症下藥才能解決問題

Name It to Tame It: Identify Your Pain Points

今天是週五的深夜,你仍在辦公室加班替老闆犯的錯收拾善後——你這整個月幾乎都在加班——你在走去印表機的途中順便瞄了一下手機,看到你哥的 PO 文:「正在飛往邁阿密度假的途中,有誰要一起來的?」你留言:「老哥,度假愉快!愛你喔!☺」但你心想,把自己的親兄弟刪好友,會不會很過份?#感謝老天爺總算捱到週末了

　　當你忙著做正事,或是跟心愛的人共處時,你根本不會有那個閒工夫理會別人在社交媒體上 PO 出的光鮮美照,並且怨嘆自己命不好。當你的生活順心如意時,即便聽到長輩碎念:「你都 25 歲了,還不趕快找個女朋友?」或是:「你們都交往 3 年了,該訂婚了吧?」你也不會被激怒而心想「干你屁事」。當你對自己擁有的一切充滿感恩時,就比較不會被別人的閒言閒語搞得不開心。

　　不過說真的,當你看到別人步步高升,而你卻還在原地踏步,會生氣也是合情合理的,因為這本就是人之常情。至於氣自己的房子一直賣不出去,或是羨慕別人家兒女成群,而你家卻只有毛孩子作伴,這也都情有可原。因為基本上,只要是真人就會有七情六慾,只有機器人才有辦法對周遭的世界無動於衷。

承認你的眞實感受，並明白那些感受因何而生，其實是健康的。我當初撰寫本書的動機，就是想要探討，各位該如何妥善處理不愉快的感受，來改善自己的處境。首先我想弄清楚究竟是什麼事情令你心煩意亂，因此我要請各位找出你的痛點（pain points）所在。因爲你很清楚自己不至於因爲看到你哥（又）要去度假，就眞的跟他絕交，你很明白自己並非眼紅他或他的假期──你只是討厭你的工作。不過，知道自己待錯地方，問題只解決了一半；弄清楚你眞正想要過什麼樣的日子，找到一個能夠達成你目標的新機會，並且好好掌握它，問題才算眞正解決。

本章將要把你的工作、人際關係，以及你對社會的貢獻，放在顯微鏡下仔細檢視，以便找出讓你活得不開心的根源。並期盼你能盡快改掉一些顯而易見的老問題，並著手解決那些長期被你忽略或你未曾察覺的挑戰。

上班讓你不開心？

我們之所以會選擇某份工作並且持續做下去，往往牽涉到許多因素。有時候我們是出於需要而接受某個工作機會，但有的時候，則是天降好運得到一份眞正想要的工作。我有個在人資部門工作的朋友曾說：「無法每天興高采烈地處理工作中的每件事，其實是很正常的，那就是爲什麼我們會說它是份工作，而非度假。」儘管這話言之成理，但如果你每天一想到要上班就頭痛，那你必須問問自己：爲什麼會這樣？問題是出在工作環境還是工作內容呢？抑或兩者皆是？我們要花點時間，來找出讓你對工作提不起勁的原因。請各位閱讀表 2-1 的「工作評估表」，認眞思考後作答。

如果你的狀況符合工作評估表的描述，你不妨直接跳到第 4、5、

6、7 以及第 8 章，了解如何找回你的快樂。

　　你也可以試試手寫日記來釐清自己混亂的思緒，當然如果手寫日記對你沒用，你可以製作有聲日記或影音日記，你可以使用手機上的語音備忘錄功能，把你的想法錄下來，或是使用待辦清單應用程式來幫你。

關係斷捨離

　　其實你並不是真的不爽你哥要去邁阿密度週末，而是氣他明知你剛跟男友分手（這次是真的ㄅㄟㄟ了），他竟然還自顧自度假去了。這下你要找誰聽你訴苦？於是你突然慌了手腳，想說自己是不是做錯了，你趕緊把手機放在身邊，深怕前男友傳簡訊來時你沒看到。

　　任何經歷過分手的人都明白，那真的很不好受。如果是你主動開口說要分手，你會為了傷害對方而感到內疚，如果你是被甩的那一方，你可能會感到震驚與痛苦。

　　不論是浪漫的愛情，還是柏拉圖式的精神戀愛，都會為我們的人生帶來無比的快樂，但是錯誤的戀情則會傷害我們。有時候是我們主動對一段戀情失去興趣，有時候則是對方一直在欺騙我們的感情。

　　如果你覺得是某個人際關係／戀情害你陷入困境，我們就來揪出罪魁禍首。把你認為害你不開心的人際關係／戀情，寫在表 2-2 的「人際關係評估表」。

　　如果你一直吸引到相同類型的情人，請你花 1 秒鐘問問自己：現在是什麼情況？你究竟想要什麼？如果你想要單身一陣子是 OK 的；想要談一段認真的戀情也是 OK 的；想要全心打拚課業或工作也都是 OK 的。不論你想怎樣都行，因為只有你最懂你自己。

表 2-1 工作評估表

問問你自己：

- 我真的知道自己想做什麼嗎？
- 我會不會使用現代的科技來幫自己找到一份新工作？
- 我剛錯過一份工作或升遷？
- 我剛被資遣或開除？
- 我很懊惱在學校或工作上犯下的某個過錯？
- 我想要上的那所學校拒絕了我？
- 我感覺自己念錯科系或選錯產業？
- 我遇上一個挫折讓我無法達到我的目標？
- 我被困在一個讓我無法繼續成長的環境或工作中？
- 我遇到慣老闆或惡同事？
- 我在職場中覺得不自在或不安全？

接下來，請在空白處填上你的回答。

我希望我有勇氣＿＿＿＿＿＿＿＿＿＿＿＿＿＿＿＿＿＿＿

＿＿＿＿＿＿＿＿＿＿＿＿＿＿＿＿＿＿＿＿＿＿＿＿＿＿

（辭職？大聲替自己爭取權益？尋求協助？）

為了做到這件事，我必須＿＿＿＿＿＿＿＿＿＿＿＿＿＿

＿＿＿＿＿＿＿＿＿＿＿＿＿＿＿＿＿＿＿＿＿＿＿＿＿＿

（找人資、請教良師益友、更新個人履歷）

此時此刻，我認為是什麼事情讓我不敢採取想做的行動＿＿＿＿

＿＿＿＿＿＿＿＿＿＿＿＿＿＿＿＿＿＿＿＿＿＿＿＿＿＿

（害怕被報復、失去工作、令家人失望）

要是＿＿＿＿＿＿＿＿＿＿＿＿＿＿＿＿＿＿＿＿＿＿＿

＿＿＿＿＿＿＿＿＿＿＿＿＿＿＿＿＿＿＿＿＿＿＿＿＿＿

（我已經有下一份工作／我不會被報復），我就敢做出必要的改變。

表 2-2 人際關係評估表

問問你自己：

·我身邊圍繞著一群支持我達成目標的好朋友？

·我是否很不容易在新環境（學校／職場／社群）交到朋友？

·我很難兼顧家人／朋友以及工作？

·我很難兼顧家人／朋友、工作以及戀情？

·我是一群朋友當中唯一一個討厭上班的？

·我是一群朋友當中唯一一個有男友的？

·我是一群朋友當中唯一一個還單身的？

·我從未約會過？

·我還忘不了前男友？

·我對現在的戀愛對象感覺不好？

·我忙於課業／工作／其他事務，以致於沒時間約會？

·我熱衷於約會，卻一再遇上爛桃花？

接下來，請在空白處填上你的回答。

當我 ＿＿＿＿＿＿＿＿ 時，我最開心。

（獨處／跟一群好友在一起／跟家人在一起／跟戀人在一起）

我最重視的是跟 ＿＿＿＿＿ 的關係。

當我跟某人／某些人在一起的時候，我覺得 ＿＿＿＿＿ 。

當我跟一群好友在一起時，我覺得 ＿＿＿＿＿ 是很重要的。

當我在談戀愛時，我覺得能夠跟那個值得在一起的人分享我的 ＿＿＿＿＿ 是很重要的。

當我在談戀愛時，我覺得 ＿＿＿＿＿ 是很重要的。

當我跟家人或朋友或戀人聚會時，我會不好意思承認我 ＿＿＿＿＿ 。

試著按下暫停

其實你哥之所以飛去邁阿密度週末，或許不單單是為了避寒，而是要去幫一位落難的朋友。**我們每個人都擁有讓別人的人生變得更美好的力量，而且不論對方是陌生人還是親朋好友。**每個人選擇散播愛心的方式不一樣，提供協助的規模亦可大可小。要是你覺得你的人生缺乏意義，或是今天的頭條新聞讓你覺得未來沒有希望，其實你是可以做點什麼的。如果你的私生活出了點狀況，說不定你能從社區服務中找到力量。你可以透過表 2-3「公益評估表」的幫助，找出你想為哪種公益活動盡一份力。

我們的人生中充斥著各種雜音，有時候甚至蓋過了我們自己的想法。我希望各位做這些練習，把你忙碌的人生暫停一下，並且找出你的痛點所在。當我的人生墜入谷底時，就是這些練習讓我領悟到，負面情緒其實是促使我們改變的最強催化劑。

「為什麼是我？」

雖然你已經找出你的痛點，但你希望有人能夠理解與認同，你並非無病呻吟。以下的狀況，說不定你我都經歷過：

- 如果你陷入困境——那真的很辛苦。
- 如果你欠了一屁股債——那真的很辛苦。
- 如果你的人生正在展開一個新的篇章——那真的很辛苦。
- 如果你沒有朋友——那真的很辛苦。
- 如果你遭到霸凌——那真的很辛苦。

表 2-3 公益評估表

問問你自己：

・我有認真思考自己對什麼事有熱忱嗎？

・我知道自己的熱忱何在，卻不知道如何踏出第一步？

・我對某個公益活動有熱忱，但卻面臨了許多挑戰，而且看不出有改變的跡象？

・我已經無力再從事公益活動了？

・我很難說服別人認同我的使命與願景？

・我參與的公益組織有個糟糕的領導體系？

・我害怕成為眾人矚目的焦點？

・我確信我沒有任何東西可以提供給某個公益活動？

・我不確定加入某個公益活動有什麼意義？

・我不知道如何籌辦公益活動？

接下來，請在空白處填上你的回答。

有鑑於我對 _____ 的經驗，會令我感到焦急／擔心／傷心
難過的議題是 _____ 。

就目前的環境與種種因素考量下，我認為會讓我感到焦急／擔心／
傷心難過的議題是 _____ 。

我之所以到現在都未曾積極參與公益活動的原因是 _____ 。

此刻我原本會做更多，但是因為 _____ ，

如果我 _____ ，我就會 _____ 。

- 如果你剛被某人或某件事給拒絕了——那真的很辛苦。
- 如果你正在籌備婚禮——那真的很辛苦。
- 如果你結婚了——那真的很辛苦。
- 如果你跟伴侶分居了——那真的很辛苦。
- 如果你離婚了——那真的很辛苦。
- 如果你正在搬家——那真的很辛苦。
- 如果你努力想要懷孕——那真的很辛苦。
- 如果你懷孕了——那真的很辛苦。
- 如果你流產了——那真的很辛苦。
- 如果你正在撫養小孩——那真的很辛苦。
- 如果你的孩子受傷了——那真的很辛苦。
- 如果你必須離開孩子去上班——那真的很辛苦。
- 如果你失業了——那真的很辛苦。
- 如果你剛被診斷出罹患了某種疾病——那真的很辛苦。
- 如果你正在對抗某種疾病——那真的很辛苦。
- 如果你是被照顧者——那真的很辛苦。
- 如果你失去了摯愛——那真的很辛苦。

　　對於各位決心好好處理你人生中的大小事，以及決定閱讀本書，並且開始為自己做些改變，我由衷地佩服各位。但如果你覺得你還有好多怨氣，我建議你趕緊一吐為快；我是說正經的，把你胸中的怒氣全部發洩出來吧。

　　你心儀的對象喜歡的是別人？好慘；你剛被開除？真的很衰；正在跟你身上的病痛搏鬥？把它們通通寫下來吧。客訴部門是開放的，而且你有權放肆當個奧客。

我想你的朋友和家人之前可能都聽說過這些狗屁倒灶的鳥事，甚至還出手幫忙過，但此刻你可能還是需要徹底把殘留的餘毒排空。要是你每天都很想大聲怒吼：「為什麼是我？」或「為什麼不是我？」──那就趁現在把你的不滿全部寫下來。

真的，這可是你最後的機會，之後我們就得開始幹活了。（如果此刻你還不需要投訴，那就跳過這一小節，等到事情真的很不如意、而且你必須探索你內心的小宇宙時，歡迎你隨時回來算舊帳。）請各位利用表 2-4 的「客訴表單」，把你的不滿全部寫下來。

如果現在你已經弄清楚你的痛點何在，而且也向客服部投訴了，接下來我們就來聊聊如何擺脫困境。

表 2-4 客訴表單

問問你自己：

人生真不公平，因為：

1. _____ 令我很生氣，因為：_____

2. _____ 令我很嫉妒，因為：_____

3. 我再也受不了覺得：_____

4. 我很難過自己無法：_____

5. 我還未忘懷：_____

6. 我不知道該如何處理：_____

7. 我很氣自己，因為：_____

8. 我一想起 _____ 就氣到不行。

9. 如果一年後我可以擁有某樣東西，我會想要：_____

_____

#我的故事：沒錯，這是你的人生

　　我真希望在我邁入 29 歲那年，有位智者提前警告我，在接下來的 5 年中，我每一年都會遇到不少「可歌可泣」的事情，精彩到足以拍一部單元劇。但沒想到更精彩的還在後頭，34 歲那年我遇到的事情之多，都夠拍一部連續劇了。

　　我在 34 歲那年遇到一波恐慌毫無預警地襲來，各位在你大學快畢業、失業或搬到一個新城市的時候，或許也曾有過相同的感受。當時我突然感覺自己好像一直在玩一個叫做：「媽的，這就是我的人生？」的遊戲。運氣好的時候，我的人生是彩色的，讓我忍不住想要捏一下自己，確定這不是夢：我居然要跟電視公司的大老闆開會 / 在千名嘉賓面前演講 / 在某部電視影集或電影中客串演出記者。

　　運氣背的時候，我的人生是黑白的：升職的人不是我 / 那個跟我聊了 5 小時、我滿心以為他肯定已經愛上我的傢伙，居然人間蒸發了。還有各種難熬的場合：國定假日聚會、同學會、生日派對、新娘的告別單身派對、婚禮派對以及婚禮。出席這些場合對我來說簡直是一大酷刑，看著滿屋子談笑風生的親朋好友，我的內心卻吶喊著：「這就是我的人生嗎？」當下真的很想哭。

　　那是我第 34 個感恩節的心情寫照，2 個月後我就滿 35 歲了。當我環視整個房間，我發現只有我跟另外一個人還沒結婚。我的表姊大聲宣布，所有來賓請就座，晚餐即將開始；我面帶微笑地聽她訴說，她感謝我們所有人前來聚會，但我心裡面卻想著，從上一次感恩節到現在，我所成就的每一件事，其中的精彩片段包括：經歷

了一場口腔癌虛驚／讓說話及微笑都變得很困難的 8 個步驟／巡迴演講讓我跑遍全美各地、而且還進了聯合國／推出我的 YT 頻道／開了一間製作公司／上全國聯播的脫口秀節目接受專訪。

這一年來我明明有那麼多值得驕傲的光榮事蹟，但不知怎的，我卻得拚命忍住不讓淚水往下掉。吃完晚餐後，我跟著父母返回賓州老家，而且一連 3 天哭個痛快。也就是在那個時候，我領悟到自己不能再忍下去了，而且必須找到一條新的出路。

誰不曾在人生中跌跤？

我們其實很容易為了人生中的不如意事猛鑽牛角尖。比方說吧，你填好了你的客訴表單，並打算從明天開始，在出門前先把它讀一遍，但其實你可能今天一整天都一直處在負面的心態中，那可不是件好事！**我們之所以要弄清楚，究竟是什麼事情令你煩心，並不是為了要耽溺在負面情緒中——而是要想辦法解決問題，然後繼續向前邁進。**

不過話又說回來，這事說來容易做起來可不簡單，因為滿載著負面思考的列車已經蓄勢待發，自憐自艾誰不會，但是遇到逆境仍能樂觀以對，可就難多了。想要鍛鍊出鋼鐵般的意志，就像是跑一場心靈馬拉松。如果各位正在經歷一段艱困的時光，但你仍拚盡全力不被打倒，那我真的要為你大聲鼓掌。

不知各位有沒有注意到，一個負面的想法多快會變成一百萬個？一開始你只是想著，「我不敢相信我居然沒能拿到那份工作」或「我不敢相信對方居然放我鴿子」，但接下來你就搭上了特快列車一路狂奔前往「負面城」。你的腦袋瞬間充斥著自己孤單一人終老的畫面，接下來你又立刻聯想到，因為往後再也找不到工作了／不可能結婚了／付不出房

租了/買不起房子了,只好搬回老家跟爸媽一起住。

有時候我們會對自己居然產生這些荒謬的瘋狂念頭而啞然失笑,但有的時候,我們卻會擔心到失去笑容,幸好這種感覺不會一直存在。當我回到紐約後,有天跟閨蜜一起吃晚餐,我問她感恩節過得如何,她回說還 OK 啦。接著換她問我,感恩節過得如何,我老實跟她說我在家哭了 3 天,結果她說其實她也崩潰了。我告訴她,我已下定決心,從 35 歲以後,要開始用不同的方式經營我的人生,而且我真的做到了。

當你真的準備好,就能心想事成

在經歷悲傷和掙扎的洗禮後,你將會得到讓自己成長茁壯以及結婚成家的機會。我是在拜訪一位住在康乃狄克州的朋友之後,才得以順利離開「我的天呀,我過去這 10 年真的是一事無成,因為我既沒結婚也沒生小孩,根本拿不出什麼東西可以秀給人家看」的恐怖列車。

在我見到巴伯之前,我並不確定我們是否會迸出火花,抑或只是兩個朋友重新聯絡上。說實話,我到現在也還不確定。不過這趟行程的確讓我看到了,要是當初我早點選擇嫁人,我的人生會是怎麼個模樣。

當巴伯帶著我參觀他家時,我心中突然想到:要是我早就成為這個家的女主人,我恐怕不會像現在這麼樣地喜歡它。當我們逐一參觀每個房間,並且欣賞巴伯才華洋溢的藝術作品時,我終於明白了:要是我過去這 12 年來,是選擇當個家庭主婦而不是當一名職業婦女,我肯定會覺得自己被家庭綁住有志難伸。

某人曾經告訴我:你老是跟那些和你有點像的人約會。我原本一直搞不懂,為什麼我老是會吸引那些嘴上說要定下來,但其實根本還沒準備好要成家的傢伙。但是當我站在巴伯家的後院觀賞他的鯉魚池時,我

忽然弄明白了，其實我心裡也有一小塊是還沒有準備好要成家的；而且在那之前，我根本不敢向任何人——尤其是我自己——坦承這件事。

從那一刻起，我約會時不再戴上「我一定要結婚生子，我要兼顧事業與家庭，當一個好太太兼好媽媽兼成功的女企業家」的眼鏡找對象，而是以平常心約會。我開始透過「你是我的好伴侶，而且你已經準備好要成家了」的眼鏡，來觀察跟我約會的每個男子。

我在單身這段期間學到的一課就是，就算你遇見最帥、最酷、最棒、最聰明的男人，如果對方還沒準備好要成家，那麼在對方願意採取進一步的行動之前，你們之間的關係終究只會在原地打轉。所以你必須想清楚，**跟你約會的這個人，他想要成家立業的時機是否與你一致。**

當時我人生中的最大不滿，是位在客訴表單上的這個項目：我真的很受不了自己一直想站在山頂上大叫——「到底什麼時候才輪到我結婚啦？」

那正是我對自己的工作與感情生活的心情寫照，我怪自己沒有熟讀結婚寶典，也氣自己沒能進入四大電視網工作。可是等到我拜訪巴伯後，我才明白我的「不滿」根本不是負面的東西。

在那一刻，我明白我已經準備好談一段認真的感情（即便為了那段戀情我必須搬離紐約市也甘願），那是我頭一次真正感覺到，我已經**完全準備好了**。而且隨著時間的推移，我發現我沒那麼喜歡新聞編輯室的工作了，反倒是自己開公司會更充實更有成就感。但我真的很難割捨我的電視夢，因為我的人生大半時間都奉獻給它了。

所以請各位看看你的客訴表單，並且問問你自己：「我真的還想要這些東西嗎？」

有時候，**填寫客訴表單能促使我們從不同的方向認真思考，並幫助我們找出自己的某項優勢，以及造成我們目前處境的真正原因。通常，**

我們在客訴表單上列出來的內容，都是我們逼自己相信那是我們需要的東西，或是我們根本還未準備好要做的事情。但你的客訴表單說不定會顯示，你其實已經到達你想要去的地方了。

下面所列舉的本章重點，能夠幫助各位好好消化我們在本章中討論到的事情：

- 你是否因為你的工作、人際關係或是忙於做公益而陷入困境？記住，當你覺得自己即將陷入困境，或已經陷入困境？你不妨填寫一張客訴表單，它能夠幫助你傾聽自己的心聲，從而弄清楚你的人生究竟出了什麼問題。
- 你能否跟某個人聊聊你現在的感受與需求？你有察覺到是什麼事情在阻礙你？記住，**這個練習的目的，並不是要讓你繼續陷在困境裡，而是要幫助你努力掙脫它。**
- 你是那種充滿負面想法的人嗎？要陷入那樣的情境是很容易的，所以你要努力保持正面思考，並且聚焦於那些能夠令你感到快樂的事情上。

如果你不知道該怎麼做，別擔心。我將會在下一章跟各位分享重拾快樂的方法，那將是你用來掃除負面情緒的利器。

CHAPTER 3 生活的姿態由你決定

Happiness Hacks: Tips for Getting Out of a Rut

朋友寄了一張宣傳單給你，是這個週末舉行的 5 公里路跑暨健行活動，並問你是否願意去當義工。她不知道你這 3 天因為情緒低落而請假沒去上班，但你怕她問東問西，所以只是輕描淡寫地說，你好像被傳染流感了，所以正在自行居家隔離。**#受夠我的生活了**

過著一成不變的呆板生活是很難受的，你或許已經注意到，你的睡眠及飲食習慣改變了，情緒狀態也不佳，對人愈來愈沒耐性。你對很多事都提不起勁，也對人生中的每件事產生質疑，更對自己做的每一個決定忐忑不安。你可能覺得生氣、難過、挫折、焦慮、心情苦悶、忿忿不平，或是比平常更加內向。但往好的一面想，**這些負面的感受其實可以幫你做出正面的改變**。我們都知道，人類並非天生就會保持笑口常開；但是我曾輔導過的許多人，因為太過害怕自己會一輩子都過著一成不變的日子，於是「病急亂投醫」，想用快刀斬亂麻的方式解決問題，結果當然是徒勞無功。所以我希望透過本章，幫助各位找出是什麼東西蠶食了你的快樂，這樣你才能夠想出正確的對策，並採取必要的措施來改善你的處境。

快樂是種選擇

我明白各位很想趕快找到讓自己快樂的答案，但這件事其實急不來，一步一腳印的穩紮穩打，勝過一個基礎不牢靠的偉大計畫。不管你是因為家庭生活、工作狀況、人際關係還是你的社交角色，令你活得不開心；如果你真的有心想要擺脫舊習的桎梏、讓自己「煥然一新」，關鍵在於徹底幫自己做一次體檢，弄清楚你究竟為什麼覺得情緒低落，各位不妨參考以下的作法：

接受你現在的處境。閉上眼睛，想想這種不愉快的感受，並在腦中想像，你張開雙臂擁抱你的大腦。我知道這聽起來怪怪的，但這麼做或許能夠幫助你更活在當下，而且更貼近你的感受。你覺得憤怒？難過？嫉妒？挫折？失望？受傷？你必須先認清自己目前的處境，然後才能想出擺脫困境的方法。

如果你覺得孤單，試著擁抱空虛寂寞。因為在那空虛之中，有著能夠讓我們發現新天地的某樣東西；千萬不要為了讓自己感覺不孤單，就隨便找個人陪伴，或是用一堆工作填滿這份空虛。相反地，你要試著從空虛寂寞中領悟出一番道理，好讓你能化危機為轉機。

修持正念。我自己是透過開發一些克服逆境的工具，而學會了如何把走偏的日子拉回正軌。雖然不是每次都能輕鬆度過難關，但是不管遇到哪種狀況，因為我知道自己可以利用這些工具改變我的感受，所以就比較安心。想當初我參加人生頭一回的馬拉松路跑，可是花了好幾個月的時間做足準備，才能順利跑完全程。同樣的道理，我也是長期訓練自己的心智，才得以運用新的模式與行為來處理資訊。我會認真檢視自己為什麼會做某些事情，並且評估做哪些事情是正確的，然後避開會阻礙

我的不當作法。如果你也處於類似的處境，你必須為自己找到出路，而我的作法是找到我的中心。如果你很難把心靜下來，不妨試著做一下引導冥想（YT 上可以找到好多影片參考）。你可以點擊各式各樣的影片，並找到適合你的主題（愛情、富足、復原力），以及你喜歡的指導老師的聲音；如果你無法跟某個音樂或人產生連結，就再嘗試一個新的應用程式或影片。

◎ 好用的手機冥想計時器應用程式

狄娜・卡普蘭（Dina Kaplan）是 The Path 的創辦人，這是一家位於紐約市、專門推廣冥想的新創事業。她建議各位利用手機上的計時器功能來練習冥想，「它很方便好用，可以每天選做不同的冥想，並且設定要做多長時間。要是我手機上累積的冥想時間，能夠兌換成航空公司的飛行里程數，那就更棒了！」她建議各位不妨試用以下這幾款應用程式：

・**Oak**，這個應用程式是由 Kevin Rose 開發，適合自行嘗試者。
・**Insight Timer**，此款應用程式提供引導冥想（guided meditation），在冥想結束時輕敲一只西藏頌缽，效果更好。
・**Calm**，這個應用程式能夠幫你入睡（狄娜認為薰衣草田的故事相當有助於放鬆精神！）
・**Imagine Clarity**，這個應用程式提供由法國僧侶馬修・李卡德（Matthieu Ricard）指導的冥想，他被譽為「世上最快樂的男人」。

···· 看影片！

歡迎上 entm.ag/dinakaplan 觀看我訪問狄娜的影片。

打造更有活力的個人空間。試著把傢俱做不同的配置，改變全家或是你個人房間的色彩搭配，或是買一張酷炫的海報或印刷品，讓整個空間變得鮮明亮麗。你也可以列印人物、美景或寵物的照片，並把它們懸掛起來展示。只要運用一些小巧思，就能改變住家或辦公室的氣氛。我在 35 歲生日的前一陣子，赫然發現我住的套房看起來很像一間冷冰冰沒啥人味的辦公室，於是趕緊請我媽過來幫忙改變房間的配色，好讓整個地方感覺溫暖些。我用白、金與藍綠色，取代原本的黑、白、紅色，結果我的房間變成一間令人覺得心情很放鬆的 Spa 會館。感謝我爸媽的大力支援，順利搞定套房改裝工程。改變居住環境只是「改運」的一小步，我表弟艾瑞克還建議我買一棵發財樹，以提升我的財氣與金錢運。我發現 IKEA 也有賣這些開運小物，有興趣的朋友可以去逛逛尋個寶。

嘗試新鮮事取代例行公事。嘗試新的咖啡館、健身房，或是下班後的聚會場所。揮別一成不變的例行公事，會迫使你向不認識的人打招呼，認識新的自己，並且從你的鄰居、通勤路途以及社區中找到新的趣味。你永遠想不到這番「新氣象」會帶領你遇見什麼人。

客觀看待人事物。當年我姊懷孕時，只要我姊夫出差不在家，我就會飛到華府跟她作伴，並且趁機狂看我最愛的卡通《冰雪奇緣》（到今天為止，我已經跟 3 個小外甥女看了好幾百遍）。我最愛它的主題曲「Let It Go」當中的一句歌詞：「保持一點距離就會讓每件事看來變得微不足道。」此話一點不假，當我們處在困境時，每個問題都覺得棘手無

比，每個挫折都覺得萬念俱灰。但是站在適當的距離之外，反倒能夠用正確的角度來看待事情，這就是所謂的「當局者迷旁觀者清」；**你必須學會放下，別再一直鑽牛角尖，學習試著不再為了過去的事情而憂愁煩惱，這樣才能幫助自己擺脫困境。**別當個會記恨的人，那其實對你沒有任何好處。

但你也必須學會對某些人放手，並學會對某些事情說不。那是什麼意思？我的意思是，不要因為別人想要見你，你就答應見對方。如果有人想要把你介紹給他的世交，希望你能幫他介紹工作／實習機會／室友／男朋友／女朋友／新朋友，不管對方想要你替他解決什麼問題，你們最好先用電郵或電話聯絡，而不要立刻約見面。你這麼做其實並不算失禮，因為此時此刻你必須盡量把時間用在自己身上，等到你覺得自己已經行有餘力時，自然就可撥出較多時間跟朋友見面並且幫助他們。**力圖擺脫困境所需耗費的心力，其實遠超過你的想像，所以你真的沒有多餘的時間和精力浪費在那些不請自來的人身上。**像我就遇過有個找我幫忙的人這麼對我說：「我媽叫我一定要打電話給你，我是不懂為什麼啦。」搞什麼鬼？！先把你的精力用來解決自己的問題，等到行有餘力時再來幫助別人，而且要發揮效率。

暫時放下工作輕鬆一下。如果你需要從一成不變的生活中喘口氣，不妨找時間跟你愛的人或寵物膩在一起。我的小外甥女就是我的最佳開心果，不論是視訊還是見到本尊，她都能讓我「一見你就笑」。所以你一定要讓自己身邊圍繞著你愛的人以及愛你的人，因為人與人的相處能帶給我們滿滿的力量。你也可以趁這個機會親近大自然，或是重拾你最愛的健身習慣，像我就很愛到 SoulCycle[3] 或是 Orangetheory Fitness 健身

3　美國知名連鎖室內自行車健身房。

或是做瑜伽，讓頭腦清醒過來。

把正向的事物或心態傳出去。如果你非常想要與人連結，不妨參與一個你可以有所貢獻的公益活動，因爲這麼一來你不僅能療傷止痛（不論是情傷還是失業造成的），而且還能重新認識你是個什麼樣的人。盡量多跟那些懂得欣賞你的人共處，這樣才不會虛耗你的時間與才華。非營利組織需要許多志同道合的人來籌辦活動、募款，以及支持他們要幫助的對象。你的天賦才能可以幫助其他人，而發揮這些才能也會幫助到你自己。從事公益活動不僅能讓你因助人而獲得快樂，而且還有機會認識新的朋友，他們也可能成爲你的人生導師、朋友或事業人脈，如果你想知道從事志工活動的相關資訊，請參考第 15、16 及 17 章。

遊歷世界。不論是開車到別的城市看看，或是搭火車遊覽你一直想要去的鄰近地區，或是搭飛機到一個你從未去過的地方，旅遊都能產生不可思議的療癒效果。我眞心信奉「隨遇而安，處處即是吾家」的道理，所以不要期待你一抵達某個地方就會整個人脫胎換骨，但是你肯定能呼吸到新鮮的空氣，吃到美味的食物，學到新奇的事物，所以你就好好花點時間安頓你的身心吧。

提升正能量。如果你覺得心中充滿負面情緒，那你就要努力引進更多的正能量。你要設法跟心中的負面情緒「保持距離以策安全」。找一些能夠鼓舞士氣的人生格言，把它們寫在一張小卡片上，然後放進你的皮夾裡，或是把它們懸掛在你隨處可見的地方。總之，就是讓它們隨時提醒你，而且需要的時候馬上就可以取得。或是請教你的家人、朋友以及同事，說說他們最愛的勵志佳言。這時候社媒也能派上用場，追蹤那些經常貼出勵志文章的陽光男女，好讓更多的好能量或正面思考出現在你的動態裡。

◎ 即刻救你脫離苦海的應用程式

漢娜・盧卡斯（Hannah Lucas）在 15 歲的時候被診斷出罹患了「姿勢性直立心搏過速症候群」（postural orthostatic tachycardia syndrome，又名直立不耐症），這個毛病害她時不時就會突然昏倒，漢娜表示：「不管身在何處，我都會突然昏倒在地，而且幾乎每一堂課都會在走廊上就突然腿軟昏倒。」她說：「我成了被全班討厭的人，那真的很痛苦。」

漢娜說她的恐懼很快就演變成焦慮與重度憂鬱，「我在學校裡整天擔心害怕，因為有個男同學不斷找我麻煩，他甚至威脅下次我再昏倒時，他會趁機佔我便宜。」在那段期間，漢娜常一個人關在房間裡，難過到甚至想要自殺，「當時我常想，要是有個求救按鈕一按下去，立刻就有人知道我不 OK，那該有多好？」

漢娜的弟弟查理，當時才 11 歲，決定挺身幫忙姊姊，他們兩人開始在網路上搜尋，想要找到能夠幫忙憂鬱青少年的應用程式，結果一無所獲。於是熱愛研究科技的查理，花了幾個月的時間研發，如今他們自行開發的應用程式已經上架，並且幫助了世界各地的人。

查理說：「當使用者打開這個應用程式，輕觸紅色按鈕，就會發送出寫著『嗨，我現在很難過，請你打電話／傳簡訊給我，或是過來看看我。』的簡訊，給最多 5 個事先選定的連結對象，而且會直接連結到求救者的 GPS 位址。」

這對姊弟表示，他們希望那些因為憂鬱、寂寞、焦慮、壓力所苦的人，或是想要自殺的人，只要輕觸按鈕，就可以立刻獲得協助。這個好用的應用程式有 iOS 版跟安卓版，售價只需 1.99 美元。欲知詳情請上 www.notokapp.com。

◎ 我的私房 IG 推薦名單

你需要一些靈感嗎？以下是我個人大推的幾個 IG 帳戶：

- Belletrist（@belletrist）：這是由艾瑪・羅勃茲（Emma Roberts）與卡拉・普雷斯（Karah Preiss）為求知慾旺盛的知性女子打造的生活風格社群，她們的線上讀書俱樂部非常支持寫作者與小型的獨立書店。

- Smart Girls（@amypoehlersmartgirls）：艾咪・波勒（Amy Poehler）與梅雷迪恩・沃克（Meredith Walker）想要幫助女性展現最真實的自我，她們常會 PO 出一些勵志小語以及訪談影片。

- Hello Sunshine（@hellosunshine）：女星瑞絲・薇絲朋（Reese Witherspoon）的公司鼓勵女性說故事，以及改變對女性的敘述。它的內容包括勵志的名言佳句、有趣的事實與統計數據，以及瑞絲的每月選書。

- Man Enough（@wearemanenough）：演員賈斯汀・巴爾多尼（Justin Baldoni）打造了一個顛覆性的社會運動，來幫助男性重新定義男性氣慨，他也很挺女生喔。

- Ty Hunter (@tytryone)：提・杭特（Ty Hunter）是時尚總監兼造型師暨設計師，他說話向來直白，會令你覺得他是透過他的 PO 文內容直接跟你對話。

- Rachel DeAlto(@racheldealto)：瑞秘・德爾托（Rachel DeAlto）是兩性關係專家、電視節目主持人、媒體寵兒與職涯教練，她經常跟大家分享生活中的幕後實況照片，以及許多關於愛情的爆笑但一針見血的想法。

- James Goldcrown(@jgoldcrown)：詹姆斯‧葛克羅恩（James Goldcrown）是位極有才華的藝術家，以整面牆畫滿愛心圖案而聞名，看到他的作品肯定會令你會心一笑。

- Mari Andrew(@bymariandrew)：瑪西‧安德魯（Mari Andrew）是位作家，他寫出了你曾經想過的每個想法。

- Lyss Stern(@diva_moms)：莉絲‧史登（Lyss Stern）是 Divalysscious Moms 網站（divamoms.com）的創辦人，也是《媽味不上身》（*Motherhood Is a B#tch: 10 Steps to Regaining Your Sanity, Sexiness, and Inner Diva*）一書的作者，各位可以從我訪問她的影片（entm.ag/lyss）中了解更多詳情。

- The Moms(@themomsnetwork)：丹妮絲‧阿爾伯特（Denise Albert）與瑪莉莎‧戈斯坦（Melissa Gerstein）打造了一個多功能的平台，並分享許多關於親職教養的資訊，以及有趣的照片。

- Alison Brettschneider(@25park)：艾莉森‧布蕾特史耐德（Alison Brettschneider）言之有物的社運人士、反霸凌的代言人、慈善家。

- Headbands of Hope(@headbandsofhope)：創辦人潔絲‧艾克史特洛姆（Jess Ekstrom）經常分享勵志小語，她的公司每售出 1 條頭帶，就會捐贈 1 條頭帶給罹患癌症的病童。

- Parvati Shallow(@pshallow)：珀爾瓦提‧沙洛（Parvati Shallow）是位瑜伽老師暨專業的成長策略師，她的 PO 文能幫助各位放慢腳步，並深思你目前的處境。

　　請開始把你寫在紙上的那些勵志格言，落實到你的日常生活中吧，

並留意你在實踐的過程中，心裡產生了什麼樣的感受。我自己在做這個練習時，曾經選了幾則特別有感的「標語」，貼在牆上隨時提醒自己，其中一則是這麼說的：「你視爲理所當然的那些事物，其實是某些人拚命祈求的。」另外一道則是指出：「我要放生那些在我人生中已不再具有任何意義的人或事物。」我的意思是，**我不會再試圖討好那些令我產生罪惡感的人**，也不會再爲了拓展業務而去參加每一個聯誼活動，更不會爲了遇見我的眞命天子而去赴每一個盲約。

除此之外，我會開始清理早該丟掉的衣服、文件及雜物，它們已經在我家裡閒置太久了。還有一則標語寫道：「寧當噴泉、毋爲陰溝。」我用它來提醒我遠離那些會浪費我精力的人，我特別選錄了一些我個人很喜歡的生活格言，歡迎大家參考。

奮力擺脫困境並不可恥

我曾在導言中提及，我並非醫療專業人員，所以我要先跟各位說清楚，在人生的道路上遇到一些困難阻礙，跟心情痛苦到想要自殺是截然不同的兩回事。幸好社會上有很多機構或單位提供各種協助，各位千萬要記住，你絕非孤立無援。還有，那些在社媒上擁有很多「朋友」或追蹤者的人，未必敢向「朋友」訴苦或求助。當你陷入困境，或是覺得若有所失，千萬不要悶在心裡不說。

事實上，那些擁有很多「朋友」的人，或是被大家認爲擁有一切的人生勝利組，其實反倒很需要身邊的親友噓寒問暖。所以各位**不要只對那些開口向你求助的人伸出援手，偶爾也要記得看看你那些強人朋友過得好不好**。請各位明白你絕非孤軍奮戰，而且有事要立即求援，你可以向你信任的人訴苦，或是求助以下的援助機構：

自殺防治專線。心情極度痛苦到想自殺的人，請撥打 24 小時免付費專線電話求助。

　　Crisis Text Line。從全美各地傳送免費簡訊「HOME」至 741741，就可以跟一位受過訓練的危機諮商人員聯絡，使用這項服務完全免費，而且內容不會對外公開。（www.crisistextline.org/）

　　The Trevor Project。特別為陷入危機的非異性戀青少年（LGBTQ）所設計，請撥打（866）488-7386 或傳簡訊「Trevor」至（202）304-1200。此一熱線 24 小時開放且全年無休；傳簡訊與線上聊天會有較多的時間限制。（www.thetrevorproject.org）

◎ 建立支持系統以及求助專業機構（臺灣）

　　當你陷入泥淖，千萬不要獨自掙扎，切記有任何問題就要立即求援，你可以尋求你信任的親友協助，或是求助以下的援助機構：

- 自殺防治諮詢安心專線 0800-788-995（0800 請幫幫救救我）：政府專線，24 小時，主要提供自殺危機即時介入、評估、轉介及第三者通報等自殺防治相關服務。
- 免付費生命線電話熱線 1995（依舊救我）：民間團體專線，24 小時，提供各種心理困擾問題協助。
- 張老師電話熱線 1980（依舊幫您）：民間團體專線，星期一至星期六 09:00-21:00；星期日 09:00-17:00，提供情緒困擾、生活適應問題之協助。

實用的人生格言

　　我在撰寫這一章時，曾向家人和朋友請教，他們最喜歡的名人佳言、勵志語錄以及人生哲理——尤其是經常出現在社媒上的那些格言。以下就是他們跟我分享的一些名言：

・「每天都是新的一天。」——我姊
・「我已經擁有我需要的一切。」——尚恩・史柏林（Shaun Sperling）
・「我的耐心猶如一座深不見底的水井。」——安德魯・艾克斯（Andrew M. Akers）
・「別回頭看，因為你又不是朝那個方向前進的。」——潔妮・宣菲爾德（Jaynie Shainfeld）
・「一旦放大格局來看，這件事實在沒啥大不了的。」——瑪爾西・法蘭克・芬克（Marcy Frank Fink）
・「記住你為什麼會在這裡。？」——羅拉・蓋勒（Laura Geller）
・「不用跟別人比。」——阿曼達・法莉娜奇・岡薩雷茲（Amanda Farinacci Gonzalez）
・「當個好人就對了。」——威利・勒維特（Wally Levitt）
・「沒啥好怕的。」——史蒂芬妮・貝爾斯基（Stephanie Belsky）
・「我在這世上是安全的。」——瑪爾西・克拉克（Marcy Clark）
・「享受你的旅程。」——溫蒂・費雪（Wendy Fisher）
・「求進步、不必求完美。」——蕾秋・蜜德勒・魯謙斯基（Rachel Milder Lubchansky）

- 「你永遠想不到你會遇見什麼人。」——艾伊‧歐（Ay Oh）

- 「如果你不愛自己，誰會愛你！」——莉莎‧梅洛維茲（Lisa Meyerowitz）

- 「步步高升，愈來愈成功。」——貝絲‧蓋貝（Beth Gabay）

- 「身在喜樂中，自有療癒的一刻。」——珍妮佛‧梅妮爾（Jennifer Mynear）

- 「無所畏懼，就能成就一切！」——馬克‧海萊特（Mark Hewlett）

- 「價值觀要用身教而非言教。」——布萊特‧宣菲爾德（Brett SHainfeld）

- 「氣質是用錢買不來的。」——艾莉耶特‧艾寶（Aliette Abo）

- 「待人仁慈，因為你永遠不知道緊閉的門後是怎麼一回事。」——馬克‧艾寶（Marc Abo）

- 「當你仰望大花板上一千片完美的馬賽克磁磚時，可別緊盯著有裂痕的那一片。」——馬文‧宣菲爾德（Mervyn Shainfeld）

- 「好、更好、最好；千萬別讓它休息。直到你的好變得更好，而且你的更好變成最好為止。」——葛萊妮絲‧宣菲爾德（Glynis Shainfeld）引用一個古老的諺語

- 「人生是好是壞，就存乎你的一念之間。」——布蘭登‧宣菲爾德（Brandon Shainfeld）

- 「永遠相信很快就會有好事發生。」——黛博拉‧宣菲爾德（Deborah Shainfeld）

正確的思惟，會對你如何度過每一天，以及要把精力用在什麼事情上，產生正面的影響。某些人可能會對能量管理（energy management）嗤之以鼻，但有些人卻很需要學會這個技巧。我希望我接下來要跟大家分享的這則人生故事，能夠讓你好好思考這所謂的「能量」概念究竟是指什麼。

#我的故事：有問題的是我，還是我的氣？

某天晚上我跟媒體及公關界的朋友有場聯誼聚會，我就快遲到了，而且我並不確定自己是否真的想要參加。後來我一時興起，決定還是去露個臉好了，等我抵達現場，被安排坐在一位名叫蘿拉·雷吉歐（Lara Riggio，www.larariggio.com）的女士隔壁。她看起來人蠻好相處的，她告訴我，她的工作是研究人的能量，並且跟我分享了一些她個人的故事，甚至還聊到她跟她先生是如何跟認識的。

雖然我自認是個心胸開放的人，即使聽到不熟悉的事也不會大驚小怪，但一開始的時候，我覺得蘿拉做的事聽起來有點不合常理。但是隨著蘿拉聊起她客戶的更多細節時，我告訴她我覺得我似乎有個脈輪（chakra）[4]不通，因為我對於男女的約會感覺相當遲鈍，總是感受不到大多數人都以為我能感受到的事情：

・我並不討厭男人。

4　chakra 在梵文中的意義是「輪」字，印度瑜伽認為，人體有 7 個能源中心，且都以旋轉輪狀出現，從脊柱的底部到頭頂，貫穿身體垂直排列，脈輪在身體中接收和傳遞能量，每個都負責特定的物理區域，控制了人的情緒和活動，也就是整個身體的機制。

・我並未放棄約會。

・我有抽出時間約會。

・我並非工作至上的人（但要同時兼顧事業與感情真的很難）

於是她問了我一連串的問題，然後告訴我：「通常我遇到還未結婚的單身女性時，我會從她們身上感受到，雖然她們口口聲聲說自己不挑對象，但事實並非如此。其實她們有別的問題還未解決，所以我們必須先解決那些問題，但怪的是，我從你身上並沒有獲得那樣的感受。」

我這人一向喜歡追根究底、找出每件事背後的「為什麼」，所以我很想知道，為什麼我覺得自己好像在對抗整個世界，難道是我身上散發出某種我自己不知道的氛圍嗎？我現在再也不確定了。

後來蘿拉用電郵跟我聯絡，要我去參加她的一堂課，這樣我就會比較清楚她究竟在做什麼。等我赴約後，我才知道蘿拉是在幫助人們，找出他們身上或是人生中阻塞不通的能量，然後加以解決。

來找蘿拉的人，多半想要克服身體上某個特定的病痛，或是情緒上的紛擾煩亂，例如腰酸背痛、肩頸痠痛、失眠、害怕未知事物、心碎、心情低落、爛桃花、體重減輕、想賺錢、想戀愛、擺脫困境，也有的人想要找出他們的潛能。當某人因為悲傷、生氣、焦慮、害怕、嫉妒、憂鬱來向蘿拉求助時，蘿拉會幫他們找出那些負面感受的根源，是因為幼年時期的某個創傷引起的嗎？還是一段藕斷絲連的感情？還是今天看到的駭人聽聞的頭條新聞？

當我結束當天的約診時，我學到了一些新方法，來面對我自身的痛點，而且我們還聊了很多如何解決無趣生活的話題。我請教蘿拉對於本章的看法，問我們能否幫助讀者把痛點變成新的可能性。

接下來我會跟大家分享蘿拉她個人研究能量的一些私房心得，各位可以參考她的心得，學習如何運用自身的能量，來克服你人生中的負面事物。

或許你並不相信能量「這玩意」，這我是可以理解的。不過在你對這些概念不屑一顧之前，我還是想請你快速地瞄一下，說不定能夠對於你正試圖想要改變的事情產生不同的想法，或是獲得一些新的資訊。

你的情緒身體最知道

如果你不喜歡自己的外貌，或是你覺得你人生的某個地方被困住了，那是你的能量未達到最佳效果所致，蘿拉這麼說道：「你完全不知道是什麼原因造成你身心失調、情緒不滿，且害你無法發揮最大的成效。」我們很多人一直被社會教導要「保持冷靜、繼續前進」，但是我們的身體已經被壓力影響了，而那些壓力可能來自於身體、情緒或化學物質。**如果同一時間有太多會引發壓力的事物落到你身上，你的身體就會告訴你，它負荷不了**，而且你會感覺疲倦、體重增加、疼痛、不適、失眠、焦慮、憂鬱、挫折或不快樂。

蘿拉還指出，這種情況表示你的生活型態、人際關係或是心態，並不支持你想要追求的目標；「你的所作所為無法讓你獲得最大的利益，你的生活方式與你的欲望不同步，因此你的身心要讓你知道，你並非走在通往快樂的道路上。」

我們的身體時時刻刻都在對我身處的環境做出反應，而我們的反應會決定我們的感受，以及旁人對我們的回應。當你心情很好，你的作為肯定跟你心情不好時不一樣，對吧？當你心情不好時，是會表現出來

的，而且讓你無法達到你的最佳狀態。

世界就像一面鏡子，它會反映出你的感受；而且人們對你的反應與判斷，會決定他們是否想要跟你約會，或是跟你做生意。你的下屬會覺得你瞧不起他們，而決定另謀他職。但這並不是你的錯，因為你根本不知道自己做錯了什麼。

當我們受到壓力時，儘管我們不自知，但其實我們都會表現出特定的情緒、話語、味道及聲音，而你的身體和大腦，會記住這些反應。這種現象有時候能夠幫助你在未來做出更好的反應，但有時候卻會阻止你做出最佳表現。請看以下的例子：

- 當你小時候被火吻過，你很快就會記住火爐是燙的，所以不可以觸摸，這算是對你有益的教訓。
- 如果你看到你母親的婚姻不幸福，你雖然會認為男人是無法信賴的，卻也會被已婚男子所吸引。
- 如果你一不開心，你爸就給你糖果或冰淇淋哄你，那你可能會學到吃甜食能夠讓你的心情變好。但要是你用吃東西來安撫自己，小心你的心寬了但身體也跟著胖了！
- 如果你的家人為了追求更美好的生活而離鄉背井，在異地討生活的巨大變化與壓力，很有可能會影響你的祖父母與父母，使他們把一些不合時宜的家規或情緒模式強加在你身上。

這些過時的想法可能會阻礙你過你想要的人生，蘿拉認為，與其把身體或情緒的不順視為災難，倒不如把它視為一個提升自己的契機，方法是用不同的方式管理你的能量。「只要簡單地改變你的思惟與生活型態，就能夠幫你心情變好，而且用更少的能量發揮更大的效能。我們要

學會掌控你的情緒、行動與能量，讓它們跟你的欲望同步，因為當你聚焦在你的能量、並且擁有它，你就可以過上自己喜愛的那種人生！」

有情緒一點也不糟

不要把你的情緒看成是件壞事，那只是你的身體在告訴你，你必須有所改變。想要改善你的能量以及你對壓力的反應，第一步就是察覺到自己不快樂，而不是一味地否認並且壓抑你的情緒。

「當你不開心的時候，你的身體會進入戰鬥或逃跑或靜止不動的壓力模式，也就是所謂的交感神經系統反應。它是一種原始反應，目的是為了保護你的人身安全，當你遇到危險時，你的身體就會準備要逃跑或是戰鬥或是躲起來。雖然在現代生活中，你的壓力大部分並非立即致命的，但你的身體還是會做出類似的反應；為了讓你隨時準備逃跑或戰鬥，你的壓力反應會消耗你的免疫系統與消化系統的能量與資源，並釋放壓力荷爾蒙，使得你的身體很難放鬆、睡覺、恢復與修復。」

第二步則是學習如何讓自己冷靜。蘿拉指出：「就跟練跑馬拉松一樣，你要訓練你的身體冷靜下來。失眠業已成為現今社會的一大問題，因為人們不知道該如何放鬆；當壓力能量無法透過運動釋放時，壓力會使你的肌肉緊張，進而造成肌肉疼痛，或是使得身體很難放鬆。」壓力會減弱我們的思考能力與解決問題的能力，「當你受到壓力時，血流會快速從腦部流向四肢，讓你能夠戰鬥或逃跑，所以你的認知能力會受到影響。你解決問題的能力，以及發揮創意找出解決方案的能力，也會因壓力而變差。」

蘿拉打造了一個「一週能量重設方案」，來幫助各位紓解壓力、改善睡眠、提升工作效能，就連你跟金錢、體重以及家人的關係也都能獲

得改善，並且有能力移除對你無益的家庭阻礙。想要觀看訪談影片以及參加挑戰的人，請上 www.LaraRiggio.com。蘿拉相信在未來的 10 年，這些練習會像瑜伽和冥想一樣盛行——儘管它們乍看之下有點奇怪。

在本章當中，我們探討了如何擁抱你現有的一切，並且學習如何妥善運用我們的能量向前邁進。有些人可能會對本章的內容感覺有點不自在，但也有些人覺得自己已經準備好，要用全新的自己來面對這世界。我們就來看一下你的新感受：

• 你從本章中對自己有了什麼樣的認識？
• 你打算採取什麼行動，來幫你改變一成不變的生活？
• 你從蘿拉那裡學到什麼？
• 你打算把哪句人生格言、勵志小語或是正向行動，納入你的日常例行公事中？

各位除了能運用你的新工具，來幫助你在困境中保持樂觀的正面心態，我將在下一章中告訴各位，當你感覺迷失方向、被拒絕或想要彌補錯誤時該怎麼做。

Part 2

迷途是人生的
善意提醒
Staying Positive

· · · · ·

請允許自己生氣難過，但不必耽溺在自怨自艾的情緒中。錯誤難以避免，重要的是勇於承擔，並且及時補救；或是你領悟到自己極可能選錯了行業，此時也毋須怨天尤人。

學會用正確的角度檢視自己，是一件很重要的事，只要按照你自己的步調做好你的事，花多久時間並不重要，重要的是這個堅持不懈的過程。

CHAPTER 4 路不轉人轉
Feeling Lost Isn't Always a Bad Thing

你帶著狐疑的心情上班，想不透當初自己為什麼會選擇這份工作。爸媽問你最近過得好不好，你回覆他們：「好得很。」還特意 PO 出一張辦公室的無敵美照，所以沒人知道你其實非常不快樂。**#我愛我的工作**

　　我在演講中經常跟聽眾分享一則智慧語錄：**有時候你會發現自己不知身在何處，但有時候你卻會在那裡找到自己。**

　　雖然我不知道這段話出自何人，但我很喜歡它所表達的意涵：茫無頭緒的另一端通常就是洞悉一切。不論是大企業還是私人客戶，都是因為亟需方向指引或是人生導航而找上我的（如同我在導言所提及的，之於我如同我人生中北極星般的角色——我的摯友威考芙）。我們每個人在人生當中，免不了會遇上需要旁人指點迷津的時候，這些睿智的人生導師，不僅會明確指出我們走錯路，而且還會幫忙我們走回正途並重整旗鼓。**人生就像開車一樣，有時候我們就是沒看到，其實有條更好走更便捷的直行路線。**

　　所以我將在這一章跟各位分享人生導師（mentor）的重要性，以及如何替自己找到人生導師，又該如何當別人的人生導師。還要提醒各位，在找尋人生導師時絕對不可以做的事情（為了引起導師的注意而狂發電

郵的人，我說的就是你們！）我還會跟各位分享，我是如何輔導我的導
生（mentees），他們有的是高中生或大學生，有些則是已經工作的社會人
士，例如待會就要聊到的莎拉。

改變就從此刻開始

我的客戶莎拉是位在金融業工作的成功女性，她最近突然覺得自己
似乎過度忙於工作，而忽略了工作以外的日常生活。當我們聊及她的工
作時，她的感覺是：

- 想不起自己當初為什麼會喜愛做目前這份工作。
- 忘了跟其他團隊成員共同打拚的快樂。
- 覺得受到上司的限制。
- 不知道自己接下來想做什麼。

至於私人生活方面，她的感覺則是：

- 想不起上次她做了哪件令自己感到自豪的事。
- 不知道閒暇時間該為哪種公益活動貢獻一己之力。
- 不知道哪個非營利團體會想要她的加入。
- 她覺得沒時間去上最愛的飛輪車健身課甚至睡覺。
- 沒時間約會或旅行。

莎拉的煩惱其實跟我遇到的大多數人是一樣的，不論是剛從大學畢
業的新鮮人，還是事業有成的企業執行長，甚至是即將退休的職場老

鳥，全都有一樣的心聲：對於未來覺得很茫然。所以我要輔導莎拉，重新規劃她的人生方向；而我請莎拉做的第一件事，就是把她心中的負面感受，設法變成想要追求的正面目標。

以工作來說，我要求她：

- 找出她可能會喜愛的工作。
- 找出她想要去的公司。
- 參加一些「徵才說明會」，了解是否有適合的職務與公司。
- 向朋友、家人以及人生導師尋求精神支持。
- 從座談會、大型會議或產業活動等在地人際網絡中尋找機會。

至於個人成就方面，我建議她：

- 找出她做了之後會感到自豪的事。
- 找出她想要幫忙的公益活動。
- 找出她能夠提供的專業技能與個人才華。
- 下個月就去購買 5 堂課的飛輪車健身課程。
- 付訂金給某個她想要參加的旅遊行程。

對於約會，我則是建議她這麼做：

- 閱讀凱薩琳・伍沃德・湯瑪斯（Katherine Woodward Thomas）所寫的《7 週遇見對的人》（Calling in "The One": 7 Weeks to Attract the Love of Your Life）。
- 參加紐約市的約會媒合服務公司夥伴計劃（Project Soulmate）。

莎拉有立刻執行上面提到的所有建議嗎？當然沒有！那麼劇烈的變動她肯定吃不消！這種事是急不來的，**千萬不要妄想一夕之間就翻轉每件不如意的事情，而是擬定一個能夠逐步實踐的務實計畫**。所以莎拉先從預訂她嚮往的旅遊行程開始，並且請家人和人生導師一起幫她認識自己。要是你身邊也有可以給你真誠意見的親友，就嘗試上述練習。如果你不知道向親友請益的電郵該怎麼寫，不妨參考以下範本：

親愛的瑞發：

我目前正在考慮轉行，還請了一位顧問陪我一起思考，下一步我該怎麼走比較好。由於我在這個產業已經待了 10 年，我很想知道自己是否具備什麼樣的專長。我想請你幫我個忙，用 5 個詞形容我這個人，並說明你為什麼願意把我當成好友。你的指教我將銘記在心。

有空再一起打網球喔
達基

莎拉最後在公司裡找到了一個新的角色，也決定以後要撥出更多時間充實自己：包括旅行、運動以及約會。當她重新找回生活樂趣以後，莎拉覺得自己活得更起勁了。

支持讓我們更敢於前進

還有另外一個方法可以讓你打拚出自己想要的人生，那就是找到志同道合的可靠朋友。我跟好友周佩佩是在聯合國認識的，當我們第一眼見到對方時，彼此都認為對方是個很ㄍㄧㄥ的人，到現在想起這件事我都覺得很好笑。

當時佩佩在臉書的全球客戶團隊負責帶領一個業務小組，而我正準備推出我的 YT 頻道。我們約好一起吃午餐，結果席間相談甚歡一見如故。儘管我們分屬不同行業，卻非常支持彼此的目標，我們約好以後每 3 個月見一次面，互相激勵對方努力達成工作與個人的目標。

在人生的每個里程碑與職業異動，都能有對方相伴，我們真的很幸運。當我覺得事情不盡如意時，很高興身邊有個可靠的麻吉可以訴苦。雖然家人和朋友的支持也很可貴，但是有個能在公事上互相扶持的好夥伴也是很棒的。我跟佩佩總是會互相提醒對方，**花多長時間達到你的目標並不重要，重要的是你能夠堅持下去，並且不看衰自己。**當耐心不是你的強項時（我這人一向很沒耐性），最好身邊能有個人提醒你，莫忘初衷並且堅持下去。找到一個你能在他面前坦然展現自己，而且也如此對待你的好友，真的很重要。

其實你會發現大多數的人都樂於幫助你 —— 你只需要開口、並且說明你需要什麼樣的協助即可。如果你不知道該從何處著手，就先從找到人生導師開始吧。

善用「支援」避開誤區

從前老一輩的人常說「興趣不能當飯吃」，但現在不論你的興趣是

什麼——食物、藝術、運動、醫藥、電影、科技、科學、時尚、閱讀、寫作、攝影、烹飪、編碼——全都可以當飯吃了。如果你不知道該怎麼把興趣變成賺錢的工具，人生導師通常可以幫你一起找出達成目標的途徑。我想用我從眼科醫師那裡學到的一課，來說明人生導師的重要性（特別是在你不知如何是好之際）。

#我的故事：人生導師助你避開盲點

　　我正在眼科診所接受一年一度的視力檢查，醫生吩咐我：「現在我們要做視野檢查，把下巴靠在這裡，看到閃光的時候就出個聲。」閃光以不同的速度逐一出現，有時候在下個閃光出現之前，會先有一個短暫的停頓，有時閃光會一個緊接著一個閃現。結束檢查後，我問醫生我「成功抓到」幾個閃光，醫師回答：「你只漏了一個！不過這是正常的，每個人都會漏掉一個，因為每個人都會有一個盲點。」

　　什麼！我們每個人都有個盲點？有誰早就知道此事？

　　我差不多就是在這個時候試圖要找出我個人的品牌定位（我是記者？勵志演說家？顧問？）所以幾天後，我跟我的人生導師之一艾文・夏皮洛（Evan Shapiro）見面，他曾擔任獨立電影頻道 IFC 的總裁，現在則是 eShap.tv 的製作人。我問他：「我有個盲點，我不知道該怎麼跟別人說明我是靠什麼維生的；要是哪天你必須向別人介紹我，你會怎麼說呢？」

　　艾文搭地鐵回到家以後，就把他的介紹詞電郵給我，沒想到我

煩惱了一整年的難題，他居然只花 10 分鐘就解決了。這件事充份說明了人生導師的重要性，有時候我們會因爲不明事物的阻擋，以至於無法看清前方的情況，而這種時候就需要人生導師爲我們指點迷津了。

好人緣是一種財富

艾文擁有旁觀者清的長才，一下子就看出了我的狀況。他看見我自己看不到的地方，並且坦率地對我提出建議，人生導師就是這麼棒。不論你是在職場／學校／家庭／社群找到你的人生導師，你都可以信賴他們的建言，並找到適合你的道路。我的人生導師對我幫助極大，有鑑於此，我非常認同大家在自己的人生裡，都需要各自的「指南針」好讓我們在迷惘時得以找回屬於自己的路。也許大家對於這樣的觀念不免有些陌生，以下我提供幾點有關人生導師的方向供大家參考：

- **人生導師是人生旅途上的最佳嚮導**。你的人生導師，不論是你的系主任／教練／學長／親戚／世交，都能在你的人生旅途中提供一套可靠的支援系統。
- **人生導師亦可私淑**。並不是只有認識的人才能當你的人生導師，學習你景仰但無緣親自受教的人的作法，也會很有幫助。像我在職業生涯中，曾多次遇到需要旁人指引的時候，這時我會認眞觀察前輩們是怎麼做的；我也曾從我景仰但不認識的社會先進身上，獲得經營我個人品牌的靈感；有時候我則會從座談會中某個人的發言，得到很多啓發。有的人生導師你有緣見到本尊，但有些則只能透過社群媒體追蹤。當你有機會見到你景仰的人時，一

定要事先做足功課 —— 準備好你的自我介紹、履歷表，必要的話，順便附上你的工作／作品的連結。

經營「人心」，不汲營「人脈」

某次我在紐奧良演講時，有個名叫班恩的青少年前來聽講；後來我展開全國巡迴演講時，又再度遇見他，當時他在某個青年大會負責主持其中一個研討會。我對他的創意相當佩服，相信未來他不論從事哪一行，肯定能出人頭地。1 年後，他聯絡上我，問我是否需要一位實習生；但是他住在洛杉磯而我住在紐約，所以我頂多只能透過電話與電郵聯絡，充當他的人生導師。

班恩跟我透過電郵聯絡了數個月，有回他問我，如果他暑假飛來紐約，是否可以在我的 YT 頻道打工。看到他如此鍥而不捨，我實在很難拒絕。班恩的媽媽說她會替兒子在紐約租個房子，他 1 週有幾天會去學校上課，其餘時間就在我那裡工作。班恩的例子證實了，持續與人保持聯絡，而且不輕易放棄，也是找到人生導師的一種方法。

如果你想請某個不認識的人當你的人生導師，那麼你從一開始就要清楚說明你跟對方聯繫的理由，以及你目前的人生狀態，並強調對方為什麼是擔任人生導師的最佳人選。接下來我要跟各位分享一個故事，是一位名叫蓋比的女孩主動寫信給我，成為我的導生的過程。

在蓋比第一次跟我聯絡時，我壓根沒想過要搬到洛杉磯定居。當時我的朋友小潘，介紹我跟一位住在洛杉磯，名叫布萊特的男子認識。不過當時我跟布萊特除了打過一通電話、傳了幾則簡訊之外，並不常聯絡。所以我在回信給蓋比時，說明我的工作範圍主要是在紐約，不過我很樂意跟她通電話，而且將來要是有合適的機會，我會考慮僱用她。我

們本來說好要打一通電話聯絡，但當時我的演講行程很忙，再加上同時忙於紐約時裝週的報導，所以我徹底忘了這件事，而蓋比則是寫了一封相當得體的電子郵件提及此事。

親愛的潔西卡：

嗨！我的名字叫做蓋比，今年 15 歲，住在洛杉磯。我正想為自己找個人生導師，當我在網路上搜尋能夠提供實習意見的專家學者時，碰巧看到關於你的報導；你的創業才能與積極投入猶太人組織的表現，令我相當佩服與憧憬，因為這兩件事正好是我人生的最愛。

我就讀本地一所只收女生的預備學校，過去兩個暑假都在哥倫比亞大學研讀創業與商業相關課程。你在多個不同領域的卓越工作表現，是我未來努力想要效法的目標，而且我真的很敬佩你的成就。我跟我的家人平常就很積極參與猶太教會的活動與 AIPA5，未來一整年將會更加積極參與，並預計到華府出席大會。有機會的話我也很想去 SoulCycle 以及時裝週看看 非常希望有機會與你聊聊，期盼收到你的回音。

謝謝你讓我佔用你這麼多時間！

祝萬事順心
蓋比

5　美國以色公共事務協會，是美國一個親以色列的遊說團體。

請各位注意蓋比有多麼懂事，既體諒我在時裝週的工作繁重，又懂得避免佔用我太多時間。把時間往前快轉 4 個月，布萊特恰好有事來紐約，他的嫂嫂要他一定要來找我。於是我們終於見面了，並且一見鍾情，所以我們開始在紐約跟洛杉磯兩地間奔波約會。某次我到加州時，特別安排跟蓋比一起喝杯咖啡。

見到蓋比本人後更讓我留下了深刻的印象，我答應在她大三時擔任她的人生導師，並找出是否有什麼專案適合她加入。

> 嗨，潔西卡～
>
> 　我希望你在紐約時裝週玩得愉快。我看了所有的走秀，發現今年一如往常一樣那麼精彩☺
> 　我能想像你一定忙翻了，我早就聽說過時裝週有多累人。但我很想跟你說說話，不知道你這個週末或是下星期有空嗎？要是能跟你見個面聊聊天，我會高興到不行。
>
> 祝好
> 蓋比

如果你想寫信給一位世交，請他當你的人生導師，你的措辭可以稍微輕鬆些，不必那麼一板一眼的。你只需展現你的誠意與專業，並跟對方約好見面的時間即可，請參考以下範例：

親愛的麥狄生：

　　很高興上回在席維亞阿姨與藍迪姨丈的結婚紀念派對上見到你。我目前剛開始小兒科住院醫師訓練，而且正在找一位人生導師。我很佩服你所做的最先進研究，也拜讀了《佳菲快報》對你做的精彩報導。我知道我肯定能從你身上學到好多東西，不知你這個週末是否有空，希望我們能繼續聊聊。

祝好！
艾莉莎

先有禮貌，後有人緣

　　在你初步獲得某人的首肯，同意擔任你的人生導師後，記得向對方表達感謝之意，並告訴對方你從這次談話獲得什麼感想。但是即便對方已經同意當你的人生導師，你也不要動不動就發電郵／打電話／傳簡訊給對方，你必須尊重對方的時間，即便是家人也不宜失了分寸。

　　如果你寄了封電郵給你的人生導師，而對方沒有立即回覆，你絕不可以從寄件備份匣裡，找出之前那封電郵，並且按下轉傳鍵再傳一次給對方。而且除非事態十分緊急，否則絕不可以寄給對方這種只在主旨欄寫下問句的電郵：「主旨：東尼，你有收到我的簡訊嗎？謝啦。」

　　別以為你在句尾寫上謝啦，就表示你夠有禮貌。像這樣突兀的訊息會讓人覺得你很不懂事：除了當你的人生導師之外，東尼自己還有很多

事情要處理。所以在你按下傳送鍵之前，務必三思而後行。以下是一些需要注意的重點，以讓你跟你的人生導師保持良好的關係：

當面拜見你的人生導師。當你們約好時間見面後，預先想清楚你想從人生導師那裡獲得什麼協助，你是想要獲得指引？仿效對方的工作表現？弄清楚你的期待，並且如實向對方表達，以免在溝通上產生誤會。

建立適當的師生關係。及早確立此一關係該如何運作。例如，當你需要導師的意見時，如何與對方聯繫？你的導師比較喜歡你透過電話／FaceTime／電郵聯絡？對於緊急事件，導師能否接受你用簡訊求教？

預先做好計畫。你要弄清楚對方願意多常跟你見面，每次結束會面前，務必約好下次的見面時間再離開。想要讓這段師生之誼保持活絡，是導生的責任。

進一步的請求。如果你們已經往來一陣子，並且建立不錯的師生情誼，你或許會想要請對方為你的實習申請寫推薦信，或是請對方替你應徵的工作當推薦人；人生導師就是人脈，你的人生導師說不定願意替你介紹。

經常保持聯繫。導師與導生的關係有可能成為終生情誼，所以你應經常問候導師，隨時關心與掌握導師的最新狀況。當你聽到導師的私人領域出現好消息（例如孩子上大學了），或是看到他在公務上屢創新記錄，都要即時道賀。還有在導師生日或逢年過節時，記得寫張賀卡問候；這些動作不只能展現你是個禮數周到的人，而且你永遠都不曉得什麼時候會有個非常適合你的職務出缺，所以讓你自己隨時出現在導師的心上，對你是有百利而無一害的。

你也可以成為別人的導師。如果你有能夠幫到導師之處，一定要讓他知道；我的導生們就幫了我很多忙，他們教我使用很多很棒的應用程

式、線上工具，以及吸引年輕族群的方法。比方說吧，他們除了會來跟拍之外，還會做些關於分衆的研究，以及討論我的 YT 頻道該做哪些專題。像艾莉教我如何製作電子報，諾拉教我如何追蹤 IG，潔咪教我如何製作 vlog，小班則幫我把所有的圖像跟網站重新改版。

我希望各位明白，導師與導生是一種雙向交流的關係，雙方都必須有所付出，才可能獲得美好的結果。如果你想成爲別人的導師，或是你剛答應當某人的導師，請遵守以下的行爲準則。

◎ 導師能為你拓展人脈

當你的人生導師幫你引介給某個專業上的人脈時，你要把你跟對方後續的往來情況，即時告知你的導師。記住，當你的導師把你引介給他的人脈之後，接下來要如何跟對方保持關係，那就是你的責任了，請看以下範例。

假設你的導師布蘭登透過電郵，把你介紹給你想要工作的那家公司的執行長黛比，你發送電郵時記得要「**回覆所有人**」。

首先你要感謝布蘭登的引介，接著表達你非常高興能跟黛比認識，並向黛比介紹你自己以及你的興趣，結尾時詢問對方約見面的最佳方式。黛比可能會親自回覆並跟你約好見面的事宜，也可能把她的助理加入聯絡圈，不論是哪一種情況，都要適當地跟進（follow up）。

在你跟黛比見面後，一定要向布蘭登報告見面的情況，並再次感謝他的引介。你不該讓布蘭登輾轉從別人口中得知你跟黛比即將見面，或已經見過了，畢竟，是他爲你開啓了這扇大門。還有，你跟黛比見過面之後，記得寄張謝卡給對方。

擇善而行，永續傳承

你大學室友的兒子或是鄰居的女兒，開口請你當他們的人生導師，而你也答應了，這真是一樁美事！如果這是你頭一次當人生導師，請參考以下的建議：

一定要在專業的情境下見面。 在行事曆上確實標註你要給予指導的時間，實現你對導生的承諾。當你們見面時，不要一直講你自己的事；記住，你們見面是為了幫助導生成長，而不是幫你找到新的心理醫師。

對於你自己說過的話一定要做到。 如果你說要幫對方引介某人，最好盡快安排，免得拖太久而忘記了。雖然導生知道你的行程滿檔，但是當你遇到突發狀況時，還是要盡快通知對方取消會面。一般的情況是導生會過來見你，即便你有事也不要讓對方白跑一趟，這樣很不體貼。

讓美好的師生情誼代代相傳。 每次我主辦慈善晚會，我的人生導師蘿拉都一定會來捧場，而且她就是在我主持的某場活動中認識她先生的。我真的非常感激蘿拉這麼挺我，所以當我擔任潔咪的導師時，我便效法蘿拉的作法，大力支持潔咪的活動。

潔咪是個很棒的女孩，我很高興有她在我的團隊裡幫忙；我為了讓她知道，我有多以她為榮，還曾推掉一份工作機會，並在大風雪中開車去參加她的正式彩排。事後她不斷感謝我親自到場觀賞，但其實能坐在台下看著她在台上發光發熱，我才是驕傲到不行呢。

最後一點，讓這份師生情誼生生不息，如果你很欣賞導生的表現，當他要開始進入職場時，你要盡可能助他一臂之力。他們不只會感激你，將來也可能把這份精神傳承下去，有朝一日他們也可能成為別人的人生導師，並將你帶領他的方法造福更多的人。

◎ 女性提攜女性

如果你想要支持年輕女性，可拜訪 GenHERation 網站；它是由賓州大學華頓商學院大學部的凱特琳・葛拉索（Katlyn Grasso）創立，她更因此獲得該校校長頒發的「改善社區計畫獎」（Inaugural President's Engagement Prize）；這個獎項會提供 15 萬美元給即將畢業的大四生，來開發能夠改變世界的優秀計畫。她帶領的這家公司，迄今已幫助超過 10 萬名的年輕女性，GenHERation 推出的企業參訪日活動（GenHERation Discovery Days）：「讓高中與大學女生有機會拜訪美國最創新的企業，並與該公司的女性主管見面會談，把她們當作自己追求專業上的學習典範。」有意參與這項計畫的人，請上 https://genheration.com。

請益從身邊做起

不論你是想要當導師還是要找導師，如果你能把這套導師提攜導生的文化納入日常生活中，它的力量就會更強大，而方法之一就是向自己的家人、朋友和同事宣揚它的好處。比方說，如果你已為人父母，而你的同事／朋友正好從事你孩子可能想要學習，或有志從事的那種工作，你就可以幫你的孩子向對方請益。

不論是你自己的孩子，還是同事或朋友的孩子，能夠讓他們看到你們這些長輩的實際工作狀況，其實是很棒的一件事。孩子不論是想要創設新的社團、委員會或活動，家長都可以坐下來跟他們聊聊，了解他們打算怎麼做。由於大多數孩子都必須配合同儕 PO 出他們的「完美人生」，所以家長協助孩子走上他們理想的人生道路是很重要的。

打造這種向人生導師請益的文化，能夠幫助青年人培養各種興趣。

如果你的導生不知道自己長大後想要做什麼，你就要他們想想，從事什麼活動能夠讓他們感到快樂，並且建議他們做些研究，找出學校或鄰里有提供的活動來參與。

青少年可以透過參與社團運動、學校的戲劇表演，或是在某個委員會裡服務，而學習到團隊精神。並不是眾人矚目的球隊主將、戲劇主角，或是委員會主席，才能對社會做出貢獻。球隊需要經理，戲劇需要舞台工作人員，委員會需要各種成員。

你要鼓勵導生盡量嘗試各種可能性，他們可以透過當家教、回饋社區，或是當一名導師，來磨鍊自己的能力。他們也可以加入學校的社團來學習不同的議題，以及如何規劃一場活動。

除了學校提供的各種學習機會之外，建議孩子可以向平時參與的宗教機構，或是社區協會及非營利組織打聽，是否有開設他們感興趣的課程，或是相關的實習機會，說不定還能找到工作呢。

你還可以鼓勵孩子們從事志工服務，說不定能讓你的導生找到一份工作，或是找到其他值得學習的角色模範，從而更了解自己。他們不僅能夠從幫助別人獲得成就感，還能看到自己的努力付出有了回報，**這種為大我做出貢獻的成就感，是你無法從社群媒體上得到的。**

沒錯，青少年從社群媒體上看到自己沒受邀參與某個大型派對，心情還是會很受傷，但是找到自己的熱情所在，並且追尋自己的夢想，能夠幫助他們認清自己的價值，即便別人看不見那又何妨。不論我們活到多大歲數，認清自己的價值，都是非常重要的一個人生課題。

最後，別忘了鼓勵你的導生，要養成認真做事的習慣，並**好好維護自己的身心健康，因為沒有好的體力，再好的夢想也難以實現。**

◎ 學生社團熱情投入歷史導正運動

當傑森‧提爾福（Jason Tilford）聽到前國庫署長蘿西‧里歐斯（Rosie Rios）提倡的「教師導正歷史活動」[6]時深受啓發，並在他就讀的高中，成立一個叫做「學生導正歷史」的社團。社團成立的第一年，便從 2 位成員擴大爲 10 人，如今這個社團的成員，會稽查各小學、中學及高中，確定教室與走廊懸掛的女性歷史人物，跟男性一樣多。有興趣的人請上 entm. ag/rightinghistory，觀賞我訪問傑森的影片。

◎ 幫助年輕人把熱愛的事變成能賺錢的事

2014 年有 3 位電視台的主管聚在一起聊天：艾利克斯‧伯蘭（Alex Boylan），他是位電視節目主持人，曾獲艾美獎提名的製作人，並曾贏得《驚險大挑戰》的優勝；波頓‧羅伯茲（Burton Roberts），他是電視節目製作人，環遊世界的旅遊者，並曾參加《我要活下去》比賽；莉莎‧何內西（Lisa Hennessy），她是位曾獲艾美獎提名的電視台主管，也曾協助打造 Mark Burnett 製作公司，負責監管數百小時的電視聯播網。

他們都覺得自己何其幸運，能夠從事夢寐以求的工作，所以他們決定幫助年輕人，也能找到通往夢想工作的正確路徑。那次的談話促成了 Dreamjobbing 的成立，這個網站提供全球各地最酷的短期工作：到挪威當攝影師、擔任 TOMS 的全球捐鞋代表、奧運的接待人員、到泰國當野生動物志工、CBS 的製作人，以及其他各種工作。想要應徵的人必須拍攝一支 60 秒的影片，說明他自己爲什麼是擔任這個工作的最佳人選。

....

6　Teachers Righting History，這個教育活動的目的，是希望全美各級學校導正過去長期忽視女性歷史人物的現象。詳情請參http://teachersrightinghistory.org。

許多被選中的應徵者，後來都在那家公司獲得一份全職工作，所以他們決定把 Dreamjobbing 擴大成一個平台，教導學生及年輕的專業人士，如何透過影片成功推銷自己，讓他們能夠有更多優勢爭取到一個想要的工作。

　　時至今日，Dreamjobbing 已經幫助了數千人用他們的故事替自己找到他們的志業，Dreamjobbing 團隊跟非營利組織、高中及大學合作，來幫助學生透過影片推銷自己，讓他們得到重要的實習或工作機會。如果你住在堪薩斯，但你想要跟一位住在洛杉磯的娛樂律師請益，就可透過該網站達成願望。

　　當然啦，你隨時都可以應徵該網站上 PO 出來的任何一個空前絕後的工作，意者請上 www.dreamjobbing.com 了解詳情。

　　俗話說得好，天無絕人之路。當我們看似找不到出路時，人生導師能夠適時助我們一臂之力，找出我們究竟喜歡做什麼。當我們的資料不夠正確，人生導師能夠幫助我們排解疑難，並提出一個新的結論。在讀完這一章之後，我想請各位問問自己：

- 誰是你最可靠的夥伴？
- 你想找誰當你的人生導師？
- 如果你必須改走一個新的方向，在你認識的人當中，有誰是從事你所感興趣的那個行業？
- 你能聯絡上那個人，請對方讓你實習，或是讓你在他身邊見習一天嗎？
- 你有什麼技能可以派上用場？
- 如果你身邊的人不知道你對什麼事情有熱忱，你要如何找到厲害的高手、並請對方指導你？
- 你要如何成為一名稱職的人生導師？
- 你如何為導生提供更好的支持？

　　各位已經從本章看到，人生導師能夠在很多方面支持我們，尤其是在你遇到挫折或犯錯時，他們能夠為你指點迷津。在下一章中，我們將會討論，當你遇到挫折或犯錯時，該如何因應。

CHAPTER 5 錯誤從來不是白走的路

We All Make Mistakes

> 你一如往常地醒來，渾然忘了你已經失業的事實。這是你工作 15 年來，頭一回在起床後無處可去。幸好今天是星期四，你找到過去你跟手足合影的老照片，PO 上去應該就可矇混過關了，再躺回床上繼續睡回籠覺吧。**#週四懷舊老照片 #美好的時光**

　　工作上的錯誤有很多種，有些會讓我們失去升職的機會，有些甚至會讓我們遭到開除，但是還有一些錯誤則會讓我們覺醒，領悟到自己根本是入錯行。以我自己為例，便曾因為拼錯一個人名，而痛失一個難得的進修機會，並且改變了我整個職涯規劃。

　　我在讀大學的時候便想要到 NY1 新聞台工作，但好事多磨，費了好一番工夫才得以達成心願。話說在我升上大三之前的那個暑假，在 NBC 的新聞雜誌節目《換日線》（*Dateline*）實習，我遇到一位曾經在 NY1 新聞台實習的人，所以我也想要透過這個專案申請實習。整個審核過程相當漫長，但我一路順利過關斬將。最後一關我必須交出長達 9 頁的自我介紹，其中一則問題要我寫出我最滿意的一次採訪經驗，因為我剛採訪過知名的電視主持人喬恩‧史都華（Jon Stewart），所以我便寫了這段經驗：「當時 CBS 派出一組人員製作史德華的人物簡介，但他們找不到記

者，於是便讓我充當臨時的外景製作人，並拍攝我訪問他的畫面。」

沒想到我居然把史都華誤拼成史德華（Stuart），因而痛失到 NY1 新聞台實習的機會。各位是否也曾像我當時那麼倒楣，明明把自我介紹看了幾百次，卻還是出了錯？而且一堆人都幫我看過這篇自我介紹，結果竟然沒有任何人發現那個錯誤？**#超無言**

儘管我懊惱不已，但最後還是打起精神在 NBC 位於芝加哥的 WMAQ 電台實習，並接受報導芝加哥馬拉松大賽的訓練。從那時候起，只要我知道有 NY1 新聞台的人會來，不管他是來記者大會上演講，還是點評新聞短片，我都一定會到現場見習。

念完研究所之後，我前往佛蒙特州伯靈頓市，在與 CBS 合作的當地電視台工作；每隔一陣子，我就會把我的履歷表連同一段自我介紹影片，寄給在 NY1 新聞台工作的朋友。我一共花了 6 年的時間，才終於進入 NY1 新聞台工作，但總算是如願以償了。

拼錯人名當然不是小事，**但如何擔下犯錯的責任，則攸關你能否從挫折中復原**。在我們的職業生涯中，有可能遇到層出不窮的挫折，包括面試時出糗、採訪時凸槌，或是重大企劃案被打槍，甚至是在老闆面前犯錯。所以在本章中，我們就要來聊聊這些錯誤，並探討如何補救，讓損害降至最低。首先我們就來看看，因為準備不夠充份使得面試表現不佳，或是像我一樣在應徵時犯錯，究竟該如何因應。

修補失誤的能力是關鍵

不論你是因為毫無準備，還是出現意外狀況，或是太過緊張以致腦中一片空白，面試失利都是很令人扼腕的。伊恩・薩維爾（Ian Saville）曾經擔任臉書的學習暨開發夥伴，負責員工的成長培訓，培養共融的文

化，並開發各種學習課程。如果你曾因為語無倫次而搞砸面試，伊恩建議你針對面試常問的問題，準備好適當的答案，並且反覆背誦練習，這樣下次就能有較好的成績。

「把長篇大論的回答拆解成幾個重點，既能讓你方便陳述，也不會讓人家覺得你是在背答案。」伊恩說明：「你可以用 3 或 4 個重點，說明你能夠為該職位創造的價值，並且在整場面試中，反覆提及這些主題。**切忌誇下海口，說自己無所不能，這樣反倒無法讓面試官記住你有何過人之處。**」

要是你真的很想要做這份工作，卻沒能在面試中表達出來，不妨透過感謝卡讓面試官了解這點。你可以在感謝卡中簡短提及，補強你在面試中的表現，不過內容寧短毋長，而且措辭不要太生硬。記得要強調你具備從事這份工作的技能，或是把你在面試中搞砸的正確答案說出來，感謝卡的寫作範例請參考表 5-1。

如果你覺得感謝卡還不足以完全表達你的心意，可以請對方再給你一次機會，哪怕只是一次短短的 5 分鐘電話溝通都好——記得把伊恩的建議納入參考。這次千萬別再搞砸了，記取上一回的教訓，在通電話前先整理好你的思緒，事先找朋友或同事陪你模擬通話狀況，而且別再提起這次的挫折。

在寄出應徵文件之前，你最好大聲的把草稿逐字念過一遍，確認沒有拼字或其他任何錯誤，並且再請親友幫你確認過一次。**當你撰寫重要的電郵時，收信人的欄位最好先空下來，等到一切準備就緒時再填上即可，這樣可以避免不小心誤觸傳送鍵而寄出不當的電郵。**

現在我們談完了面試凸槌時的補救方法，接下來我們就要探討，在工作上出錯時，該如何亡羊補牢。

表 5-1 感謝卡寫作範例

親愛的摩根您好：

　　週二與您的會面十分愉快，我從這次的交談中對貴公司有了更深一層的認識。當時您曾問我，過去是否曾延誤過工作期限、以及我是如何補救的。我忘了提起之前在 EB 製作公司服務時，曾經處理一件標示錯誤的訂單。當我打開下游廠商送來的貨品時，我注意到裡頭標示著「L 號」的襯衫，其實是「M 號」，而所有標示著「M 號」的襯衫，其實是「S 號」。我立刻打電話詢問廠商，原來是我方客戶要求的尺寸缺貨，他們竟然以現有的庫存品混充頂替！

　　在這緊急時刻，我趕緊聯絡另一家廠商，而對方也同意替我趕工重製。我立刻打電話給客戶，並向客戶解釋廠商的整條生產線標示錯誤，但我已經找到另外一家廠商願意接下這筆急單，而且我們公司願意吸收所有的趕工費用。客戶對於無法如期收到商品雖然略感不悅，但很滿意我已經把問題解決了，而不是把問題丟給他去頭痛。我希望這個例子能夠向您說明，我在遇到錯誤時是如何亡羊補牢的。

　　我要再次感謝您讓我拜訪您的辦公室，洽談業務主任一職，希望有機會能再次見到您。

祝好
馬修

下一步比上一秒更重要

如果你在工作時犯下一個可能會被開除的大錯，你肯定會很沮喪且心煩意亂，這乃是人之常情。不過研究顯示，快樂的人不會把負面情緒埋藏起來，裝做沒那回事，所以他們也就沒必要 PO 一些今天過得多棒的廢文。快樂的人會坦然接受現有的狀況，並且為自己的行為負起責任。

俗話說，人非聖賢孰能無過，我們都會在工作上犯錯 —— 那是學習與成長的一部分。所以各位千萬不要因此就認為自己是個廢物，並且耽溺在自憐自艾的情緒中。相反地，你要記取教訓，並在未來做得更好。

這時候你可以採取的亡羊補牢作法包括：請老闆抽個空跟你談談，弄清楚下次再遇到同樣的狀況，你該怎麼做比較好；你也可以向一兩位跟你同行的至親好友請教，或是向你所屬的產業組織求教、聽取他們建議。**絕對不要一直耽溺在負面的情緒中，而應動用你的儲備能源去找到新的機會**，這是吉姆‧柯提斯（Jim Curtis）在工作上犯下大錯後所採取的作法，詳情請看以下敘述。

◎ 挽回一個價值數百萬美元的錯

吉姆大學畢業後，便實現了他長期以來的夢想：在美國證券交易所工作。出身麻州小鎮的他能夠在華爾街工作，讓吉姆對自己的表現深以為傲。不過他很快就發現，自己其實並不愛這份工作，甚至連喜歡都談不上，因為他最擅長的技能在這份工作根本派不上用場，所以他完全感受不到自己對工作的熱忱。

有天吉姆完成全交易所內最大一筆交易，在短短幾秒鐘內，成交了數百萬美元。所有的交易員都驚呆了，想要弄清楚發生了什麼事？是合併案

嗎？還是收購呢？或是上帝的神來之筆？然而眞相卻是，吉姆在進行電子交易時，不小心在價格、股票以及交易數額同時出錯，他形容當時自己簡直「頭皮發麻嚇到想吐」。幸好他立刻意識到自己闖下大禍，並馬上進行補救措施。

吉姆說：「我立刻去請求——不，其實是跪求——相關的交易員，讓我取消這筆交易。幸好當時是可以這麼做的，因爲我們還未對大眾開放電子交易。由於我跟同事都建立很好的關係，所以每個人都同意讓我取消這筆烏龍交易。但這個重大疏失讓我發現到，自己更適合別的角色，一個讓我能夠聚焦在跟人建立私人關係的地方，我知道我必須找到我熱愛的工作才行。」

吉姆轉職到他曾經負責交易的 OnHealth.com，這家公司後來被賣給另外一家新設立不久的數位健康企業，也就是日後的 WebMD。吉姆替 OnHealth.com 完成首次公開募股（IPO），稍後並幫忙開發健康網站 Everyday Health。

吉姆指出，OnHealth.com 的縱向關聯公司包括 Berkeleywellness.com、healthcentral.com、thebody.com、remedyhealthmedia.com、healthcommunities.com、the liveboldivenow 平台、adherence 平台，因此 OnHealth.com 的觸及率躍居爲全美第三，僅次於 WebMD 與 Everyday Health。

不過根據曼哈頓研究、comScore 以及其他出版刊物發行量稽核單位的資料顯示，OnHealth.com 在慢性病患者的觸及率則是最高的。吉姆說他對這份工作的熱忱，來自於他自己曾經驗一場長達 20 年對抗一種罕見慢性病的親身經歷。

吉姆透過他的著作《在病痛中安身立命的 9 個技巧》（*The Stimulati Experience: 9 Skills for Getting Past Pain, Setbacks, and Trauma to Ignite Health and*

Happiness），幫助人們化病痛為力量；吉姆表示：「你或許會因為生了某種病，而覺得丟臉或怪罪自己，或是怨嘆自己的人生不夠好。當我被診斷出罹患了一種前所未見的奇怪神經疾病時，我也有過前述這些負面情緒，而且我整個人進入生存模式——只想解決眼前的問題，完全不替未來做任何準備。」

吉姆認為，在剛「得知惡耗」時進入生存模式是很重要的，因為它能幫你撐過最初的幾星期。不過吉姆提醒大家，之後你還是要努力讓自己恢復健康。但要如何脫離生存模式呢？首先，吉姆說你必須告訴自己，疾病並不會使你矮人一截，而且**不論你被診斷出罹患哪種疾病，那都不是你的錯**。吉姆表示：「車子故障屢見不鮮，但我們並不會瞧不起它們——而是想辦法把它們修好。**保持正向心態，並且持續朝著你想要的目標邁進，至少能夠幫助你更快痊癒，或是學會如何更妥善處理你的病況。**」

如果你也有健康方面的挑戰，吉姆建議各位不斷用這句話提醒自己：「病痛就是力量——我什麼都做得到！」最後吉姆更建議各位，把你的故事跟大家分享，這樣不但能夠幫助其他跟你有相同狀況的人，同時你自己也將能因此受益。

看影片！

想了解更多吉姆的故事，請看我訪問他的影片：entm.ag/jimcurtis。

隨時重新自我定位

相較於吉姆因為在交易所犯下大錯後，反而回頭省視自己因此找到真心喜愛的工作，各位有意轉職的朋友，可能會覺得換工作挺可怕的。各位之所以會入錯行，有可能是被家人逼迫，或是別無其他選擇；但是從你頓悟自己選錯行的那一刻起，你的腦袋就會充滿各種質問與懷疑：

· 我該怎麼辦？

· 我要如何和父母溝通？

· 我的配偶或同居人會做何反應？

你心中的焦慮可能會不斷升高，所以你必須在事態演變到不可收拾之前，擬定一個計畫預做因應。

在你開始思考自己想要做什麼，以及你要如何把這個消息昭告親友之前，不妨花點時間好好想想你是誰。如果你因為太過茫然而無法思考，可以向你最親近的朋友求助。就像我在第 4 章中曾提過，**請你的親朋好友與同儕組成「大陪審團」，要他們用幾句話來形容你這個人**；問他們覺得你最擅長哪些事情，並請他們試著回想，你在什麼時候看起來不快樂或不像你自己。

當我想不起來是什麼事情讓我變成現在這副模樣，我的「北極星」威考芙建議我，用不超過 20 個字來形容自己，讓我看一眼就能想起自己的核心精神是什麼。各位不妨把它們想成是你的電郵簽名檔或是 IG 的個人簡介，在考慮過數百個流行用語之後，我終於想出了我的頭銜：

潔西卡

日班記者

全職社會企業家

這兩個頭銜似乎一舉囊括了我當時在做的所有事情，現在換各位試試：請你拿出一張紙，並在上頭寫下你的名字，接著把能夠形容你的用語列在清單上，看看哪些形容自己的詞彙讓你最有感。例如：作家／演說家／慈善家／人父／人母／男友／女友／女兒／兒子／志工。

威考芙還要求我去看賽蒙・席內克（Simon Sinek）的 TED 演講，然後以一個朋友的觀點出發，替英年早逝的我寫一篇悼文（當時我才 32歲），然後再從某個我認識（或不認識）的人的角度，替 60 年後往生的我寫篇悼文。我決定從我先生的角度，替 92 歲過世的潔西卡老太太寫篇悼文。如果各位也想嘗試這些練習，不妨先去看看賽蒙的演講，他會請各位逼問自己一些很難回答但真的很有啟發性的問題。

替自己寫一篇悼文，會有以下效果：

· 幫助你更了解自己是個什麼樣的人，以及你想要什麼。
· 幫助你更清楚自己正在追求什麼。
· 幫助你找到自己的品牌定位。

看影片！

各位可以從 www.ted.com/talks/simon_sinek_how_great_leaders_inspire_action 觀看賽蒙的 TED 演講。

對我來說，上述這些練習最棒的部分是，有機會仔細的檢視我自己，深入探討為什麼我現在會做這些事情。它能幫我打造一個過濾器，不會把時間、精力和資源，消耗在對我無益的事情上。

當各位完成這些練習後，請嘗試我推薦給客戶的另外一個練習：「想一想，對你而言最完美的工作會是什麼模樣，並寫下一個完整的敘述。」如果你需要一些靈感，你可以上 LinkedIn 參考，看看你敬佩的那些人，是如何形容他們的工作。那些關鍵語詞說不定能夠幫助你找到正確的語言，在你完成那個練習後，思考你希望從你理想的工作中，獲得什麼樣的感受，並把它加在你的清單最下方。

做這些練習的目的，是要幫助你克服轉職的恐懼，接下來我們就來看看賽門‧哈克（Simon Huck）轉職時的心路歷程。

選擇對的路，更需要勇氣

賽門從 10 歲開始就知道自己非常熱愛流行文化，因為他超愛看電視上播出的每個頒獎典禮，所以爸媽還特地幫他訂了《美國周刊》（*US Weekly*）[7]。當賽門在加拿大念大學時，他仍舊邊打工邊翻閱他最愛的《美國周刊》。某次他看到一篇介紹公關大師莉姬‧古柏曼（Lizzie Grubman）的報導，賽門竟然在不認識對方的情況下，直接打電話到她的辦公室想要毛遂自薦，甚至一連打了 3 個星期的電話。

這個大膽的舉動，讓賽門得到在古柏曼公司實習的機會，也讓他了解到自己不想再走目前的這條路。他打電話給爸媽，告訴他們他想要轉行，所以他不打算繼續攻讀法學院。賽門坦承那段時間他其實很掙扎，

7　以報導明星八卦為主的娛樂雜誌，也包含最新的美容、時尚及娛樂新聞。

就連爸媽也對他失去信心，不知他將來要如何維生。但經過時間的考驗，他讓爸媽看到他可以靠著自己的興趣與喜好賺到錢，賽門替古柏曼與另外一位公關大師強納森‧齊班（Jonathan Cheban）效力後，成為統率娛樂集團（Command Entertainment Group，www.commandentertainmentgroup.com）的大當家，專門負責財星五百大企業與名人之間的經紀合約。他的作品出現在全球 70 餘國，並透過電視、社群媒體以及其他數位平台播放，觸及數百萬以上的消費者。對於還在猶疑不決是否要轉職的人，賽門建議各位一定要努力克服恐懼，逼自己向前邁進，「不論是收聽播客（podcast），還是找位人生導師來鼓勵你都行。」

看影片！

請上 cntm.ag/simonhuck 看我訪問賽門的影片。

各位或許無法像賽門一樣，敢在沒有任何人引薦之下、直接打電話向心儀的公司毛遂自薦（coldcall）。許多人一聽到要 coldcall 某人，第一個反應往往是，那好可怕，饒了我吧！那的確很可怕，而且也挺尷尬的。尤其是現今的數位世界，大多數人都是透過螢幕在溝通。但問題是，你想要聯絡的那個人，可能不知道你想跟他講話──或甚至不知道你的存在。但如果你真的很想把你犯的錯，轉變成一個實習機會或是另一份工作，或是與你心儀的人生導師見面，或甚至是跟一位共事者二度合作，你就必須逼自己去 coldcall。

如果第一次的 coldcall 沒成功，你必須把失望拋諸腦後，這樣你才能以更有創意的方式快速展開下一次的 coldcall。**為了不讓自己一蹶不**

振，被別人拒絕時你要以平常心看待，在你拿起電話之前，要記住以下這些事情：

- 反覆演練你想要說的內容，並設定計時器。不論你是為了什麼事打電話，都要能夠簡明扼要且流暢地表明來意，不要說一堆沒重點的廢話。

- 若是你想找的人真的拿起話筒，你要能夠馬上應對。要是對方真的直接接聽電話，那你實在太幸運了！有可能是對方的助理剛好不在，或者他們一向親自接聽電話，誰知道呢？千萬別因為嚇傻而浪費時間，你要直接表明來意，而且最好能事先準備一些重點提示。妥善運用你的時間，如果你是在工作上犯了錯，你不妨跟對方說：「非常感謝您願意跟我說話，我非常高興能夠找到您；我打電話來的目的是（在此簡單扼要地向對方說明你的狀況），也想知道未來我該如何處理此一情況。」如果你是跟賽門一樣 coldcall 一家公司，你不妨告訴對方你為何打這通電話，例如：「我在媒體上看到很多關於貴公司以及您的報導，我對於貴公司的業務非常感興趣，很希望能夠為您工作，並加入這個了不起的團隊。」

- **打扮得體**。你可能會很意外，在你打 coldcall 之前，先把自己打扮得很體面，會很有幫助。預先進入工作模式，對於能否得到這份工作絕對有其加分之處；但如果你穿著睡衣時最開心，那也很棒。總之做好你必須做的一切準備，不論是拿起話筒前先微笑，還是看著你心愛的人的照片，或是讓自己展現出最棒的第一印象。替你自己加油打氣，讓你覺得自己一定能夠完成任何事情！

· **說到做到**。待你掛上電話後,立刻寄張感謝卡或發封電郵給對方,並開始進行你答應要做的事情。如果你說你會用電郵把你的要求寄給對方,那就馬上傳送過去;如果你應該再打另一支電話,那就馬上打。

· **暫停一下**。在你打過電話,並且完成你答應的任務之後,不妨休息幾分鐘。去吸口新鮮空氣,聽聽音樂,給自己一點時間重整心情——別忘了感謝與恭喜你自己,能夠鼓起勇氣打電話,邁出了轉職的第一步。

　　不論你是在應徵或面試時凸槌，還是在工作上出了錯，或是你領悟到自己選錯了行業，希望各位現在的心情已經平復許多。當我們看到別人 PO 在社群媒體上的照片／文章，通常看起來都像是這些人是一夕爆紅的。但其實我們大多數人一路走來都遇過很多挫折，並且在我們的自尊心留下不少的傷痕瘀青。請各位記住以下這些溫馨的提示，幫助自己揮別過去的陰霾：

‧ 永遠記得自己是誰。

‧ 試試威考芙建議的那些練習。試著找出能夠正確描述你這個人的話語，並找出你為什麼會成為現在這副模樣。

　　如果各位已經跟你想要找的人聯絡上了，但是對方對於你說的話／你的提案／你這個人並不買帳，那該怎麼辦呢？下一章我要教各位如何扭轉局面。

CHAPTER 6

塞翁失馬焉知非福

Sometimes Being Rejected from Something Good Is Directing You to Something Better

一早的爆汗運動真痛快，你感覺今天一定順利到不行。你在離開健身房時順便查看了電子郵件，卻收到了令你不敢置信的信件：**你竟然沒得到那份工作**。在經歷 6 次冗長的面試、全天候的簡報、外加某個無聊的團體晚宴（還害你錯過了女友的首場演出），對方居然只用短短 2 行字打發，說他們另有打算。你忍不住上社群媒體 PO 文：現在的心情：一肚子大便。你知道等你下捷運時，你媽肯定已經在語音信箱裡留下 12 個留言，想要問清楚是怎麼一回事。#贏了

　　我們能否進入理想的大學、或是獲得一份工作、或是達到升遷，又或者是達成人生中的某個里程碑，有時候其實要碰點運氣。所以我想勸誡各位，不要一直沉溺在「當時我應該要做更多」的懊惱情緒中。不過話又說回來，如果你已經盡全力做出最佳表現，那麼那位拒絕你的入學審核官、雇主、或其他相關決策人員，也不算辜負你。其實不論你在哪裡上班或上學，你都可以把你個人獨有的技能貢獻給世人，所以**千萬不要否定自己的價值——不管你被拒絕了多少次**。

把被拒絕化為韌性

說到拒絕，其實有些普世共通的眞理，其中之一就是：**求職或升官失利，並不能就此斷定你是個什麼樣的人，也無法抹煞你的成就。**

如果這次升官的人不是你，表示公司或你的老闆，可能還需要更多資訊，才能確定你眞的適合擔任那個職務；抑或此時此刻，你並不是最適合那個職位的人選。

對於那些沒被錄取或升職的人，我通常會問他們的第一個問題是：你除了提出申請之外，是否還做了其他努力，能讓對方知道你對這家公司或這個職位有多感興趣嗎？

那些爲了中途轉職而找我諮商的客戶，我常聽到他們說：「有 3 家公司找我去面試，但最後全都落空，是因爲我說了什麼，還是我漏了什麼嗎？」我只能搖頭嘆息，這樣眞的不夠。

現今人們爭取一份工作或升職的競爭是相當激烈的，對於已經停滯幾年沒有動作的人，情況更加不利。想要在眾多競爭者中脫穎而出，你必須要讓面試官記住你，並且認爲非你莫屬，那你該怎麼做呢？

當你需要說服某家公司或某個老闆，相信你是某個工作或職務的最佳人選，那麼你必須提到以下這些基本訊息：

· 完整呈現你的經歷，從你開始工作到服役期間都要提及。
· 附上強而有力的推薦信。
· 具體說明你爲什麼是擔任這份工作或職位的最佳人選。

上述的資訊提供得愈完備，就愈能夠讓這家公司或這位老闆，了解你有多想要這個位子。但即便你漏列了其中某些資訊，也不一定就必然

會跟那份工作擦身而過，只表示你要再加油一些。

你可能需要多加強調，你的某些人生經歷，相當符合你想要應徵的職務，請參考以下的想法：

- **寫下你具備哪些相關技能。**你想應徵的那份工作，需要具備哪些技能，請把它們寫下來；還要寫下你在哪裡取得這些技能，以及你在發展那些技能的過程中有哪些經歷。
- **為雙方的會面或其他互動，製造談話的話題。**你可以透過社群媒體，或是上市公司的年報、白皮書、法律評論或醫學期刊之類的刊物，取得應徵公司的相關訊息。了解該公司及產業的重大消息，才能跟對方進行有深度的對談，而不光是閒話家常。
- **寄感謝卡。**在你們見過面之後，寄張手寫的謝卡給跟你見面的人，此人通常會把這張謝卡放進你的檔案裡。
- **自己準備一份個人檔案。**當你在一家公司上班時，人資部門通常會為你打造一個個人檔案，你的年度考核以及其他任何資訊，都會放進這個檔案裡。其中可能附註了你不知道的評語或事項，所以你要把你的年度考核拷貝下來，等你想要申請升職或是到別家公司應徵時，就可以拿出來參考。

不論是人資部，還是你的老闆，可能都無法從你的申請文件中看出你有多能幹。所以你提出的每樣東西，一定要能準確傳達你想要對方知道的事。

關於拒絕的第二個普世真理則是：**問題未必出在你身上。問題有可能出在拒絕你的人身上**——你的老闆或是人資部，其實心中早就有內定的人選，而你並非他們中意的替身。在面試你之前，他們說不定已經見

過好幾個符合條件的人，所以他們在面試你的時候，其實已經決定好了。他們之所以會面試你，只是想看看還有什麼人，並確定他們做了正確的選擇。說不定上級規定，他們必須面試過一定人數的應徵者，才能決定人選。老實講，你恐怕永遠都不會知道他們爲什麼沒有選擇你。

由於許多人常把求職失利怪罪到自己身上，但我衷心建議各位一定要認清上述事實，這樣你才能夠盡快重整心情，全力迎接下一個機會。況且從長遠來看，這次沒被錄取，說不定反而對你更有利。

如果你無論如何都想弄清楚，對方爲什麼不錄用你，開口問問是無妨的。有些人會坦白告訴你，但有些人則不會說。要是你能弄清楚對方爲什麼不錄用你，說不定會讓你知道自己在哪些地方需要加強。但請記住並不是每個人都願意跟你分享這些見解，所以如果你的詢問石沉大海，切莫鑽牛角尖，應該打起精神繼續努力。

關於拒絕的第三個普世真理是：自己滿意就好。就算你沒有得到理想的工作或升職，難道你就一敗塗地了嗎？當然不是！其實**它可能只是在提醒你退後一步，並評估你當初爲什麼會想要得到那份工作或要求升遷**。在現今這個瞬息萬變的世界裡，我們不只要追求更高的薪水或更好的待遇，更希望能從工作中獲得滿足感。

我們對自己的工作表現愈滿意，我們跟家人的關係、我們的運動表現，以及我們從事的任何活動效益，也全都會跟著提升。所以當你打算爭取某個新的職位時，除了著眼於能讓銀行的存款增加之外，最好也要確認，這個新工作是否能給你更多成就感。

#我的故事：不放棄就能達成心願

43，這是什麼數字？是我在逃離一份爛工作之前總共面試過的次數。雖然我在做那份爛差事的 2 年期間，曾經遇過幾位才氣與耐心兼具的人，但也有幾個惡人拚命想把我趕走，而且還不只一次破壞我的工作。所以等我做滿 1 年後，我便迫不及待想要另謀高就。

由於那 43 個面試機會多半在外地，所以每次我不是開車就是搭飛機前去。雖然我曾經多次進入最後決選名單，可惜最終仍然鎩羽而歸。但因為我實在太想離開那份爛工作，於是我決定申請就讀法學院。

當時我每天的生活作息堪稱是鐵人行程，凌晨 2 點起床，應付完早晨的節目後，接著還有一大堆工作。通常要一直忙到下午 4、5 點，才能回到新聞編輯室。接著我飛奔回家吃晚飯，然後去補習班上 LSAT 課（申請法學院的專門考試），晚上 10 點回家睡覺。在那段期間，我還同時申請了「白宮學者計畫」[8]，我花了好幾個月的時間準備申請表及論文，並且成為進入區域決選名單中最年輕的候選人，可惜最後仍功敗垂成。在這段忙得不可開交的期間內，我仍無法放棄我的電視夢，因為我真的很想成為談話節目的主持人，於是我決定要用一種不同的方式來運用我的報導經驗。

我得知《艾倫秀》在洛杉磯的收視率高過紐約，所以我發電郵給她工作團隊裡的每個人，詢問如果我到洛杉磯時，是否可以拜訪

8　The White House Fellows program，由美國前總統林登‧詹森設立於1964年的計畫，是美國最重要的高階領導人才、及公共事務人才培育計畫。白宮學者有三面向功能：根據白宮學者的專才，提供內閣官員施政建議；讓國家未來棟樑之材理解國家當前面臨的挑戰、政策如何落實，並影響人民的生活；青年學者社群的建立及歷屆學者橫向與縱向人脈之組建。

他們。有位製作人回覆我並且答應見我，當我前往洛杉磯時，我把我的一些想法告訴她，結果她說她非常喜歡我的點子。她要我製作一個試播片寄給她，還把我介紹給辦公室裡的其他製作人。她跟我聊起她這一路走來的整個經歷，以及她寫的一本書，在我坐上租來的車時，她對我說：「你將來一定會紅的。」聽到這句話我高興極了，恨不得立刻飛回佛蒙特開拍我的試播片。

我的拍片計畫是從佛蒙特開車到紐約，載著一個極高的艾倫人型立牌，它大到幾乎放不進我的車裡。我找來過去曾經合作過的攝影師比爾，還有我的表弟馬修跟艾利克，然後我們就上路了。馬修負責拿著一只揚聲器，播放我選的歌曲；艾利克則負責收集出現在試播帶裡的人名及同意書。當我回到佛蒙特時，接到一位執行製作人打來的電話，他告訴我：「小潔，你的 DVD 在我的辦公室大受歡迎，你到底想要幹嘛？」我趕緊說明我想當艾倫在紐約的特派記者，我會帶著她的人型立牌出現在電影首映會或是各種大型活動的現場。他問我是否打算到洛杉磯，我說會啊，但其實我撒了謊。之前我只去過洛杉磯一次，是參加我朋友的婚禮。

接著我打電話給我爸媽，告訴他們我必須飛回洛杉磯，我媽向來是我最大的啦啦隊，她叫我別擔心，說他們會照顧好自己的。於是我飛到洛杉磯，借住在我朋友布萊特家，每天早上我打電話到那位執行製作的辦公室，接電話的人總是叫我在某個時間回電，當我回電時，對方又叫我在另一個指定的時間回電。我待在洛杉磯的那3天裡，每天都要重複同樣的流程。

等到我待在洛杉磯的最後一天，另外一位製作人好心接聽我的電話，並且給了我一些進入談話節目這一行的建議，我問對方是否願意花5分鐘見我，她說她無法離開辦公室。而那位誇我會紅的製

作人根本只是在講場面話，虧我還買了她的書來讀。

最後我黯然回家……當時的我雖然進了法學院，但沒有拿到白宮學者計畫，而且被《艾倫秀》的經驗傷透了心。後來我還是把我製作的 DVD 寄給我在業界認識的每個人，包括我的人生導師、教過我的教授、我在 NBC 實習期間認識的人，以及家族裡號稱「有新聞界人脈」的親友。

某天，一位在電視圈任職的主管打電話給我，問我有沒有看那天的《艾倫秀》；當天我臨時替一位朋友代班，所以根本沒空看電視。他說他在看節目的時候，眼睛瞄到他們採用了我的點子——但是沒讓我出現在鏡頭前。我聯絡上一位製作人，想要了解是怎麼一回事，那人說：「我很抱歉，不過你至少知道自己做對了，繼續努力吧。」這番話令我感覺更糟，如果各位想要看那個試播片，請搜尋我跟艾倫的名字，或是直接點擊 entm.ag/ellen。

把時間再快轉數年，我已經把《艾倫秀》事件拋諸腦後，並且終於得到夢寐以求的 NY1 新聞台的工作。在我漂亮答完所有考題後，負責面試我的人表示，她很訝異我對於紐約的重要人物，以及 NY1 新聞台報導的時事瞭若指掌。她要我回答的考題大約有 5 頁，而我自己在前一晚所做的模擬考題庫，可足足超過 12 頁呢（而且我讀了一整晚）。她問我是否可以把我自製的考題影印一份給她，讓她可以用來面試其他的應徵者。不久之後，我終於開始在 NY1 新聞台工作了。

用「正確」的角度檢視自己

當各位努力嘗試以正面心態看待求職或升遷被拒的時候，提醒各位

一定要記住你並非一無是處。雖然你的工作表現，的確不如朋友 PO 在社群媒體上那麼「無往不利」，但那並不表示你在其他方面的表現也都乏善可陳。我們人生中的各個面向都會有高低起伏——有時候你會在工作上大放異彩，之前的努力終於獲得重大突破；有時候你的私人生活多采多姿，但是工作表現平平；有時候，你會愛情事業兩得意；有的時候，你則是在公私兩方面都焦頭爛額。但重要的是，當你時運不濟的時候，一定要能在其他地方找到快樂。我朋友喬納‧普拉特（Jonah Platt）的處世哲學，就很值得大家參考。

不論在社群媒體還是真實人生，喬納都堪稱是春風得意。他於 2015 到 2016 年間，在百老匯演出當紅的音樂劇《女巫前傳》（Wicked），2018 年的復活節當晚，他更參與 NBC 的《耶穌基督萬世巨星》（Jesus Christ Superstar）現場演出。

儘管現在的他看起來一帆風順，但他要告訴大家，這一路走來他其實也吃了很多苦頭。他趁著排演空檔接受我的訪問時表示：「要達到我的理想境界需要走 200 步，目前我才邁出了 2 步。」

對於我們在本章討論的重點：當你搞砸時該如何收拾善後，當你發現選錯行時，又該如何找到正確的路，這兩件事喬納都頗有心得。

喬納在大四的時候，就決定日後要當個電視編劇，並且寫了一個劇本。他把那部劇本給一位摯友看，對方恰好是位經紀人，便幫他安排了一個會面。喬納說：「可惜我搞砸了，我毫無準備就去見對方，我實在太嫩了；我根本不懂得如何推銷自己，所以沒有得到那份工作。」喬納說各位如果遇到類似的情況，必須要從中學到教訓：「各位一定要記住，**你其實擁有足夠的才華，否則不會獲得面試的機會；雖然這次的面試搞砸，並不代表你永遠都無法進這一行。**」

如果各位還在為上一次的面試失敗耿耿於懷，喬納希望你記住，你

其實是有才能的——需要加強的是你的面試技巧。

　　畢業後喬納獲得了他的第一份編劇工作，「我曾替幾個短命的節目工作，它們都做個 6 集後就結束了。後來我又找到另外一個節目，但是那個節目太成功了，根本沒有我可以發揮的空間。」不論你想從事哪一行，有時候還是需要運氣的加持。以電視編劇這一行來說，喬納指出：「你必須在對的時機出現在對的地方，而且必須遇到願意給你機會的節目統籌。如果你遇到一個不願意提拔後進的老闆，那你就得問問自己，你樂意在這種聽命於人的位置待多久。」

　　入行 5 年後的某天，喬納突然領悟到該是轉換跑道的時候了：「當時我正在說服節目採用一些人們覺得好笑的笑話，但我突然發現，身為一個編劇，重點並不在於你的笑話是不是最好笑，而是你有沒有辦法讓人家採用？因為當時我還年輕，而且只是個助理等級的咖，所以我沒辦法獲得每個人的信任。我知道如果是由一位資深編劇出面來推銷，我的笑話就會獲得採用。那樣的狀況令我覺得很挫折，所以我不打算再繼續為人作嫁了。」

　　正當他思考下一步該往哪裡去的時候，恰巧有個老朋友打電話來找他，對方說他正在參與一齣音樂劇，但是該劇的男主角決定辭演。結果喬納獲得那個角色，之後又接演了幾齣戲的主角。有了更多的信心與更豐富的資歷後，喬納開始把十分之一的時間拿來寫作，十分之九的時間演戲。接著當他在好萊塢盃表演《毛髮》（*Hair*）這齣音樂劇後，他開始時來運轉了；他不僅是劇中唯一一位非名人的主演者，而且還在這部戲裡遇到了日後的牽手寇特妮。喬納說他很幸運能有這些奇妙的經驗，不過身為一名演員，如果心臟不夠強，很容易就會被社群媒體摧毀。

　　這就回歸到我稍早時曾經說過的：**你必須明白自己的價值所在。事情凸槌並不表示你一敗塗地，用正確的角度檢視自己，是一件很重要的**

事，千萬不要為了別人在社群媒體上的貼文，或是旁人在茶水間的閒言閒語而「人比人氣死人」。有時候你會覺得自己登上了世界的最高峰，別的時候你會覺得自己墜入最深的海溝，這時你必須找到東山再起的方法，拍拍你的膝蓋，然後繼續向前邁進。

如果你認為要在大企業裡獲得一份工作或是當個創業家很難，其實當個演員也很不容易。一次又一次的試鏡，卻一次又一次遭到拒絕，你會愈來愈沒信心再試一次，也會失去耐心與勇氣繼續追逐你的夢想。

按照自己的步調持續前進

喬納說：「其實登入 IG 比當演員更有挫折感，譬如你剛剛試鏡沒成功，但隨即就看到你的朋友得到一個角色，你心裡一定會想：我怎麼那麼遜！」

喬納指出自己成功的關鍵在於，明白這趟人生旅途是屬於你自己的：「當我弟（因演出音樂劇《致埃文漢森》（*Dear Evan Hansen*）而獲得東尼獎的班‧普拉特）的聲勢不斷看漲時，我還一直在原地踏步；朋友的成就你可以不予理會，但如果是親兄弟的成就，你真的很難視而不見。」

在這種情況下，如果你選擇為你的朋友／家人感到高興，並明白有一天你也會如此成功，你就能保持快樂的心境。要是你選擇鑽牛角尖，你就會悶悶不樂與自我懷疑。

喬納表示：「我絕不想當個小器的哥哥，也不想當個見不得別人好的朋友，所以我決定按照自己的步調走我的人生路。抱持這種心態，讓我能堅定地做自己的事，不論它需要多少時間，我有信心最終一定能夠到達我想要的境地。」換言之——**按照你自己的步調做好你的事，花多久時間並不重要，重要的是你能夠堅持不懈。**

在本章中，我們討論了你為什麼必須做好準備，才能在你夢想的工作中掙得一席之地。我們也探討了把被拒絕的經驗化為韌性的重要性，接下來是一些能夠幫助你做好準備的事情：

· 你做了哪些超乎預期的努力，讓公司看到你很想在那裡工作或是很想要獲得這次的升遷？這是你展現實力的時候，但永遠謹記過猶不及。

· 你是否曾為了應徵一份新工作或新職位，而請你認識的重量級人物幫你寫推薦信？你是否曾告知對方，他可能會接到公司打來詢問的電話或是寄來的電郵？

· 你是否正在爭取升遷或一份新工作或一個試鏡機會，你有沒有找人陪你練習你的自我推銷說辭？

· 如果你曾經被拒絕，你是否曾給自己一段療傷的時間？有誰或什麼事情，能夠幫你想清楚下一步該怎麼走？如果你不確定，不妨上 LinkedIn 搜尋一下，看看你的人脈當中，有誰從事你想做的那份工作（類似的也行）。

當你覺得自己一定要做某件事，你就會不顧一切去做。所以如果你無法想像你的人生中缺少某樣東西，那你千萬不要放棄，請勇敢地繼續追求它吧。不論你處在這個過程中的哪個階段，都要抬頭挺胸勇往直前。如果你因為每天都遭到霸凌而感覺萬念俱灰，我們將在下一章討論如何因應霸凌。

Part 3

拒絕霸凌，
斷開酸言酸語
Taking Back Your Happiness

· · · · ·

　　如果你正飽受他人的惡行或流言的攻擊，你一定要珍惜自己並且正視自己的價值。面對惡意，我們可以選擇不被負面能量打倒，設法把心思放在人生中的美好事物上。

　　如果你受到騷擾甚至霸凌，一定要立即尋求合適的管道及資源求救天底下更是沒有任何人活該被霸凌──你絕對可以捍衛你自己的權益，並重新找回屬於你的快樂。

CHAPTER 7 向霸凌者討公道

How to Outsmart Your Bully

當你同事走進辦公室時，你明明就坐在位子上，她跟每個人道早安卻把你當空氣；接下來她說要幫大家買咖啡，但問了每個人想要喝什麼，就是沒問你。不一會兒她開始跟另外一位同事貼著耳朵講悄悄話，她們兩人同時看著你並且放聲大笑，你 PO 出一張跟家人合照的照片。**#我是被寵愛的**

不論你是在職場、家中還是社交圈裡遭到霸凌，你多半會在社群媒體上裝作若無其事，因為**你通常只會把生活中好的一面展現給別人看。**雖然我們時不時會看到有人貼文說，他們被人找碴，但悲哀的是，關於被霸凌者輕生的新聞報導中，大多會提及被害者身邊的人表示——他們根本不知道情況有那麼糟糕。至於那些有人知情並且想要出手相救的案例，則會提醒我們，我們必須花費好大一番工夫才能保護被霸凌者。但最令我抓狂的是，有些霸凌者成年之後，還是會繼續霸凌別人。

儘管我相信有些人之所以會出現在我們的人生中，是為了讓我們學會重要的人生課題，但我不認為天底下有任何人活該被霸凌。我爬梳了數百篇文章，也訪問了很多專家，希望能幫助各位運用智慧解決霸凌問題，但卻找不到能夠應付各種狀況的萬靈丹，就連法律賦予被霸凌者的權利，也是因地而異，端看你住在哪一州而定。

你被霸凌了嗎？

　　爲了研究與監控霸凌，美國疾病管制局和教育部共同對霸凌做出統一的定義，其核心要件包括：不受歡迎的攻擊行爲；被觀察到或感受到的權力不平衡；以及重複發生或極可能重複發生的上述行爲。由於霸凌有很多種形式，受害者可以利用表 7-1 的「霸凌行爲評估表」，來辨識自己遭受的是哪種霸凌。

　　專家建議採取的第一個步驟是，**跟某個你信任或覺得值得信賴的人分享你的遭遇。**

　　依個別案情而定，霸凌有可能被判定爲違法，或達到犯罪程度，例如騷擾、欺凌或攻擊。

　　由於各州的法律規定不一樣，如果各位想知道你有哪些法律權益，必須參考你們那一州的反霸凌法律是如何規定的。臨床社工丹妮耶·瑞芙（Danielle Reiffe）指出：「紐澤西州的法律對於霸凌的定義是全美最完備的，它連性別認同都納入，並不是每一州的法律都會保護性別認同／表達。」不論你住在哪一州，也不論你遇到的是哪種狀況，**你都不必一個人默默承受被霸凌的痛苦。**

　　對於本章要討論的主題，我特別請教了丹妮耶以及其他專家，我們要如何防止霸凌者對我們予取予求；以及當我們看到有人被霸凌時，該如何幫助對方——不論對方是我們的小孩或是學生或是同事。

　　我還要跟大家分享，同理心以及自我疼惜（self-compassion），在霸凌這件事情上扮演著重要的角色；請不要忽視自己的能力，我們每個人都可以當個正義哥／正義姐。

　　最後我要再次強調，每個人心中都有一股力量，只要好好運用上天賜給我們的智慧，就能幫助自己度過這個難關。

表 7-1 霸凌行為評估表

對於表中敘述的行為，請在適當的地方打勾：

	是	否
1. 有人對你口出惡言／用文字攻擊你？		
2. 有人戲弄你以及／或是辱罵你？		
3. 有人對你發表不當的性言論，或是發表跟你有關的不當性言論？		
4. 有人嘲諷你或威脅要傷害你？		
5. 有人破壞你的名譽以及／或是人際關係？		
6. 有人故意排擠你？		
7. 有人叫其他人不要跟你做朋友？		
8. 有人散佈你的謠言？		
9. 有人在大庭廣眾下公開羞辱你？		
10. 有人傷害你的身體或損壞你的財物？		
11. 有人毆打、踢踹或招撐你？		
12. 有人對你吐口水？		
13. 有人故意把你推倒或絆倒？		
14. 有人拿走你的物品？		
15. 有人對你酸言酸語，或是對你比出不雅的手勢？		
16. 有人在網路上對你進行口頭攻擊？		
17. 有人對你發送具威脅性的訊息，或是在網路上恐嚇你？		
18. 有人在網路上散佈你的謠言？		
19. 有人修改、散佈、傷害或破壞你私下儲存的資訊？		
20. 有人盜用你的個資建立假帳號？		

如果你對於表格中的 1-4 問題都勾選「是」，那你可能是口頭霸凌的受害者。

如果你對於表格中的 5-9 問題都勾選「是」，那你可能是社交霸凌的受害者。

如果你對於表格中的 10-15 問題都勾選「是」，那你可能是肢體霸凌的受害者。

如果你對於表格中的 16-20 問題都勾選「是」，那你可能是網路霸凌的受害者。

當遭受霸凌時，請切記不要忽視自己的需求，及時向外求助，以下為臺灣常見霸凌申訴管道：

1. 教育部防制校園霸凌專區：https://csrc.edu.tw/bully/phone.asp。內有各縣市的反霸凌投訴專線。

2. 兒福聯盟「哎喲喂呀兒童專線服務」：0800-003-123。為全臺 12 歲以下兒童提供的專線，由培訓志工接聽，傾聽心聲和澄清困擾。

3. 踹貢少年專線：0800-001-769。為全臺 13-18 歲少年提供的專線。

#我的故事：勇敢面對霸凌不示弱

我在七年級的時候進到一所新學校就讀，當時班上最有人氣的 2 名女同學，不知道為什麼就是看我不順眼，所以從開學第一天

起，我的悲慘命運就開始了。儘管如此，我還是努力保持微笑。每星期我們都有一次教堂禮拜活動，雖然我是猶太教徒，但我還是很愛這所學校，因為這裡的老師教學認真，讓我學到很多有關領導管理的知識，而且我也喜歡參與教堂禮拜。不過每當全體學生要一起進行禱告時，我就會忍不住拚命地想著要怎麼樣做才能逃學，以避開坐立難安的窘境。我甚至曾經想過，要是我昏倒而且頭撞到座椅，那我就可以住院幾天不用上學。當我的同學都在聆聽台上的牧師講道時，我的腦袋則忙著思考該怎樣才能假裝昏倒。

在我的學校生活中最痛苦的部分，就是換教室上課以及丟午餐垃圾時必須經過那條走廊的時光。我每次總想方設法地閃躲屬於受歡迎女生小團體裡的任何人，以避開她們的酸言酸語、輪番嘲笑與瞪視。我媽為了要幫我捱過這難堪的經驗，並成為一個更堅強的人，所以在家訓練我：「小潔，你去站到車庫，然後走進屋裡來。我會坐在這裡，一路瞪著你，你必須抬頭挺胸地經過我，如果你把頭低下來示弱了，就必須回到車庫，從頭再來一次。」

經過多次練習後，我終於能夠在她的「瞪視」下，抬頭挺胸不甘示弱。儘管我媽是出於好意，但是我在學校裡的待遇並沒有變好。那一群惡女會在我的置物箱裡留下一堆謾罵的紙條，或是故意在半夜打電話到我家，卻不開口說話，只是發出沉重的喘息聲後掛掉。她們一看到我就會對我惡作劇，並且在全校最受歡迎的男生經過我身邊時，罵我是頭「肥豬」。有天，一位大姐姐來學校接那群惡女回家，當她看到我正要穿越馬路走向我媽的車時，竟然狂踩油門朝我開來，像是要撞我，這一幕剛好被班上幾名同學看到，讓我更加丟臉。

爸媽知道我在學校受盡委屈，所以他們每天都問我，要不要跟

校方開會，但我卻不讓他們插手，因爲我覺得自己才 12 歲就成爲別人霸凌的目標，眞的太丟臉了。不知爲何，這些怪物讓我覺得，開口向人求援，會令我變得更加渺小。儘管我受到這麼嚴重的排擠，我還是覺得無法自己解決這件事很沒面子。不過最後我還是在爸媽的陪同下，跟學校舉報此事，才讓情況獲得些許改善。後來我試著把生活重心放在我喜歡的人和活動上，才撐過悲慘的那幾年。

永遠相信「自己」的價值

爲了撐過那群惡女的霸凌行爲，不讓自己的身心被她們擊垮，我學到了我可以控制自己的生活重心。我花很多時間跟我姊艾莉莎在一起，她一向比我勇敢，並且盡力想讓我變得更堅強。我也常跟我在夏令營交到的好友吉兒與小波打電話談天，因爲我們的住家離得好遠。幸好上高中以後我的生活平順多了，我當上學生會長，參加學校的音樂劇演出，還加入了體育社團。我不再把焦點放在別人身上，而是認眞追求自己的理想。經過一段時間之後，那幾名惡女也不再那麼囂張，我們終於放下國中時的恩怨，並且成爲了朋友。

這些年來我巡迴全美各地演講，並傾聽無數青少年及社會人士的心聲，我發現很多人都曾面臨跟我類似的遭遇，而且我的情況跟他們大多數人相比，根本是小巫見大巫。**社群媒體讓那些不懷好意的惡人，有更多機會接觸到我們個人資訊，並且侵入我們的私人領域**，這種現象非常可怕，所以我希望各位記住以下這 3 件事：

1. 如果某人把他的痛苦發洩在你身上，這種情形只是暫時的，請不要將這些惡意放在心上，持續傷害自己。

2. 如果你是霸凌者，你不可能藉由傷害別人，來解決你自己的問題。

3. 這個經驗可能會影響你這一生的志業，把眼光看向未來，努力追求你的理想，並到達你想要的境界。

◎ 相信自我價值

我曾在電視新聞圈中工作 15 年，並且非常關心弱勢者的故事，但每每看到被霸凌者輕生的報導時，都令我心痛不已。

從我國中被同學霸凌到現在，我們的世界在許多方面都有很大的進步，但是在推動「仁慈待人」的社會風氣這一部分，我們仍有很大的努力空間。我永遠都忘不了，我曾報導一名羅格斯大學的學生自殺的故事。泰利‧克萊門（Tyler Clement）的室友用攝影機拍下他親吻另外一名男性的畫面，並把這段畫面 PO 到網路上，導致泰勒從喬治華盛頓大橋一躍而下，結束了他短暫的一生。看到世上有這麼多無辜的人遭到別人惡意傷害，最後不得不結束自己的生命，真的讓我好心痛。

所以我決定在 YouTube 開設頻道——JaboTV，為那些努力想要化悲憤為力量的人，提供一個正向的資源，讓他們能借鏡別人的想法和經驗。

我首次推出的系列主題叫做「週三聊心事」（Open Up Wednesdays），第 1 集我邀請的來賓是網紅泰勒‧歐克力（Tyler Oakley）。我原本並不認識他，但是很多青少年都建議我訪問他，於是我透過一位朋友幫我介紹，而泰勒也表示他非常樂意支持我的新頻道，即便當時我根本連 1 個訂戶都沒有。泰勒在訪問中談到他的高中生活，並分享建議給其他青少年。之後我陸續訪問了運動員、名人、執行長以及引領潮流的改造者，跟大家分享他們如何度過人生中的痛苦考驗。

我們每個人都曾遇過被人惡意傷害的時刻，那些不愉快的經歷，使我們忘了自己的價值。如果你正飽受別人的惡行或流言的攻擊，我懇求你一定要珍重自己，並勇敢地度過人生中的種種考驗。

　　各位可以在 entm.ag/tyleroakley 觀看我訪問泰勒的影片。

沒有人是局外人

　　要打破霸凌的惡性循環有許多種方法，首先，**你要了解自己的價值，並幫助其他人培養善念**。臨床心理學家塔拉．庫西諾（Tara Cousineau）指出，我們除了要了解自己的價值何在，還要對周遭的人展現同理心，因為那是支持他們的最佳方法。

　　庫西諾指出：「同理心肌肉，就跟我們身體上的其他肌肉一樣，需要經年累月持續鍛鍊才能愈來愈強壯。我們平常就需要訓練與實踐同理心，這樣等到我們需要出手時，它才能夠發揮最大力量。」她還指出，我們的同理心肌肉需要大家給予更多關注。

　　庫西諾曾在 2018 年發表一篇文章，主題是「以仁心帶人」[9]，她在文中提到：「現今的社會，強調獨立、競爭、比較高下、獨善其身，以及個人成就──這些全都無益於培養同理心。」她還出版了《和善即是解藥》（*The Kindness Cure*）一書，書中亦指出，自掃門前雪的心態在現今社會中大行其道，而同理心卻日漸沒落。

　　她認為現今社會推崇「冷酷無情的文化」（cool to be cruel culture），所以人人亟需要接受同理心與正念的矯正訓練。「我認為大家都需要培養善心正念（kindfulness），也就是要**用心覺知當下**。」

．．．．．．．．．．．．．．．．．．．．．．．．．．．

9　詳情請參www.leader-values.com/wordpress/leading-with-a-kind-mind-tara-cousineau-phd。

庫西諾指出，許多人在很小的時候便喪失了這份善心正念，因為有些家長認為反正學校會教，或是他們看到自己居住的社區裡充滿了善心，所以就不會特別教導孩子要以和善待人。但其實從小學三年級起，學校就不再提倡同理心與正向行為，而是把全部的注意力用來宣導不要從事負面行為，像是不要吸毒、不要喝酒以及不要霸凌。雖然這些課程的確也很重要，但是花那麼多工夫防治負面行為，就沒有餘力教導大家多從事正面的行為，例如和善對待自己與他人；對此庫西諾提出他的見解：「研究顯示，教導青少年幫助他人，其實是保護他們與杜絕危險行為的好方法。當青少年嘗試幫助家人以外的其他人，即便每週只花區區 1 小時，就可防止青少年吸毒或從事無防護的性行為，因為這能夠幫助他們把心態從『我』轉換成『我們』。」

那就是為什麼庫西諾認為，教導孩童、學生或員工要心存善念，跟教導他們其他的生存技能是一樣的重要。

庫西諾指出：「我們必須推動社會形成助人的風氣，並鼓勵大家抱持感恩的心態。」她建議大家從為自己或他人做一件好事開始做起，例如好好睡個飽覺，打電話關心朋友，呼吸新鮮空氣，做做運動，或是吃健康的食物。

我曾在第 1 章中提過，正向心理學專家戈斯坦，對霸凌做過詳盡的研究，並且透過學校以及她的私人診所，為家長及孩童提供相關的諮商服務。她發現，當人們看到別人被霸凌，不論是在遊戲中還是在會議室裡，會促使人們出面伸張正義的就是同理心。戈斯坦指出：「更重要的是，**只要有一個人率先站出來制止霸凌行為，並且對被害人提供援助（身體或心靈），其他人幾乎也一定會跟進。**當被害人發現自己身邊圍繞著許多想要幫忙的好心人，那種孤立無援的感受就會大為降低。」戈斯坦指出，當個正義哥（姐）真的會好心有好報：「如果別人都知道你

是個會幫助他人的正義之士，等到有一天換你需要別人的幫助時，就會有一群人出來挺你。相信大家都沒想到，挺身助人竟然可以產生一個歷久不衰的骨牌效應，讓大家同仇敵愾、互相扶助。」

從庫西諾和戈斯坦的說法我們即可得知，我們必須要和善對待自己以及周遭的人，才能隨時展現同理心。不過了解霸凌者的動機，以及什麼樣的環境會助長霸凌行為，也很重要。

「冷漠」、「無視」都是幫兇

戈斯坦認為，如果大家都不再袖手旁觀，而是選擇當個鋤強扶弱的正義之士，那麼人人都將會受益。接下來她想請各位老師、家長或企業主管，誠實回答以下問題：

· 我是否在家中、學校或職場（消極／積極）推動一種忍受霸凌的文化？
· 我是否在家中、學校或職場（消極／積極）推動一種袖手旁觀的文化？
· 我是否在家中、學校或職場（消極／積極）推動一種伸張正義的文化？
· 我的孩子／學生／同事是否曾經聽過我說別人的壞話？
· 我的孩子／學生／同事是否曾經看過我在某人說別人壞話時保持沉默？
· 當某人向我表明他目擊或遭遇霸凌時，我的（聲音、肢體語言及動作）做何反應？

如果你發現自己的行為直接／變相地鼓勵負面的行為與傷人的環境，戈斯坦建議你趕緊改變作法：把它當成你自己的事處理。各位或許認為，解決霸凌問題的重點應該是在被害者或是加害者，但如果你把自己加入這個霸凌的情境當中，你才會有足夠的動力、一肩擔起改變現狀的責任。她建議你要跟霸凌行為以及／或是傷人環境的受害者，親自對談，並發表以下的聲明：

- 知　悉：我知道這裡發生了不 OK 的事情，我明白「XX 行為」令你／其他人感到不舒服，而且那樣的行為應當予以制止。在家中／學校／職場中感到安心自在，是每個人都應享有的權利。
- 同理心：聽到你的委屈我很難過，謝謝你信得過我，把這番遭遇告訴我，我會支持你的。
- 詢　問：我該怎麼做才能夠改變這種狀況？我該找誰一起加入對話？你需要／希望我為你做些什麼？
- 行　動：我一定會為了改變現狀扮演一個角色，我能夠……

　　透過在每個聲明中強調「我」，代表你承擔下處理此事的責任，並且會盡力去除那些不適當的惡行。

◎ 被霸凌少女變身企業執行長

　　薇樂莉・魏斯樂（Valerie Weisler）住在市郊的某個社區，這裡的環境舒適怡人、鄰居也都親切友善，所以她的生活在外人眼中看來毫無異狀。但是在她家裡，卻是另外一回事。在她升上國三的幾天前，爸媽把她跟弟

弟叫到客廳，告訴他們爸媽要離婚了。

在接下來的日子裡，小薇從一個天真快樂的少女，變成一個害羞又沉默的可憐蟲。這全是學校裡的一群惡女害的。小薇說：「那簡直就是真人版的迪士尼電影，每天早上她們都會在置物櫃旁堵我準備看好戲，只要我一打開置物櫃的門，就會有一堆小紙條掉出來，全都寫著我不該來上學。」

一開始小薇非常難過：「她們罵我是個啞巴。」

直到有一天，小薇看到有個男生也在他的置物櫃旁遭到霸凌：「當下我覺得自己好像從一場很長的午睡中醒來，我走向那個男生，並且對他說了一句話，那句話救了他也改變了我的人生，我對他說：『**你不是個可有可無的人，我們一起共度這個難關吧，我跟你是一國的。**』他立刻哭了起來，他告訴我，他被霸凌好久了，現在終於有人過來對他說：**嗨，我看到你被欺負，你不是隱形人**。那些話鼓舞了他，並給了他繼續活下去的新希望。這件事讓我明白自己有多幸運，雖然我的處境也好不到哪裡去，但至少我的社群給我很大的支持。有些孩子卻是在學校跟家中都飽受欺凌。這個男生點燃了我心中的一股火苗，我想要有所作為。我不想再任憑霸凌淹沒我，我選擇化悲憤為力量。那天放學回到家以後，我立刻上網搜尋如何打造網站的資訊，然後坐在我家廚房的餐桌上，連續 6 小時埋頭設計認可計畫（The Validation Project）。」[10]

當時才 14 歲的小薇，開始跟學校裡有類似遭遇的孩子透過電郵互相加油打氣，而她那個臨時打造的陽春網站，也擴大成為全紐約被霸凌孩子聚集的據點。接著全美各地的孩子也陸續參加這個網站，最後連以色列、波蘭、西班牙與烏干達的孩子都連上線了。

....

10　請參www.thevalidationproject.org。

小薇說：「每個人面對的掙扎不盡相同，有些人不喜歡自己的容貌，有些人是沒辦法上學，還有些人甚至沒有家。但不論他們是為了什麼原因而來，或是他們經歷過什麼樣不堪的遭遇，但有樣東西是每個人都有的，那就是**熱情**——那是讓他們能夠繼續活下去，並且受到啟發的東西。」

當初整件事是這樣開始的：Google，一個網站，再加上無數的電郵。「認可計畫」成立 5 年後，已發展成為一個全球性組織，透過獨特的導師帶領導生與社區服務方案，幫助全球 105 個國家的 6,000 名青少年，把熱忱轉化為正面的行動。

「認可計畫」設計了一套宣揚行善的課程，協助教育者與學生合作，共同解決社群網絡裡的問題，目前在全球已有超過 1,000 所學校教授這套課程。小薇曾應邀到白宮演講，並在歐巴馬總統任內擔任國務院的親善大使。當初小薇只是想替自己、以及其他需要獲得他人認同的人找到答案，但最後卻做出了讓這個世界變得更安全的不凡成就。

沒有人可以肆意傷害、羞辱或騷擾你，如果你向某人求助，而對方並沒有採取任何行動幫助你，你就再找別人，直到有人願意傾聽並對你伸出援手！**儘管我們無法控制霸凌者的行為，不論對方是爸媽、孩童、同事、陌生人還是鄰居，但是我們可以選擇要在哪裡打拚。**我知道這些建議聽起來並不容易：你要避開那些欺負人的壞傢伙，把全部精神投注在你喜歡的事物上，像是你最愛的活動，或是擔任志工。但有的時候，即便我們處於人生最黑暗的時期，還是可以選擇不被負面能量打倒，並專注於正面的事務。如果你想要變得勇敢積極，請記得：

· 當個勇於挺身對抗惡人的正義之士。

· 檢視你正在延續下去的文化。

· 每天都要發揮同理心。

· 關懷學校／職場裡的新人。

· 把你或任何人遭到霸凌的經過仔細記錄下來。

· 跟你信任的人討論，該如何解決霸凌問題。

當你遇到困境並且看似無計可施時，仍要盡最大的努力，設法把心思放在人生中的美好事物上。如果你被騷擾或受到歧視，我希望你知道該向哪些資源求助，所以我們將在下一章中檢視各種不同的法律，並透過一個模擬的職場情境樣本，來幫助各位了解你的權益。

CHAPTER
8

捍衛自己的職場權益
Know Your Rights in the Workplace

你下班後跟朋友聚會，一見面她們就問你近況好嗎？因為大家都覺得你最近怪怪的、好像變了個人似的。你跟她們說你只是有點累，但真正的原因是你的主管居然想吻你！這種事你怎麼說得出口？她們會相信你嗎？搞不好她們還認為是你的錯呢！最後你 PO 了大夥一起舉杯的照片，所以一切看來依舊如常。**#女生的夜聚**

　　造成一個人對工作心生不滿的可能原因有很多，就連看到別人 PO 在網路的生活照時，都有可能令你聯想起自己的工作狀態有多糟。但如果你在職場遭到騷擾，我希望你知道如何維護自己的權益；因為**在一個安全的職場裡安心工作，就是你應該享有的權益。**

　　襲捲全球的 **#MeToo** 運動，讓許多女演員與女性運動員，全都勇敢站出來控訴她們曾經遭受的霸凌與性騷擾；還有許多人則是透過社群媒體來分享她們的相同遭遇，或許你也是其中一員。一向熱心公共事務的女演員艾莉莎・雷納（Alysia Reiner），這回當然也沒缺席，她與數百位名人支持「停止姑息」運動（Time's Up Movement，www.timesupnow.com），全力推動職場安全與就業平等。她指出：「我們提倡的第一個行動是成立法律辯護基金會，不到 1 個月就募到 2,000 萬美元以上的捐

款。凡是在職場上遭到性騷擾的女性和男性，都能獲得免費的法律諮詢，而且不僅限於好萊塢。任何人只要遇到性騷擾，不論你是農夫、飯店員工、會計師、清潔人員、銀行員都可以申請。」

艾莉莎表示，這個活動與她有切身的關係，因為那些 #MeToo 故事與頭條新聞，讓她想起過去曾經歷的不愉快待遇：「我曾多次陷入極度危險的處境，險些就被強暴了，但我的反應卻是不斷責怪自己。」因此她熱心奔走積極投入，希望幫受害者得到他們需要的療傷空間，並提供他們討回公道的必要工具：「參與這項運動，其實有助於我療癒傷痛。對於那些不公不義的事，我不太喜歡光用嘴巴說——我喜歡立刻採取行動改變它們。我們可以把握此刻的民氣，順勢做出大刀闊斧的改變。」

但是對有些人來說，他們只能從很小的地方一點一滴地開始改變。如果你覺得你在職場遭到騷擾或歧視，你要教育自己，弄清楚你該採取哪些措施，來改變你的現狀。

了解你的權利

姑且不論其他狀況，在一個安全的地方工作乃是你的權利。但遺憾的是，那並不表示你不會遇到豬頭同事、領班或經理。這種人會把你們整組人——不單單是你個人——工作的地方，變得充滿敵意與令人膽戰心驚。

專門處理勞資爭議的律師湯姆・史畢格（Tom Spiggle）指出：「**那種脾氣很差、總是對員工大聲咆哮滿口髒話的長官，就是一個違反公平就業機會的混蛋。**」原本擔任聯邦檢察官的史畢格離職後自行開業，成立了史畢格律師事務所（www.spigglelaw.com），專門承接性騷擾、不法終止僱傭關係，以及歧視孕婦與照顧者之類的案件。史畢格指出，儘管跟王

八蛋共事令人很不愉快，「但是在某個前提下──那個渾球的行為，必須是對於 1964 制定之民權法案的第七章（以下簡稱《民七》）所稱的『受保護階層（protected class）』做出違法行為──你的騷擾案才能成立；比方說吧，年齡與身障就不在《民七》的保護範圍內，年齡是在就業法案的年齡歧視規定中受到保護，而身障者則是在美國殘疾人士法案中受到保護。」

我請史畢格逐一解釋各種類型的受保護階層，如果各位想要了解你的遭遇是否符合被騷擾的定義，詳細的分類請參考表 8-1 的「職場騷擾評估表」。

史畢格指出，如果其中任何一個問題的答案你勾選了「是」，你可能就有了一個能夠向法院提告的法律訴求，你應該找一位律師諮商，以確保你自己的權益。

「請注意，雖然《民七》可能有提到婚姻狀態，例如某位雇主只解僱未婚生子的女性員工，對於男性員工就不會這麼做，但是政治歸屬及婚姻狀態並非直接受到《民七》的保護；不過有很多州，甚至是地方的法規，都把因政治歸屬與婚姻狀態而產生的歧視與騷擾視為違法。」所以史畢格才會建議各位要找律師諮商，如果你覺得你沒錢請律師，艾莉莎建議你可以向她們的法律辯護基金會求助。（nwlc.org/times-up-legal-defense-fund）

我在撰寫本書期間，原本就預期會有很多人遇過糟糕的約會、經歷過友誼生變，或是不喜歡現在這份工作。但我沒想到會有那麼多人（包括男性和女性）覺得自己在職場上孤立無援，或是非常害怕他們的雇主。接受訪問的人大多數都認為，向人資部門舉報根本沒用，因為他們無法信任人資，或是害怕遭到報復。另外還有一些案例，則是公司規模太小，根本沒有人資部門，所以員工只能自己想辦法自求多福了。

表 8-1 職場騷擾評估表

回答下列問題，並在是或否的欄位中打勾：

	是	否
1. 某人因為你的種族而騷擾你？		
2. 某人因為你的原始國籍而騷擾你？		
3. 某人因為你的政治信仰而騷擾你？		
4. 某人因為你的宗教信仰而騷擾你？		
5. 某人因為你的性別而騷擾你？		
6. 某人因為你的性別認同而騷擾你？		
7. 某人因為你的性別取向而騷擾你？		
8. 某人因為你的年齡而騷擾你？		
9 某人因為你的身體或心理殘疾而騷擾你？		
10. 某人因為你的婚姻狀態而騷擾你？		
11. 某人因為你的兵役狀態而騷擾你？		
12. 某人因為你舉報違法行為而騷擾你？		

當你遇到職場問題，會有哪些選擇呢？

◎ 拒絕不當碰觸

史畢格提醒大家要注意，除了上述所列舉的騷擾與歧視類型，不當碰觸屬於另外一個範疇的申訴，他指出：「不當碰觸被歸類於攻擊和毆打，已經屬於必須向警方報案的犯罪行為。」而且也是你可以向法院提起民事訴訟的行為基礎，史畢格建議，當你在職場中遭到不當的碰觸時，請盡速向律師諮商。

如何舉報職場上的霸凌與騷擾行為

史畢格指出，雖然公平就業機會委員會（The Equal Employment Opportunity Commission）是負責執行《民七》的聯邦官署，但你的案子能否成立，有一部分取決於你住在哪一州，因為美國各州對於工作環境是否充滿敵意的判例法（case law）並不一致。由於聯邦法律並未對於職場的霸凌與騷擾做出區分，所以你必須詳閱你那一州的反霸凌與反騷擾法律，來了解你享有的權利。史畢格解釋，反霸凌通常只適用於學校或是跟學校有關的場合，儘管如此，如果你不確定或是不知道如何採取適當的策略，讓自己熟悉反霸凌與反騷擾法律，對你還是有幫助的。史畢格表示：「例如華府的人權法案涵蓋各式各樣的職場舉止，因此，在華府上班的員工所享有的法律保護，甚至優於聯邦的保護。」

要是你不確定你是否屬於所謂的受保護階層，且可能已經遭到騷擾或歧視，不妨參考史畢格提出的建議：

1. 做紀錄。一定要準備一張清單，列舉發生了什麼事、在哪裡發生、涉及的人物有誰，以及何時發生。記下有誰目擊，並留下跟案子有關的所有紙本或電子紀錄（電郵、簡訊、照片）。

2. 查詢公司的手冊或雇主的行為準則。了解你們公司提到哪些行為是很重要的，這樣你至少知道某人的行為是否已經違反公司的規定。

3. 撥打公司熱線電話。你若想舉報工作環境有敵意，或是提出職場騷擾的申訴，可以透過公司的免付費電話或是其他舉報騷擾的管道。舉報的機制通常可以在公司手冊或類似的指南中找到。

4. 保護自己免於遭到報復。如果你在員工人數超過 15 人以上的公司工作，並且直接找上做決策的人——或是你以書面提出申訴——指出：「我相信我是因某個受保護階層而遭到騷擾……」你或許就可以受到法律保護免遭報復。即便你所受到的對待並未被視為騷擾，但你舉報的行為仍舊受到法律的保護。但如果你在一家員工人數不到 15 人的公司上班，你有可能無法適用此一保護，所以你必須查詢你住的那一州的法律，或是請教律師。如果你想找一位專門代表員工的律師，不妨從全國就業律師協會著手，或是請你們在地的律師協會推薦適當的人選，這也會是一種比較符合成本效率的作法。

5. 要留意向公平就業機會委員會提出申訴的時效。如果你想向公平就業機會委員會提出申訴，你必須在一段時間內進行，如果超過那段期限，你有可能失去受聯邦法律保護的權利，而永遠無法再提出訴訟。公平就業機會委員會的網站上（www.eeoc.gov）有許多資源，你也可以打電話給你們當地的公平就業機會

委員會辦公室，詢問你有多長時間可以舉報以及提出申訴。現在各位可以透過所謂的 5 號表格（Form 5）上網提出控訴。很多縣市都設有民權辦公室，如果你打電話找他們，說不定更有可能找到人受理。如果你是向州或地方層級提出，他們可能會使用跟公平就業機會委員會一樣的表格，且與公平就業機會委員會交叉立案（cross-file），所以你最好確認你在所有單位都立了案。

但是許多人在挺身而出對抗職場霸凌後發現，霸凌行為變得更加嚴重，或甚至因此而丟掉工作，史畢格指出：「有時候人資並沒有制止這種行為的政治本錢，有的人資則是直接跳出來保護公司；所以挺身對抗霸凌需要很大的勇氣和毅力，但如果你有個律師在背後替你撐腰，那你的公司可能就會成為做出正確決定的那十分之一的企業。

但如果公司不想做出正確決定，那你有權要求資遣，如果你即將離職，你的雇主或許會付你一筆錢，並要你簽下一份保密協議，確認你不會說公司的壞話，而他們也不會說你的壞話。你還可以跟公司談判，你未來的雇主如果打電話到舊東家查照時，該由誰跟對方說明你的情況，以及該說些什麼。」由於上法院茲事體大，所以**你應該知道你全部的選項，這樣你才知道採取哪種行動對你最有利**。

遇到人渣主管該怎麼辦？

職場霸凌協會（Workplace Bullying Institute）在 2017 年做過一項調查，19% 的受訪者表示，他們曾在職場上遭遇過霸凌，還有 19% 表示他們曾目擊別人遭到霸凌；該項調查還發現，61% 的霸凌者是主管。雖然

我們大多數人都看過各項研究，顯示**在惡主管手下做事，會使我們健康出狀況的機率增加**；不過根據專門提供情緒智商相關產品與服務的 TalentSmart 指出，在惡主管手下做事的人，超過半數都還繼續留職；27% 的人，在找到新工作後便立刻離職；只有 11% 的人還沒找到新工作就離職了。我曾為了本章內容訪問了許多人，綜合大家的意見，我歸納出惡主管至少具有以下其中一項特質：

1. 壞心的自大狂
2. 無能
3. 好鬥
4. 貪財
5. 虛情假意與部屬稱兄道弟
6. 管太多的控制狂
7. 言行失當
8. 以上皆是

如果你不幸遇上其中一種惡主管，你知道該怎麼辦嗎？以下我們就來詳細檢視各種典型的惡主管，並提供一些如何跟他們在職場上相處的有用建議。

壞心的自大狂

人渣上司的類型與邪惡程度不一而足，當我在臉書上 PO 出，請大家分享他們遇到的惡主管故事時，羅伯是第一個來回應的人，以下內容是羅伯本人所寫的：

我曾經在一家高等教育公司任職，我的長官是個技巧高超的操縱者，他唯一在意的事，就是如何讓自己更上一層樓——即便要犧牲他的團隊也在所不惜。大家絕對無法想像，每天看著這個人渣以羞辱別人為樂、並且刻薄待人的惡行，那種提心吊膽的感受真的很可怕。他會在眾人面前把你踩在腳下、讓你揹黑鍋，他自己則從來不負任何一丁點責任。

他會把我們填寫在人事資料上的私人事務告訴每個人，而且還會偏袒某些人。但成為他的愛將也未必是件好事，因為他會讓大家互相攻擊，然後說：「有人告訴我，是你說了這些話。」或「有隻小鳥告訴我，是你說了那些話……」

他不僅會在大庭廣眾下羞辱人，指責你的工作表現不佳，還會對別人的私生活與私人關係指指點點。他曾經嘲笑一位吃素的同事，笑他週末的休閒居然是去爬山；他也曾嘲笑另外一位同事跟女友分手；甚至還對一位已婚的女同事說：「你都已經結婚了，應該不愁吃穿，幹嘛不好好待在家裡，還要出來工作？」

我們公司的同事都很膽小怕事，所以大家只是敢怒卻不敢言。我們團隊裡的人大都覺得長官真的很會利用人，當他想要討人喜歡的時候，真的是很迷人。他絕對是我見過最會操控人心的傢伙，前 1 分鐘會帶著點心跟你關上門在房間裡密談，下 1 分鐘卻在所有人面前把你批評得一文不值。

他會請我們去聽音樂會或吃大餐，但他也會在你毫無預期的情況下，用他掌握的把柄要脅你。我以前曾經把他當成朋友，但是他遲遲抓不到我的小辮子，最後我沒上他的當，畢竟我又不是剛出社會的菜鳥。

我實在很想打電話給執行長（但他鎮守在別州），並且告訴

他這個辦公室裡的狀況。不過他們一定查得出來電話是我打的，到時候我的長官一定不會放過我，我的日子可就很難過了。雖然我自詡很有識人之明，但是這個長官真的讓我看走眼了。

最後我離職了，我高興得不得了，後來我輾轉聽說大多數同事也都紛紛離職了。

羅伯說他在那段痛苦的期間裡，學到了一些有用的教訓，如果各位不幸也遇上了一個自大狂主管，他提供了這些意見給各位參考：

- 你沒瘋，而且那不是你的錯。
- 雖然你很喜歡這份工作或是你的同事們，但**有時候最好的解決辦法就是離職**。
- 如果你因為財務問題而無法立刻離職，趕快找到新工作後就離職吧。
- 你要不斷提醒自己，你是個好人，也是個好員工，而且在離職前，從職場裡找到你的支援系統。

◎ 史畢格的對策

羅伯有提出申訴嗎？他提到的那些情況，多半不可能在法庭上贏得勝訴。他的長官的確是個混蛋，但在大多數情況下──即便是位行事正派的長官，都有可能出現情緒化的時候。對那位已婚的女同事說她一定很有錢，幹嘛不待在家裡偏要出來工作，發表這種帶有性別刻板印象的歧視性言論，的確違反《民七》的規定。如果這個長官在發表這番言論之後，還把她降級，那就可以當成是提起訴訟的基礎。如果羅伯因為替她仗義執言

也被處罰，那麼就連羅伯都可以提告了。如果她被降級，而羅伯寫電郵向執行長告狀，說他認爲這位女同事是因爲歧視而被處罰，那麼羅伯可能也會受到聯邦法律的保護，得以不受雇主報復。

無能的爛長官

替一位不夠格擔任這個職位的人做事眞的很痛苦，以下是莉安所分享的經驗：

我在一家律師事務所工作，我們的執行董事離職了。在他離職之前，我們雖然是一家只有 6 名律師的小型事務所，但工作環境很棒。可是接替他的那位新長官進來時，卻一副像是來搶救沉船的樣子，我們所有人都搞不懂，她爲何要如此堅決地做出那麼多改變。但董事會很挺她，所以她上任的第一週就解僱了 3 名女性員工，她甚至停掉了我們正在研發的扶貧計畫。

後來我們才慢慢搞清楚，她之所以這樣胡作非爲是因爲她從未當過長官，所以相對很沒安全感。之後她把我們原本正在進行的一些很棒的計畫喊停。她沒把我們當成是幫助她管理公司的資源，反而視爲是對她個人權威性的威脅。她根本不想知道哪些計畫是有用的，哪些則應當改變。

現在事務所的處境相當令人有挫折感，因爲她犯了很多錯，她經常拼錯法官、律師以及法院的名字，而且被糾正後還會不高興，有次甚至寄出裡頭有 1 個拼字錯誤的信函，數量還高達1,500 份！我們盡一切力量更正錯誤，是因爲我們都不想丟臉。而且她很不喜歡有人休假，若有人休假後回來上班的第一天，她

幾乎都擺臭臉不理對方。

我很愛我的工作，從來沒打算要離職，所以當她在同一天把我跟另外 2 位同事一起開除時，我非常意外。我現在非常後悔，我覺得我們應該在她到職滿 1 個月的時候，就去找董事會並且說出我們的擔憂。我想應該是她的職位不是很容易找人頂替，所以董事會才一直忍耐遷就她。再者，董事會是由一群志工組成，所以他們會盡全力避免再找新的人來。雖說她非常擅於聘用律師以及找人參加活動，但她的能力也就只有這樣了。

莉安表示，在無能的長官手下做事時，一定要懂得保護自己，並仔細思考你所有的選擇，才不會被工作的亂流滅頂。以下是莉安的建議：

• 把發生的事情全部寫下來。
• 別以為你的想法或作為在道德上是正確的，事情就會對你有利。
• 盡力找工作，記得把必要的東西做好備份，並把你的履歷表、LinkedIn 的個人資料都更新。做這些安排是因為你不知道此人何時會採取不合理的決定，要求你離職；又或者是最後你終於忍無可忍，決定辭職。

◎ 史畢格的對策

莉安可能是對的，**沒有比提起訴訟更強的作法了**。首先，這是一家員工不到 15 人的小事務所，那是可以受到大多數聯邦反歧視法保護的最低門檻。如果莉安是找我諮詢，我會想知道她是在哪一州工作。比方說如果是在華府，她就會受到華府人權法案的保護；如果是在維吉尼亞州，可就

沒那麼好運了。假設反歧視法能夠適用，我想知道那位新來的長官，解僱的員工是否多數都是女性，雖然莉安的長官本身也是女性，但這並不代表她就能因為這個身分，而躲過歧視其他女性的牢獄之災。

好鬥的主管

很多人都談到他們的主管脾氣很差，有些是偶爾大發雷霆，有些則是時時刻刻都像吃了炸藥。不論你活到幾歲，看到有人怒氣沖沖的還是會被嚇到，像辛蒂就真的因而健康受損，以下就是辛蒂的故事：

> 我在一個非營利組織工作，我的長官很喜歡讓同事互相攻擊，並要求同位階的同事要互相評論對方。他經常用講笑話的方式來發表挖苦人的言論，但是沒人會向人資投訴，因為我們知道那根本沒用。我們辦公室裡的人很愛閒聊，要是你去向人資投訴，人資就會打電話給每個人，結果大家都會知道你說了什麼，根本毫無匿名性。而且我的長官非常好鬥，他總是在眾人面前跟人對槓，並且斥責他們。在他身邊工作令我非常焦慮，因為我不知道他什麼時候會找我麻煩。
>
> 隨著我年齡漸長，我成了大家的心理醫師，以及長官跟團隊裡其他人之間的緩衝器，我經常告訴那些比較年輕的員工說：「其實他想表達的意思是……」因為他們年紀還小，不大懂得如何跟這種行事沒有分寸、為所欲為的人相處。

辛蒂指出，如果你是在一位好鬥的主管手下做事，要鼓起勇氣振作起來，並且寫下筆記，這是非常重要的，而且最好還要做到以下的事：

- 非營利的世界對某些人來說可能很難適應，因為它的營運並不像企業組織，你必須為自己打造強大的心理界線，並且把每件事都記錄下來。

- 你必須每天提醒自己：「這件事並不是針對我，因為很有可能在我離開的那 1 分鐘，這名長官就會用同樣的方式對待接替我的人。」

- 如果你有方法能夠抓到長官的好鬥行為，就用它來說明你所處的職場狀況。

◎ 史畢格的對策

這個案子同樣也很難成立訴訟案，長官的行為頂多只能算是個人情緒控管不佳，以及個人行為不夠成熟。不過辛蒂的處境對於如何運用法律保護你的職場權益仍舊是值得參考的。

首先，想請人資保護員工免受到惡主管的欺負，恐怕是緣木求魚。正因如此，那些來事務所請我幫他們討公道的人，而且我認為當中的確涉及不法行為時，我都會要他們趕緊為自己找一個強人的法律庇護，並且舉報非法行為。這麼一來，如果公司打算告員工時，我的當事人就可以提起另外一個申訴——遭到報復。就算你完全不打算提起訴訟，最好**還是準備一個以上的備用方案，這樣你才會有更大的談判籌碼**。

其次，辛蒂提到她因工作產生焦慮，這是很重要的，如果經臨床確診，《美國人殘疾法案》涵蓋暫時性的憂鬱或焦慮，如果辛蒂曾在臨床上診斷出有焦慮失調的症狀（即便只是暫時的），而且辛蒂告知了人資，然後被開除，她就可以依據《美國人殘疾法案》提起訴訟——或威脅要提起訴訟，以便爭取資遣。

平等就業機會委員會也負責執行《美國人殘疾法案》，它的網站上有一些很棒的資訊；請記住，這種案件跟其他類型的聯邦歧視申訴案一樣，你必須在最後一個歧視行為發生後的 180 天或 300 天內（依你居住的州而定），向平等就業機會委員會提出控訴──這是個不需費用的簡單程序。

貪財的老闆

大家都知道長官必須擔心公司的財務狀況，但是魯卡斯的長官，卻會為了獲得更好的財務表現，不惜犧牲自己的員工：

> 我在一家小公司裡擔任全國業務主任，我們公司從一開始只有 13 個人，逐漸擴增至 50 人的規模。我很愛我們公司這個品牌還有公司裡的大多數人，而且非常尊敬我們的執行長與創辦人。但是她忠誠過了頭，她原本在一家出版公司工作，並利用閒暇時間在自家的廚房餐桌上做設計。後來她離職自創嬰兒用品公司，還帶著之前的助理一起離開，並讓他擔任營運長。此人完全沒有商業經驗，也從未帶過人，雖然她嘴巴上說：「我知道大家都不喜歡他，而且他很糟。」但是她卻給他很大的權限為所欲為。我們是個合作無間的團隊，所以我們都在必要的時候替他收拾爛攤子。我甚至曾在他開會的時候替他遛狗，但他從來不曾向我道謝，他就是這種人。
>
> 由於情況真的太糟糕了，所以我們的執行長特別請來一位顧問，於是我便提到這位營運長對待團隊有多惡劣。雖然他幾乎被公司裡的每個人批評得體無完膚，但沒想到最後卻只有我因為說實話而遭到嚴懲，我很後悔當初沒請執行長把她的口頭承諾用書

面記錄下來。

之前她曾一再向我保證，我完全不必擔心任何事，等她把公司賣掉後，她一定會「照顧我」。我替這家公司賺進了數百萬美元的營收，但是在她賣掉公司之後，其他人都拿到一筆錢，而我卻連 1 毛都沒拿到，害我氣得胃痛了半個月。我一直等著好事發生，卻什麼都沒有，我完全不曉得她這麼自私且是非不分。

魯卡斯說，他從這件事學到的教訓是，雖然你沒了工作也沒拿到半毛應得的錢，但是人生並不會這樣就結束。他還提出以下的建議：

- 別讓金錢綁架你，或是成為你害怕被解僱的原因；只要你的銀行存款足以支付半年的生活費，就可以開始找新工作了。
- 不要「有工就作」，應等待你真正想要的工作。
- 每件事都要記錄下來！內部對話尤其要如此，而且要把你們說過的內容摘錄要點後以電郵持續關注此事，這並非失禮之舉，而是負責任且保護自身權益的行為。

◎ 史畢格的對策

很遺憾，本案無法採取法律行動，你不可能拿「我會照顧你」之類的承諾，來控訴長官侵占了你的利益，因為沒有白紙黑字的口頭承諾是不能算數的。

喜歡跟部屬稱兄道弟的主管

大多數人進入職場工作時，都希望主管會喜歡、賞識自己。能獲得主管的敬重與支持，不只會讓我們覺得很開心，而且也會覺得工作比較有保障（雖然根本沒這回事）；如果主管不喜歡你時，那情況可就尷尬了，但如果主管是因為你不跟他當「兄弟／閨蜜」而不喜歡你，那真的怪怪的。以下是布雷克分享的故事：

> 我一進新聞編輯室工作，就知道我的長官會讓我的日子很難過。大多數人都沒接受過她曾受過的訓練，所以每個人都很崇拜她，於是她覺得自己好棒棒而且才華洋溢。全辦公室裡就數我最有經驗，所以我無法理解她為什麼對我比較苛刻。她總是批評我的作品，而且還要求我重做我被分派的任務，但明明其他的上級長官都認為我做得很棒。更糟的是她跟同事們經常聚會，但由於我不跟她一起去喝酒玩樂甚至嗑藥，我在辦公室的地位就更低落了。

> 僱用她的上級要求我們每個人寫一份不具名的評鑑，好讓他能評量她的工作表現。我照他的指示寫好信，並且印出來放到他的信箱裡。我之前就認識此人，而且曾跟他共事多年。他把我叫到他的辦公室，並且告訴我，他不敢相信我所寫的內容，而且他認為我已經不是當初他所認識的那個人，因為我寫的內容很惡毒。我整個人傻眼，因為我在信中根本沒有嚴詞批評她，我只是如實陳述我的感受。最後我另謀他職，並且很高興自己脫離了那個環境。

在辦公室裡有朋友是很棒的一件事，但如果那位朋友同時也是你的長官，情況就會比較棘手。以下是布雷克跟大家分享他從這件事學到的教訓，希望給各位參考：

- 有時候你必須配合大家玩遊戲，並出席節日派對、生日派對或送別派對之類的職場活動。**不過你千萬不要為了獲得一份工作，而做出任何讓自己不舒服的事。**如果你覺得你為了工作必須在安全、道德、價值觀或倫理上有所妥協，我勸你就另謀高就吧。
- 當長官要你提出誠實的意見時，你必須準備好對你說的話負責。如果你不想惹麻煩，那就少說為妙。如果你相信你自己的感受，並且想要分享這些觀點，那就相信你的直覺，並說出你必須講的話吧。不過你也要做好面對各種後果的心理準備。

◎ 史畢格的對策

哎呀，這聽起來真是個很糟糕的經驗，但是布雷克的長官並沒有涉及違法行為。長官偏愛那些下班後跟他或她一起廝混的下屬，頂多只能算是管理不善，但並不違法。不過如果長官下班後只偏好跟某一種下屬——例如只跟男性員工或是沒有小孩的員工——一起廝混，那就可能有事了。

還有，如果長官因為你拒絕嗑藥而開除你，那就可能涉及不當解僱，因為她是為了你拒絕跟她一起從事非法行為而解僱你。不過這些申訴通常適用州法，而非觸犯聯邦法律。

管太多的主管

有些管太多的主管其實在工作表現上是很棒的，因為他們很注意細節，但在其他方面可能很令人頭痛，因為他們會為了展現「官威」而仔細審查每個人的工作。以大衛為例，他的主管就是那種事必躬親才能放心的人：

> 我在一個最糟糕的環境中工作，有一堆緊迫盯人的長官。有個長官以「微觀管理」（mircomanaging）而聞名，她會像隻老鷹似地在每個員工頭上盤旋。當她過來確認我的工作進度時，她會站在我的椅子後方，並且按摩我的肩膀。
>
> 我曾多次跟她說，那會讓我很不自在，我一個身高超過 190公分、體重破百的堂堂男子漢，卻覺得無計可施。她甚至表示我慢慢就會習慣的，但我從來不曾習慣過。
>
> 我們公司沒有人資部門可以投訴，因為曾經擔任過人資部門主管的人，正是我們執行長的太太，所以我們沒有人可以訴苦。當我把事情告訴執行長，我問他我們的談話是否可以保密，他竟回答我不行。
>
> 最後那位長官終於因為某個疏忽被公司開除了，她卻把事情怪到我頭上。我從這件事學到的最大教訓，就是如何當個稱職的長官與管理者，以及絕對不可以對下屬做哪些不當行為，不過最後我也離開那家公司了。

微觀管理常會令員工覺得自己好像一直用錯誤的方法做事（但你知道你的方法其實是對的）。大衛提醒大家，碰到管太多的微觀管理型主

管，你必須學會自我關懷，以及做到以下事情：

・專心做好你手上的事，因為那才是真正重要的。
・當你的工作環境危及你的心理健康時，你必須做出改變，你可能會覺得轉職很可怕，但你必須做好隨時離職的準備。

◎ 史畢格的對策

我們幾乎找不到任何一種狀況，能夠認同長官站在下屬的背後，並且按摩他的肩膀，況且下屬已經明白表示他不想被碰觸。此舉不僅可能成為敵意工作環境的申訴基準，而且也可能符合民事或刑事的「攻擊與毆打」的控訴基準。

各位可以從這個案例學到以下幾件事，首先，性騷擾法律同樣適用於男性和女性，意思就是說，**女性騷擾男性也是違法的。**

其次，性騷擾通常與身材差異無關──儘管大衛的體型比長官壯很多，但他仍然是被騷擾者。例如根據聯邦法的標準，涉及「性」的不當行為，若情節嚴重或具有普遍性，那麼做出騷擾行為的人，體型是否比較嬌小，是無關緊要的。

再者，不當碰觸在大多數州是觸犯了傷害與毆打的法律；當然，並不是每種不當碰觸都會造成警察前來逮捕。但是本案例中的主管，在大衛明確要求她停止後，卻還繼續幫他按摩，她不只忽略他的要求，而且還告訴大衛「以後就會習慣了」，**這可不行！**

關於傷害與毆打的法律，還有一件要記住的事就是，它們通常能適用於所有的員工，與公司的規模大小無關。所以即便本案的員工數不到 15 人，雖不適用聯邦的性騷擾法律，但仍可適用各州的傷害與毆打法律。

最後一點，本案並不清楚大衛是否因為舉報長官的行為而遭到報復，但如果他在舉報她的不當碰觸之後遭到降級或解僱，他可能可以另外再提告雇主報復。

如果我是大衛前公司的法律顧問，大衛的故事會令我嚇出一身冷汗。

行為舉止不恰當的長官

你或許會遇到一位堅持要在你的辦公桌梳頭、並留下一堆落髮的長官，或是只要心情一煩就開始剪指甲的主管，這兩種行為都很噁心且令人生氣，請看艾利克分享的故事：

> 我的長官很愛脫鞋子，但她明明有嚴重的香港腳，換句話說就是她的腳很臭。最糟的是，我們兩人的辦公桌是面對彼此的，而她卻總是把鞋子脫下來并且從來不穿襪子。我知道她讓腳臭瀰漫整個辦公室的行為雖然沒犯法，但這卻讓我感到**極度不舒服**。

雖然你不一定會因為同事打赤腳或是其他令人不舒服的行為而離職，但這些種種的確會讓你上班時非常不開心。如果你遇到一位行為不恰當的長官，例如衛生習慣不佳，或是愛講無聊的冷笑話或黃色笑話而令你不舒服，或是其他令你處於各種尷尬的情境，艾利克建議各位不妨這麼做：

- 如果你可以**另謀高就**，趕快行動吧。
- 如果你無法離職，不妨考慮**向長官的長官舉報**。

◎ 史畢格的對策

沒錯，艾利克說得很對。上述行為雖不違法，但是**令人作嘔**！不過值得注意的是，在某些個案中，不安全的職場狀況有可能違反職業安全與健康管理局的法規，所以當事人可以向該署或是它在各州的同級單位舉報，不過腳臭恐怕不算在內。

集各種缺點於一身的長官

如果你的長官很刻薄，那很難熬；如果你的長官瞧不起你，那很難受；如果你的長官總是向你獻殷勤或說些不恰當的言論，或是想要跟你稱兄道弟，我很同情你。但如果你跟克利斯一樣，遇到了一位兼具以上所有惡劣行為的長官，那你真的很倒楣：

> 我的公司裡有一位既刻薄又無能，而且貪財又愛管東管西的長官，但有時候卻會突然跟你稱兄道弟。他會擺出什麼樣的嘴臉，全看他這個星期或這一天的盤算而定。他知道我會焦慮，便藉機嘲笑我。
>
> 有天他看到我在泡茶，就問我是不是在泡洋甘菊茶，好讓我的焦慮平靜下來，還假好心地建議我要喝兩杯，因為只喝一杯恐怕不夠。對於嘲笑我心理疾病的人我會很反感，因為我認為我的焦慮其實對我是有幫助的，它讓我認真仔細地做好我的工作。況且它又沒礙著別人，**跟他有什麼關係**？
>
> 又有一天，他一進辦公室，看到我在聞一個小瓶子裡的薰衣草，那是我拿來放鬆心情用的，他竟然當著全辦公室人的面前，

大聲嚷著：「那是什麼鬼東西？是吸入劑嗎（poppers）？」大家都知道所謂的吸入劑是男生用來助性的一種情趣用藥。雖然那句話相當挑釁，但可能因為我們都是男人，而且辦公室裡有很多男生，所以他才敢這樣大放厥詞，而且也沒有人提出抗議。

我愛我們公司的理念，所以我並不想辭職，因為我們公司的人資重視公司勝過員工，所以我也沒打算向人資投訴。

我直接跟我長官說，我們必須好好談一談，並說明我覺得這裡缺少一個支持系統。

過程中我有留意不要發脾氣或是不尊重對方，但是他卻非常好鬥，而且每當我向他表達我的感受時，他就痛斥我：「閉上你的鳥嘴！說這什麼鬼話？」不過至少我做了我該做的。

除此之外，他即使是在讚美人的時候也總是不拿捏分寸，還會說話不算話。有時候他會把我們捧上了天，但下個星期卻又把我們打入地獄。

他還會趁著季末我們心情緊張時，利用我們忐忑不安的情緒來達成他的目標。

克利斯指出：「只要我把工作做得好並且獲得成功，那些成績都會顯示在我的履歷表上，所以對我來說，那才是我在乎的。」如果你的情況也是那麼糟，克利斯建議你：

- 可以跟你信任的同事聊聊這個問題，不過**不要**八卦。
- 看看是否有其他人跟你有相同的感受，以確認不是你過度敏感、小題大作。
- 跟公司以外的人聊聊，並且聽取他們的建議，看看其他人面對

這種情形會建議該如何因應。

・如果此事對你造成負面的影響，請仔細評估自己的狀態，選擇就另謀高就，否則就堅持下去。

◎ 史畢格的對策

我能理解克利斯不想離開這家公司，而且他也很清楚，向公司舉報長官的任何不當行為，並不可能會改變公司的立場或是他面臨的遭遇。不過視公司的規模大小，克利斯或許可以因為他的焦慮，而受到《美國殘疾人法案》的保護。

這類案件成立的最大障礙，往往在於員工要證明雇主知道自己的身心障礙狀況，但克利斯的長官顯然是知情的，而且顯然因為他的焦慮而對他有不同的待遇。如果長官把克利斯開除或降職，克利斯就該找律師，並依據《美國殘疾人法案》提起訴訟。

另外一個議題則是，發生在克利斯身上的事情，是因性別而產生的敵意工作環境；他的長官提到了吸入劑——對克利斯而言——具有一種性的意涵。

要讓性騷擾案成立，加害人的行為必須是嚴重的或普遍的，像這樣的單一言論，多半是不構成性騷擾的，不過如果長官**重複**這樣的行為，它就構成普遍的性騷擾。

你有權在一個安全、無敵意且無歧視的環境中工作。如果你會因為別人隨口問起你最近工作還 OK 嗎，就開始開始下意識地避免出席社交場合，或是在看見其他人在社群媒體上 PO 出工作相關的文章時就覺得反感，你就該趁這個時候好好想想，問題究竟出在哪裡，並且想辦法解決它。不妨先從弄清楚你享有哪些權利開始著手，不過那有可能還不足以改變你的處境，所以你要問問自己：

- 我的遭遇可以提起法律訴訟嗎？
- 我可以向誰傾訴此事以尋求支持或法律諮商？
- 我準備的筆記足夠嗎？如果不夠，開始製作事件發生的時間順序。
- 如果我是個雇主，我該如何改善我的企業文化，以打造一個更安全的工作環境？

不論各位是為了什麼原因而選擇離開目前的職場，都可以在下一章中學到，如何找出你的熱忱所在。

Part 4

讓科技成為
你的利器

Building What Makes You Happiest

· · · · ·

　　創業各階段需留意的不同細節，並尋求專業人士的協助，隨時檢視財務規劃是否完善；還有很重要的一點——學習如何妥善利用社群媒體，運用數位行銷的技巧，找到合適的人為你的事業加分。

　　當你成為領導者後，別忘了和善待人，更別忘了好好照顧自己，全力照顧你的團隊，為你自己以及員工打造一個體貼且友善的職場環境。

<table>
<tr><td>CHAPTER
9</td><td>開啟你的斜槓人生
Starting Your Side Hustle</td></tr>
</table>

朋友打電話約你週末聚餐，你回她說你有事要忙，約她改天再見面。其實你只是想留在家裡看《創業鯊魚幫》（*Shark Tank*）節目，希望能獲得一些創業的好點子。你還 PO 了一則關於成功的勵志語錄，看似要與大家共勉，其實你是在替自己加油打氣。**#每天我都忙**

　　如果有人給你 1,000 萬元，你很可能會拿一部分出來創業，讓一直盤旋在你腦裡的點子上市。但除非你鴻運當頭，否則怎可能隨隨便便就中個樂透，或是突然有陌生人送你 1,000 萬這等好事發生。

　　其實要成為一名企業家的方法很多，或許你早就想過，在全職工作之外搞些副業；說不定你現在已經開始經營副業，而且搞得有聲有色。我將在本章跟各位聊一聊把副業轉成正業的注意事項，提醒大家在辭去現職自行創業之前該考慮的一些問題，以及過程中可能發生的狀況。

　　如果你已經坐擁某個賺錢的好點子，並且覺得行動的時候到了，請先準備好充裕的時間和精力。如果你有充沛的精力，可以同時做好一份全職工作，並在（上班前、下班後、週末及休假時）兼營副業，這樣的作法會是最穩當的。如果你本來就沒有全職工作，並且已經開始弄點副業，這樣當然也行得通。下一節我們就先來介紹兩位採取不同路線的創業家。

從零開始創業

肖娜‧李斯基（Shawna Lidsky）曾擔任電視體育主播 10 年以上，但她察覺到地方媒體的浪潮開始改變了。有線電視頻道愈來愈多，但工作卻愈來愈沒保障。她意識到等她成家之後，再繼續做這份工作恐怕會很辛苦，因為體育活動多半在晚上或是週末舉行。況且她希望有更多的休假與彈性，但是她們公司規定，必須工作滿 15 年才能獲得 3 週的年假。肖娜說這份工作在年輕的時候算是個不錯的差事，但她不敢奢望能夠一直做下去。

雖然肖娜之前只試過用廠商調配好的材料製作布朗尼，但她認為如果能採用在地食材來製作，說不定會是門好生意：「我很喜愛佛蒙特州的生活型態，希望能把這種風格展現在布朗尼上。」

◎ 如何兼顧正職與副業

兼營副業的最佳方法，就是把它融入你白天的工作中。因為你很難明確劃分你現在所過的生活以及你想要過的那種生活，這時候只好發揮創意，既能測試你的新點子是否行得通，同時讓正職工作維持現狀。

肖娜的作法是，趁著不用上班的空檔以及週末，試做各種不同口味的布朗尼。照理說像肖娜這樣沒有專業的烘焙經驗，也沒做過生意，而且平日還要從事一份累死人的正職工作，這條創業之路幾乎是註定要失敗。但肖娜成功的關鍵在於，她沒有妄想一步登天，而是腳踏實地一步一腳印；她不是某天腦中靈光一閃，隔天便立刻辭去工作的衝動派。

她只是經常把她做的布朗尼，送給辦公室的同事品嚐，大家對免費的美食都很歡迎，並且紛紛發表「美食評論」，她便把這些反饋當成是

焦點團體的看法。當肖娜因為電視台的預算吃緊而被資遣時,她必須做出決定:找下個工作或是開店做生意——「佛蒙特布朗尼公司」便就此誕生了。

◎ 做生意前必須考慮的問題

肖娜說,在她正式創業之前,老早就想過這些問題,她建議各位也要這麼做:

1. **我有足夠的時間和資金嗎?** 失業後的肖娜有大把的時間待在廚房裡,但她沒有很多錢可以燒。所以剛開始的時候,她連調理機都沒買,而是由先生幫她做了一個克難攪拌器。不過肖娜可是有練過的,並不建議大家仿效。

2. **對於我想做的事,有做過功課或是向創業者請教過嗎?** 肖娜坦承,因為她對自己的烘焙手藝極度沒信心,所以一度想要放棄開店的念頭。後來她拚命讀了一堆關於創業的書,其中有一本書說,行銷雖然很威,但其實跟烘焙一樣,是一項學了就會的技能,讓她大為振奮。

3. **我能否應付過程中的高低起伏?** 肖娜遇到的情況是,差一點就倒店了。當時她廣邀親友到家中,試吃各種口味的布朗尼,並送給每個人一張半價的折價券。沒想到有個女士把她的折價券給了先生,而他居然一口氣訂了高達 4,000 美元的甜點做為公司的禮品。當時肖娜的店才剛開張,根本沒能力把 4,000 美元的貨,以砍半的價格 2,000 美元賣出去。而她的心情也從原本接到大單時的興奮,瞬間變成擔心店可能倒掉的愁苦,幸好最

後她處理得宜才逃過一劫。

4. **如果第一年都不拿薪水我能撐得下去嗎？** 肖娜指出：「你必須願意犧牲掉你期盼日後賺回來的那些東西，**錢也是其中之一。**」因為除了你原本預期的支出之外，往往還會有一些意外的開銷跑出來，所以你必須清楚掌握你會有哪些必要開銷，而且要做好心理準備，**你恐怕不會很快就有進帳。**

5. **我願意向更優秀的人討教與共事嗎？** 肖娜指出：「在創業初期，你會遇到很多自己一竅不通的事，烘焙坊之所以能成功，要歸功於許多行銷專家與包裝專家的協助。」

◎ 肖娜的建議

　　肖娜的創業前置作業，除了測試不同口味的配方之外，也趕緊註冊了她的公司名稱，因為她的烘焙坊強調在地特色，所以公司名稱一定要提到佛蒙特州。她還提醒大家，除了註冊公司名稱之外，記得要準備一個網域以及名片。她並鼓勵大家：

‧無友不如己者，多跟努力打拚的人來往。

‧記住天下無難事只怕有心人，極少問題是無法解決的，只要不閉門造車，就能找出解答。

‧別再怨嘆別人創業都好輕鬆，只有你做得最不順！其實不管哪一種商業模式，都會出現它那一行特有的瑕疵。

‧別忘了轉行真的很可怕（即便那明明是件好事！）

‧記住，勇敢迎向最艱難的挑戰與機會，因為那通常能讓你獲得最豐厚的報償。

如何運用資源創業

肖娜擁有的創業優勢是，她的副業不會跟正職直接打對台，所以她可以正大光明地測試她的創業點子，而不會惹惱她的主管。

但許多人是因為現職已經無法再讓他成長，因而想要運用自己的專業來開創自己的事業。

請記住，你的長官未必樂於培養一個潛在的競爭者，這時候你往往必須發揮創意，偷偷發展你的副業。

艾莉卡·曼蒂（Erica Mandy）在電視新聞界表現亮眼，還不到 30 歲便已經成功打下全美第二大新聞市場。不過在她達成職涯目標的幾年後，她突然領悟到，下一個目標已經不再是她想要的——而且恐怕也不是她的觀眾想要的。因為她不斷聽到人們抱怨，現在的新聞讓人覺得「憂心忡忡」、「立場偏頗」或「太花時間」。而她是唯一一個新聞主播，能以輕鬆歡快的聲音，播報值得信賴的新聞，且讓觀眾能夠快速方便地得知今天的要事。

由於艾莉卡與電視台有簽合約，不得從事其他任何工作，所以想要在她的正職工作之外，製作新聞播客節目是不可行的。

如果各位也跟艾莉卡一樣，不能在全職工作之外兼營副業，她建議各位不妨先做些研究，例如請教懂這一行的人、閱讀部落格、收聽播客，甚至利用 SurveyMonkey（www.surveymonkey.com）製作問卷調查，以便了解人們對你的點子有何看法。

當她完成上述這些步驟，並且檢視她的財務狀況之後，決定給自己 1 年的時間逐夢。剩下來唯一的一件事，就是坐下來跟她的長官談談，並告知對方她要離職了。

◎ 辭去全職工作前，必須問自己的問題

艾莉卡指出，在你提出辭呈之前，你必須明白，不論你打算從事哪一行，你都會覺得不安、必須承擔風險，以及不斷創新。「如果你正在考慮辭職走人，請你回想過去，並問你自己，那些不安的時刻令你產生什麼樣的感受。**它是一種能夠幫助你迎向挑戰的正向壓力？還是令你覺得筋疲力盡？**因為當你開創一份事業時，你可能會遇到來自四面八方的阻礙。」如果你覺得自己的心臟不夠強，沒辦法搭上這趟雲霄飛車，就不要貿然離開那朝九晚五的穩定工作，因為之後你將面對的，乃是不可知的蠻荒大地。

◎ 如何充滿信心地推出新事業

你可以利用你的社交長才，來幫忙培育你的副業，例如向你們那一行的前輩請益，或是向專業人員求助。艾莉卡在推出她自己的播客節目 theNewsWorthy（www.thenewsworthy.com）之前，曾諮詢過會計師，評估她該成立小型企業股份公司，還是有限責任公司。

她還透過一個叫做 99designs 的網站，來幫她設計初期的識別標章及封面藝術。當然也別忘了你的朋友跟舊識，他們通常可以擔任非正式的焦點團體，從**消費者的觀點**來提供反饋。艾莉卡還會在必要時向社群媒體求助：「你一定要願意主動告訴大家你推出播客了，別只跟你認識的人說，還要追蹤潛在的連結，以及朋友的朋友。」

做好功課是創業成功的關鍵，研究、研究，再研究。艾莉卡是這麼做的——研究她這一行裡的**關鍵人物**。當初 theNewsWorthy 之所以能獲得一款高人氣的播客應用程式推介，就是從一個 LinkedIn 訊息開始的。

她主動向 5 個她透過 LinkedIn 找到的人發送訊息，因爲這 5 個人可能掌握了她能否獲得推介的決定權。

她並不認識他們，只是付費買 1 個月的 LinkedIn Premium 來發訊息給他們，結果其中一個人回應了。

大約 2 週之後，theNewsWorthy 順利出現在那款應用程式中。拜此所賜，她的播客訂閱數在推出的前 2 個月便一舉成長了 6 倍，也讓她獲得更多推介所需的信譽。

最後一點，你要**廣建人脈**，包括參加業界的活動、主動接觸 LinkedIn 上的潛在客戶、廠商及前輩，也別忘了支持其他同業。

艾莉卡積極出席大型研討會，並且逢人便招呼寒暄，因而認識了業界裡的一群支持者，之後爲她帶來了許多交叉推廣（cross-promotion）的機會，甚至是媒體報導。

採取上述所有行動給了艾莉卡信心，讓她能順利推展她的事業，並捱過創業所帶來的高低起伏。

不過艾莉卡指出，讓她如此用力衝刺，晚上能夠安心入睡的最大功臣，則是因爲她備妥了一份**穩當的財務計畫**，知道自己的儲蓄足以支應 1 年的生活無虞，才讓她得以毫無後顧之憂地承擔創業的風險。

如果你現在已經了解自己的財務狀況，明白自己擁有好點子卻沒有錢該怎麼辦呢？群眾募資平台 iFundWomen 的創辦人兼執行長凱倫・康恩（Karen Cahn），建議你辦一個群眾募資活動。

女性專屬的群眾募資平台

目前市面上有數個群眾募資平台[11]，可供不同的專案使用，例如 GoFundMe 是個人公益募資平台，Kickstarter 則是創意專案的募資平台。

而群眾募資指的則是，由專案創造者出面，向大眾募集小額款項，來完成其目標的方式。

凱倫是在親身經歷了新創事業募款的困難之後，決定為女性主導的新創事業以及小型企業，打造一個群眾募資平台。

「女性能從創投取得創業資金的比例僅有 2% 到 6%，而且大多數事業並不適合創投投資，它們需要的只是一筆小額種子資金，用來測試她們的創業點子是否有一丁點成功的機會，並證實她們的產品或服務的確有市場需求，避免浪費時間在一個根本行不通的商業點子上。」

就是這個洞見讓曾經擔任 Google／YouTube 主管的凱倫，決定打造一個女性募資平台，並在 2016 年 11 月創辦 iFundWomen。

網站成立迄今，已向成千上萬的群眾，募集到數百萬美元的種子資金，幫助數百家新創事業，證明她們的產品或服務的確有市場需求，讓她們能進一步發展她們的商業點子。

iFundWomen 除了幫忙女性募集創業資金之外，還為創業者提供免費的教學，教她們如何舉辦有效的群眾募資活動；他們還有一個製片工作室，協助創業家製作募資活動使用的影片，加快影片推出的時程。

凱倫指出：「做足功課且使用我們提供的教學工具的創業家，募到的資金會比一切自己來的創業家，多了 4.5 倍。」

iFundWomen 還設有加速器補助（Accelerator Pool），專門嘉惠那些捐款者皆為低收入的創業家：「iFundWomen 是唯一一個由女性專為女性打造的群眾募資平台，而且我們會把兩成的標準收費利潤，再投資於網站所舉辦的募資活動。」

11　臺灣目前常見的群眾募資平台為 flying V（www.flyingv.cc）、嘖嘖（www.zeczec.com）、群募貝果（www.webackers.com）。

看影片！

想要更了解女性募資平台的人，請至 entm.ag/karencahn，觀看我訪問凱倫的影片。

　　不論你是向家人及朋友開口募資，還是選擇參加一個線上的群眾募資活動，你都不會有很大的損失，所以不妨試試，記住那句老話：「**如果你不開口，就什麼都沒有。**」

　　像吉莉安・史都華・嘉瑞特（Gillian Stollwerck Garrett）就是透過 iFundWomen 推出募資活動的。多年來吉莉安一直靠自己的資金維持她的有機護膚產品，但她想要擴大規模與升級包裝，她的 iFundWomen 募資活動不僅募得資金，而且還提升了品牌的知名度：「我原本對於募資活動以及向人借錢非常猶豫不決，沒想到事情進行得非常順利，而且讓我獲得很多的曝光機會，人們開始購買我的產品，天使投資人跟創投也開始找上我。」

看影片！

各位可至 entm.ag/gilly 觀看我訪問吉莉安的影片。

妥善處理財務規劃

　　不論你是像吉莉安一樣透過群眾募資來取得資金，或是像艾莉卡與

肖娜，是用自己的儲蓄當作創業資金，如何妥善運用這筆錢都是非常重要的。接下來要教各位如何備妥你的財務計畫。財務規劃師布蘭妮·卡斯楚（Brittney Castro）指出，創業前必須備妥一套穩當的財務計畫，明確規劃在開業的前 3 年，如何支應你的個人開銷。

布蘭妮指出：「**很多新創事業要到開業 3 年以後才會出現由虧轉盈的現金流**，那意味著你必須備妥長達 3 年的收入來源計畫。你必須要很清楚你每個月應該從新事業得到多少收入，即便你不馬上從那裡『支薪』。但新事業賺錢乃是你的目標，當你很清楚你的目標是什麼，達成目標的可能性就愈高。」布蘭妮指出，如果你的新事業有一陣子可能都不會有進帳，而你又沒有一份正職工作，你必須弄清楚你的儲蓄可以撐多久，千萬不要貿然創業。

布蘭妮除了是專業的財務規劃師之外，也是特許退休財務規劃顧問、資產管理專家、創業家兼演講者，她還是 Financially Wise Women 的創辦人兼執行長，這是一家位在洛杉磯的財務規劃公司。

布蘭妮的工作是指導客戶妥善管理金錢，她建議客戶最好能僱用專業的會計師來幫他們規劃公司的設立與記帳工作，以及最佳的納稅方法：「身為財務規劃師，我通常會建議我的企業客戶，開立一個獨立的稅務儲蓄帳戶，每個月至少要從淨營業收入當中，提撥 20%的金額轉入此一帳戶。這樣等到每一季的繳稅時間，他們就會有一筆備妥的款項，而不是忙著四處籌錢。」

但大多數的事業都是入不敷出，所以會積累創業貸款或個人債務，布蘭妮表示：「如果你發現自己因為創業而負債，最好的對策就是擬定一份**還款計畫**，以最有效率的方式還清。你要檢視你的事業預算，並算出你每個月可以擠出多少的還款金額。利息最高的那筆欠款最優先償還，其餘則支付最低還款金額，直到利息最高的那筆欠款還清為止。這

是還清欠債最有效率的方式，因為長期下來它可以替你省下最多的利息。」儘管這不容易做到，但布蘭妮鼓勵你一定要**保持積極態度**——即便你面對一大筆債務，也不要氣餒。

布蘭妮指出：「其實我們大多數人都有負債，但你一定要記住，這一筆債務是為了幫你開創新事業而欠下的，而且你已經學會如何管理金錢。所以在你覺得壓力大到快要撐不下去的時候，設法讓自己轉換至感恩的心情，那樣你才能繼續努力償還債務，並享受這趟清償債務的旅程。」

最後但很重要的一點，布蘭妮建議你要做好心理準備，事業起飛的時間可能會比你預想的更久。「我個人認為，大多數事業其實要到第 5 年才會全面獲利，並且有持續的現金流入。」所以布蘭妮建議，你要設定務實的目標，並留心你處理金錢的方式。以下是她提供給大家獲得財務成功的 3 個要訣：

1. 確認你對這份事業的長期願景。你是想要快速成功然後將它脫手轉賣賺一票，還是想要穩紮穩打地成長，至少經營這家店 10 年以上？

2. 如果你選擇日復一日全心投入這份事業，它最終一定會開花結果的。但那並不表示這一路上你就可以高枕無憂。所以布蘭妮建議，你的事業要盡可能維持精實（lean），方便你隨時視需要做出調整。

3. 每個月都要檢視你的財務狀況，並學會如何看資產負債表以及損益表，這樣你才會知道如何經營一家能賺錢的事業。

當你的財務步上軌道，你的事業就比較可能會成功。記得要僱用可

靠的記帳員、會計師以及財務規劃師，有了這些專業人員幫你把關，你就能學會如何經營一家財務穩健的公司，從而支持你的人生願景以及收入目標，這不就是你當初創業時所追求的嗎？

◎ 時間與耐心才能引領你追求成功

誠如布蘭妮所說，讓一份新事業成功所需的時間，比想像中來得更長，而且可能要一段時間之後才會看到獲利。菲利普・伍爾夫（Philip Wolff）以及齊夫・波爾（Chief Behr）是洛杉磯知名的人氣髮型設計師。當他們決定要擴大品牌時，決定先提供課程給同業，接著才打造他們自己的產品線。

菲利普指出：「過程中我們也曾面臨超乎預期的挑戰，甚至是賠錢的時候。但是因為我們相信自己一定能成功，所以拒絕被那些挫折打倒。」他還補充說，想要成功，你必須清楚自己是誰，你想達成什麼目標，而且要有耐心。各位可至 entm.ag/philipwolff，觀看我訪問菲利普的影片。

#我的故事：夢想太大，錢自然燒得凶

在我起心動念想要開設一家製作公司以及經營 YouTube 頻道的時候，恰好我在紐約的新聞總監告訴我，為了節省經費，我所任職的單位要被裁撤了。

當時我的銀行戶頭裡根本沒有存款，因為我在那個新聞編輯室的頭 3 年，年薪還不到 5 萬美元，根本入不敷出。當我再次簽下 3

年約時，年薪也不到 7 萬美元，扣除食衣住行育樂以及醫療費用和稅金等開銷後，薪水差不多就用光了，甚至開始欠下一些債務。

我的爸媽十分支持我的工作，並且盡一切力量幫我，但我從未告訴他們我欠了多少錢──尤其是在我開創新事業的時候。他們已經為我做了那麼多（全額支付我的教育費用），我希望往後的人生能完全倚靠自己。

我決定以特約編輯的身分繼續待在新聞編輯室，這樣至少 1 天能賺進 250 美元；我還兼了 5 份差事來支應其他開銷，並存夠推出 YT 頻道的資金。當時我瘋狂打工，所以 1 天只能睡 2 小時：

- 以約聘身分留任新聞編輯室
- 替一家新創科技公司擔任顧問
- 替一場慈善募款晚宴擔任活動規劃
- 替某個數位平台撰稿
- 以演講專員的身分到全美各地演講

這條創業之路壓力巨大且前途未卜，那年我還動了重大的口腔手術，且因併發症而多經歷了 8 次治療。儘管我一直處於疼痛狀態，但我卻根本沒空休息，因為我打定主意頻道一定要開張──而且我有一堆帳單要付。

我很清楚自己只能花多少錢來製作影片，並且提供至少半年的內容。我的計畫是先看觀眾對這些影片的反應，然後再評估我是否有必要找尋投資金主／贊助者，或是回頭找一份正職工作。

雖然我持續跟超過 100 位的專家、企業家、網紅、會計師以及律師開過會，但我在創業及維持營業的過程中，還是犯了許多錯誤，在此跟各位分享：

- **不知道業主需要按季繳稅**。這件事真的把我搞慘了，因為我原本以為等到 4 月，我會有足夠的錢來繳稅金，但其實我一拿到錢，就必須先償債。最後又是靠我爸媽及時救援，這讓我更加自責，為何會犯下這個錯誤。

- **無法仰賴我的現金流**。我沒有想到我雖然身兼數差，但不一定能準時拿到工資。各位絕對想不到在特約的世界裡，即便每個工作我都有簽約，而且工作都完成了，卻必須一直追著對方跑才能拿到工資！

- **做錯選擇而無法賺到錢**。由於我的電視新聞背景，使得我對影片的要求超高，務必要做到盡善盡美，到頭來卻搞到沒錢透過付費廣告把它們上市。事後諸葛：我應該把八成的時間與金錢用來行銷，兩成拿來製作與安排我的內容上線日期，這樣我的影片就能維持 1 年而非只有半年。

- **沒有嚴格監控「小花費」**。雖然我並不把這件事視為錯誤，但它的確對我的財務狀況造成傷害：我沒有留意我的「小花費」——當某個人願意見我，並且為我指點迷津時，不論是咖啡錢、早餐、午餐、晚餐或飲料，我都會搶著買單。這個習慣到現在還是改不了，因為我認為向對方表達謝意是應該的，儘管這個作法對得起我的良心，卻傷了我的荷包。

大多數創業者都表示，錢的事真的很令人傷腦筋。碰上入不敷出的時候——我甚至曾收過信用卡公司寄來的催款信函，上頭寫著「這是你的最後通知！」——嚇死人了！這時我只能拚命禱告順利度過難關，而且不放過任何打工機會，以免接到他們的催繳電話。

幸好過了一陣子之後，錢總算進來了，因為我前面打造的作品終於產生價值了。

◎ 健康是人生最大的財富

誠如我之前所述，為了了解創業的相關事宜，我經常跟人一起喝咖啡、吃飯交誼。人在創業時，往往會不顧一切一頭栽進去；但是商業績效專家詹姆士·尼可拉斯·奇尼（James Nicholas Kinney）指出，你必須先顧好自己的健康。

他認為**創業者若想成功，你必須有一具錨，穩住你的生理與心理**。詹姆斯建議：「不論是走路、做瑜伽、打拳、畫畫，或從事其他任何有益身心的活動，讓這些活動幫助你維持身心的平衡，才能真正提升你的事業績效。如果你不投資自己的健康，你的事業就會受創。金錢並非衡量成功的唯一標準，倘若一個企業的領導人病懨懨的，公司的業績怎麼會好看呢？」

詹姆士的事業版圖橫跨東西兩岸，他最為人熟知的故事，就是當年以區區 200 美元起家，打造出一個年營收 7 位數的商業集團。他說培養人脈當然很重要，所以他建議各位，跟你的同事或潛在客戶，相約一起散步或從事其他有益身心的活動，這種作法堪稱一舉兩得，既能顧好你們的健康，同時又能促進你們的交情。

他說：「真心交流而建立的情誼，是你贏過競爭對手的法寶。」各位可至 entm.ag/jameskinney，觀看我訪問詹姆斯的影片。

創業 4 階段

各位或許不難想見，從前每當有人問起我的工作時，我總得花上 10 分鐘的時間跟對方解釋，我的工作包括新聞主播／記者／勵志演講家／顧問／媒體訓練師／活動策劃師。還有，我有自己的數位平台，而且我寫了一本書，以及販售我自創品牌的商品。

有天我跟 Entrepreneur Media, Inc.的總裁比爾‧蕭（Bill Shaw）見面，討論我能為 Entrepreneur.com 寫點什麼。在我離開他的辦公室之前，他說他覺得我好厲害，那麼努力工作，並且靠自己的力量打造了一個可靠的個人品牌。

不過他認為有個名叫凱薩琳‧葛瑞芬（Kathleen Griffin）的產業策略師，說不定能夠幫我找出最賺錢的工作，這樣我就不必把自己搞得那麼累，一人身兼數職了。對於比爾的建議，我永遠銘記在心。

凱薩琳是行銷暨商業顧問公司 Grayce & Co（grayceco.com）的創辦人，該公司專門為財星百大企業以及媒體提供顧問服務。她同時也是 Build Like a Woman（www.buildlikeawoman.com）的創辦人，這家公司專門協助女性創業者擴大事業規模。過去我一直在用某種方式幫助人們，這是頭一次有人願意坐下來好好聽我說，並且幫忙我。

凱薩琳跟我把我們 4 次會面的過程完整錄製下來，希望各位能跟我一樣接受相同的新生訓練。這些內容能讓各位看到，我如何選擇我的主力事業，以及如何開發我的品牌策略與行銷計畫。雖然之前我大概知道自己該做些什麼，但是凱薩琳幫我把所有的事情仔細做個規劃，以便我能擴大我的事業規模。各位可以先去觀看這幾支影片（品牌新手課 1、2、3、4），或是閱讀後續章節的內容。

看影片！

想了解我和凱薩琳完整的談話內容嗎，請觀看以下的訪問影片：
entm.ag/bootcamp1、entm.ag/bootcamp2、entm.ag/bootcamp3、entm.ag/bootcamp4。

◎ 第 1 階段：選定最愛的主力事業

各位或許也像我一樣，為了糊口不得不身兼數職，但這麼拚命長期下來反倒可能有害。凱薩琳指出：「不要分散火力，而應**選定一個你想要聚焦的主力事業**。」把你目前正在做的工作全部寫下來，並把你最想要發展的那一項圈選出來。

◎ 第 2 階段：擬定你的品牌策略、目的與價值觀

凱薩琳指出，等你選定想要發展的主力事業後，接著就要擬定你的品牌策略。如果你可以回答以下的問題，請把它們寫下來。如果你現在無法回答，花點時間把它們想清楚之後，再向第 3 階段邁進。你要問問自己：

- 我能提供什麼服務？
- 我能解決什麼問題？
- 從功能與情感層面來看，我提供的東西與別人有何不同？
- 在充滿競爭的世界裡，為什麼某人要選擇我的公司而非別家公

司，來提供相同的服務？

- 凱薩琳指出，所謂品牌的目的，是指「什麼是我想要向世界傳達的終極承諾？」這就是一家企業的經營哲學與想要追求的目標。

- 我的 3 大核心價值觀是什麼？所謂的價值觀像是：公平的、能引起共鳴的、有說服力的、將心比心的、透明的、真誠的、一言九鼎的以及共融的企業文化。

　　凱薩琳指出，**品牌一定要有明確的目標與一貫的價值觀**。因為從最基本的層次來說，「品牌」向消費者展現它的價值，讓他們願意照你要求的價格付錢。若沒有品牌的加持，你的產品就只是一個可以隨時被取代的商品，品牌讓人們能夠記住你，而且不怕別人的競爭。

◎ 第 3 階段：找到你的潛在夥伴、客戶與消費者

　　當你有了品牌之後，你就會想要擴大你的目標客群，但現在你該思考的是，你究竟想要鎖定哪種客層？比方說吧，你想鎖定的是年輕人？嬰兒潮世代？男性？女性？等你想清楚你要觸及的客層之後，你就能夠想出該如何與他們溝通。請回答以下問題來找出你的目標客群：

- 我想與誰結為夥伴？
- 我不想與誰結為夥伴？

　　等你確定你想鎖定的客群後，下一步就是擬定你的戰略行銷計畫，行銷能夠幫忙提升品牌在這世界的知名度，你的品牌識別標誌，與所有

的行銷指導原則，必須是一致的。而且你提出的內容必須童叟無欺，每個視覺成品必須要讓人驚艷，而且要精挑細選。所有的文案（標題、行動召喚、主題列、商品介紹、活動預告、影片標題、推文）必須能讓人們眼睛為之一亮並停下腳步細看。

最重要的是，你的計畫必須是可行的、可以測量成果的，而且是可以重複的。所以請你依照順序，寫下未來 6 個月內，你最想要全力推動的前 3 項行銷策略：

1. _____
2. _____
3. _____

等你的品牌策略與行銷計畫確定後，你便可以打造一套推銷簡報範本（pitch deck），凱薩琳指出：「你可以用這個推銷簡報範本，向你的潛在夥伴、投資人或推銷目標，說明你能給他們什麼。你可以用一個故事，說明你想要解決這世上的某個問題，並且強調為什麼你的公司特別有能力解決它。好的推銷簡報範本，能清楚介紹你的公司以及你們能提供什麼，並顯示你們的產品有一項極具吸引力的優勢，不但能夠滿足消費者的需求，而且是現有市場中沒有提供的服務。」

典型的自我推銷故事如下：

1. 扼要說明你的公司想要解決的問題，記得要提到是誰有此一問題，藉以凸顯出你的公司想要鎖定的消費客群。
2. 詳細說明你的市場機會何在，以及市場的成長情形。
3. 說明目前市場上有哪些公司試圖要解決那個問題，並指出它們

的不足之處。

4. 介紹你的解決方案、定位，以及為什麼**你的**解決方案特別厲害。說明為什麼此一解決方案可以為客戶／消費者帶來更好的結果。

5. 加入任何相關的媒體剪報，你之前合作過的夥伴、好評推薦，以及／或是個案研究。

6. 最後做結論時，記得**附上聯絡頁面**，以備後續約定開會之用。

　　最後，列出 20 個你想要進行推銷簡報的對象，以及你打算如何聯絡上他們。

◎ 第 4 階段：上市

　　本書曾再三提及，從事商業活動最重要的，就是保持靈活彈性與懂得隨機應變。就算你很清楚你的目標客群為何，也想好該如何跟他們溝通，但是在事業發展的過程中，你必須很清楚哪些作法有效，哪些則必須要調整。為了清楚掌控一切，你必須做到以下幾件事：

· **備妥一個時程表**。決定里程碑，並且每週檢視進度。

· **號召志同道合者**。看誰可以幫忙支援你，為你的人生組成一個「專家委員會」，彼此互相砥礪共同成長。

· **傳承下去**。跟其他創業者分享資源，並開始加入一個新的社群。

　　現在各位已經上完凱薩琳的打造品牌新生訓練營，如果你有個很強

的品牌，以及令人驚艷的素材／產品／內容／任何東西，但是你卻無法觸及你的客群。

接下來我們就要請教社群媒體行銷專家史蒂芬妮‧卡汀（Stephanie Cartin）與柯特妮‧史畢澤（Courtney Spritzer），請她們提供一些社群媒體的行銷策略。

如何觸及正確的目標客群

你或許不太懂主題標籤、濾鏡或迷因（meme），但若想讓你的事業成長，你一定要有一套數位行銷策略。

在社群媒體行銷經紀公司 Socialfly（www.socialflyny.com）裡，你會發現一群年輕又有創意而且非常努力的千禧世代，他們對於社群媒體、行銷，以及跟網紅（influencers）合作都充滿了熱忱。

史蒂芬妮與柯特妮共同創辦這家公司，就是為了幫助創業者，從激烈的競爭中突圍，成功觸及線上的目標客群。

史蒂芬妮指出：「社群媒體的變動極快，你就算你擬定未來半年至1 年的計畫，但是屆時演算法可能已經改變了，或是出現新的平台，所以你必須時時問你自己，打算把行銷費用花在哪裡。」

對於販售服務而非商品的企業主，像是醫師、律師、顧問或家教，此一原則同樣適用。

史蒂芬妮說明：「光是每週日在社群媒體上 PO 些東西，就指望你的業務量會大增，這是不夠的，**你必須在對的時間向你的目標對象傳送正確的訊息**。雖然 Socialfly 是一個社群媒體與網紅行銷經紀公司，但我們也適用相同的原則：我們成立公司，透過社群媒體與部落格 PO 文，來觸及大眾。後來我們出版了一本書，最近則是開始在臉書直播推出我們

自己的節目，叫做 SocialLive。總之，你必須隨著現今的世界不斷演化進步。」

Socialfly 團隊請各位檢視以下的問題，來幫助你擬定計畫：

- **你的潛在客群把時間花在哪裡？**如果你不知道答案，那麼最好的方法就是測試與學習，在每個數位平台都放上相同的貼文，看看在哪裡接觸到最多人。

- **你知道如何製作吸引人的內容嗎？**如果你是個廚師，那你可以PO 你製作簡易料理的影片；如果你是個藝術家，就 PO 作品的創作過程；如果你是位健身教練，就來分享你的運動方針；幕後花絮以及實用的資訊都是人們愛看的。

- **你不知道該如何製作吸引人的內容？**你可以聘請一個團隊來幫你製作你的內容，Socialfly 有個內部團隊能幫忙拍照與錄製影片，還有平面設計師及文案幫忙建立品牌，他們還可以幫客戶找大咖網紅或小咖網紅合作。

- **你有興趣找小咖網紅合作嗎？**如果你打算跟網紅合作，來衝高人氣和形象，那你必須找到對的夥伴，而且花費要量力而為。不論你是跟追蹤人數破百萬的大咖網紅，還是僅有數千人的小咖網紅合作，你都一定要跟對方簽訂一份協議，上頭清楚記載著相關的準則，這樣你請來的網紅才知道他的角色是什麼，以及他有哪些義務。

- **你有打廣告的預算嗎？**在社群媒體上打廣告攸關你的行銷活動能否成功，但是在臉書上打廣告可不便宜，不過好消息是，它能夠用正確的內容，精確鎖定你想要的目標客群。所以當你開始使用廣告時，一定要好好分析它們的表現。

看影片！

想知道更多的訣竅嗎，請觀看我訪問史蒂芬妮與柯特妮的影片：
entm.ag/socialfly1、entm.ag/socialfly2、entm.ag/socialfly3。

品牌與網紅合作的要訣

不論你是想要跟網紅合作，還是成為一名網紅，雖然有很多種方式可以達成心願，不過這樣的合作關係不一定保證能成功。

尤其這是一個快速傳播的時代，只要掌握要訣就可以將你想傳達的訊息正確且大量地擴散出去，這也是為什麼大家如此迫切想要了解自己的品牌該如何與網紅建立有效的合作，讓彼此雙贏互利的原因。

克勞汀・狄索拉（Claudine DeSola）成立篷車造型工作室（Caravan Stylist Studio）來媒合品牌與網紅，讓雙方能建立一種真誠的互利關係。

克勞汀指出：「這一年來我們為品牌客戶打造了一套程序，包括為網紅提供服務、產品試用，以及籌備活動；也幫女演員打點她們走紅毯、上電視、為媒體拍照，以及出席其他大型活動的整體裝扮。我們的工作室也對想要盛妝打扮的創意人士開放，希望他們造訪工作室後，會滿意我們的產品，並透過口耳相傳把品牌資訊分享給親朋好友。**來我們工作室的人，有七成會透過社群媒體分享品牌資訊，這些內容都是真實無偽的─我們沒有付錢給任何人寫業配文。**」

在下一節裡，克勞汀會分享她個人的私房祕技與最佳作法給大家參考，讓各位明白如何加強你的品牌所傳達的訊息，並觸及更廣大的客群，讓你的品牌效益最大化。

行銷策略要講求成本效益

許多品牌都會做網紅行銷，但那樣的宣傳活動既不便宜，且為期不長。克勞汀提出以下的建議，能幫忙各位打造一個符合成本效益的行銷策略：

- **回歸到人與人的互動**。克勞汀相信，籌辦一場能讓來賓即時發表使用感言的體驗，或製作一支短片，來介紹你的產品或服務的優點，會比拍攝某人手拿產品的照片更有價值，因為光是宣稱他們愛用此項產品，卻沒有說明愛用的原因，實在沒什麼說服力。

- **放眼更大格局的計畫與策略**。雖然付錢給某人 PO 一次業配文可以產生漂亮的內容，但克勞汀認為，倒不如認真製作一個**永續性的計畫**，用持續推出的內容，與你的目標客群建立真誠的互動。

- **要有特色**。克勞汀指出：「我們常看到各家公司付錢給同一位網紅做行銷，有時候甚至是同種類的公司，這種情形真的很讓人傻眼。像某個網紅這週說 A 品牌超讚，下週卻又推薦 B 品牌非常好用，我真的很難相信此人說的話。所以品牌選擇跟網紅合作時真的要謹慎，要確定此人真的很愛你的產品，而且他們發表的評論必須是**誠實的**。」克勞汀鼓勵品牌應跳脫思考框架，採用新出道的人士，尤其是時裝設計師及藝術家之類的創意人士，就應被視為網紅與內容的製作者。

一個行銷活動能否成功的關鍵在於研究調查：要找到**對的人**來拉抬

你的品牌，也要懂得使用正確的標準來評量效果，以及在正式簽下網紅之前，與對方溝通你的目標。想要提升「銷售量」，跟提升一項新產品的「知名度」，兩者是截然不同的。當所有參與者都清楚活動的目標是什麼，才是最成功的宣傳促銷活動。

◎ 如何成為一名網紅

如果你擁有數百萬的追蹤者，而且也想當個網紅，這時若有廠商找上門來洽談合作，你可能會躍躍欲試，但克勞汀指出，若對每個品牌的邀約來者不拒，小心砸了你自己的招牌：「最重要的是**真誠**。」至於如何展現真誠，克勞汀提出以下建議：

- 確實試用產品，確定你真的喜歡才替它們背書。
- 就算某個創業者的預算不多，但能夠幫你找到最愛的人氣產品，或是有發展潛力的新產品，就可以跟對方合作，克勞汀指出：「有些產品可能剛開始投入的預算較少，但是一段時間之後，卻能讓你跟著水漲船高。」
- 搭配運用克勞汀這類廠商的資源，能夠幫助你創造更多有料的內容。

請記住，天底下沒有點石成金的神奇魔法，你必須努力工作才有可能靠當個網紅賺錢，接下來我們就要來談一談，把網紅當副業並且經營得有聲有色的要訣。

◎ 成功當網紅的要訣

想靠著當網紅賺錢維生，其實是需要一些時間經營的。選擇正確的人選或公益單位來宣傳你的品牌，也是一種方法。以下是來自知名網紅所提供的專家意見，希望能幫助各位達成心願。

米克·巴利斯克（Mick Baryske）是許多名人爭相邀約的 DJ，負責在他們的私人派對中帶動氣氛。他也是一位科技投資人暨網紅，現在更成了許多品牌登門請教的顧問。對於如何成為一名成功的網紅，米克認為最重要的是**與時俱進**：「對我來說，建立品牌是一個持續進化的過程。人們經常花大把時間打造一個品牌，過程中卻拚命揠苗助長且從不修正路線。但是你會變，你的個人品牌也會改變，市場也會變，萬事萬物都不停改變。你必須能夠跟著**調整**，但一定要忠於自己。這雖然不容易，但並非做不到。過去這 10 年來，我把自己改造了兩次，而且兩次都是合乎邏輯且全面的進化，我從『我是誰』變成『我將成為什麼人』以及『我想達到哪個境界』。」

丹尼爾·葛林伯格（Daniel Greenberg）對於科技的熱愛，以及跟網紅的合作，讓他能夠跟椰子水飲料 Vita Coco 以及 MTV 錄影帶音樂大獎之類的知名品牌合作，他建議企業可以多留意與小網紅合作的可能性：「雖然小網紅的追蹤者少於 25,000 人，不過他們的粉絲會非常注意他們 PO 的東西，因為粉絲相信他，而且會定期跟他交流。」

看影片！

請至 entm.ag/danielgreenberg，看我訪問丹尼爾的影片。

莉莎‧費莉培里（Lisa Filipelli）經營翻轉管理公司（Flip Management，www.flipmgmt.com），她的客戶包括知名的 YouTuber 泰勒‧奧克利（Tyler Oakley）、英格莉‧尼爾森（Ingrid Nilsen），以及阿曼達‧斯蒂爾（Amanda Steele）。她建議不妨考慮跟數位原生的內容創作者合作，來刺激品牌的業績：「創作者本身就是編劇、製作人、導演、行銷家兼宣傳人員。5 年前品牌的網紅行銷預算僅佔 200 萬美元，但如今已飆至 24 億美元，這些創作者功不可沒。」

看影片！

請至 entm.ag/lisafilipelli，觀看我訪問莉莎的影片。

當丹妮耶‧芬克（Danielle Finck）25 歲的時候，她已經有份自己熱愛的工作，但陸續出現好多個兼差的機會。她看到許多朋友都開始發揮他們的社交影響力，以及投入非營利公益活動，她決定幫他們把訊息傳送給媒體。最後她的副業變成正職，於是丹妮耶決定辭去工作，開設自己的公關公司。過去 10 年來，她的艾拉溝通公司（Elle Communications，www.ellecomm.com）經營得有聲有色，在洛杉磯和紐約都有據點。

丹妮耶的公司鎖定那些不只追求業績、同時也兼顧社會使命的企業和個人。所以該公司支持非營利組織、社會企業、大企業裡的社服團隊、小眾的道德品牌（ethical brands），以及鼓吹社會正義的社運人士與改革者（change makers），包括聯合國兒童基金會、Rock the Vote、The Little Market、Biossance、Cora、Justin Baldoni、Amanda de Cadenet、Alexis Jones，以及 the Kind Campaign。

她對品牌與網紅提出的建議是：「你提出的影響力策略必須是真誠的，影響力已經蔚為風潮，愈來愈多人在他們的企業裡採用**影響力策略**。這當然是好事，但必須是真心誠意的，因為大眾的眼睛是雪亮的，他們其實可以分辨得出來，你是真心的還是只是一種行銷手法。」

看影片！

請至 entm.ag/daniellefinck，觀看我訪問丹妮耶的影片。

喬治・布雷夏（George Brescia, www.georgebrescia.com）是位造型專家，他說不論你是想拍影片，還是要跟品牌洽談，抑或是跟親友聚會，你的穿著打扮會替每件事定調：「你不可以一早醒來打開衣櫃，就覺得氣噗噗：『哼！我恨我的衣服！』這樣是不行的，因為你一整天的好心情都沒了。你的衣櫃裡必須要有**能夠讓你開心的衣服**，也就是能夠替你加分的十全十美『戰袍』：正確的顏色，正確的剪裁。」

看影片！

請上 entm.ag/georgebrescia，看我訪問喬治的影片。

助你創業成功的法律意見

雖然本章提供了很多把副業轉成正職的資訊，但如果各位不懂得維

護自己與品牌的法定權益，那麼看再多都是白費。各位不只要確保你的智慧與商業財產權不受侵害，同時相對的也要確保你沒有侵犯到別人的商標或商業點子。而且某些產業的證照系統與授權法規相當複雜，有可能會影響到你的經營方式（貿易業即為一例）。為了保護你自己以及你親手打造的未來，各位務必要確認你的**法律權益**有受到保護。

當我開了公司以後，我常說這世上有這幾種人：

- 我知道這些事情。
- 我不知道有這些事情。
- 我不知道我竟然不知道這些事情。

我個人應該算是最後一種人，所以我在商業世界與法律世界裡，經常都是扮演拚命追趕的角色。我老是陷入岌岌可危的處境，雖然希望自己的作為完全符合法律的規定——但我根本不知道法律的規定是什麼。

所以我將在下一節，跟大家介紹些很有幫助的資源，以及我從法律專家那裡獲得的一些智慧語錄，希望能在各位想要打退堂鼓的時候幫助各位撐下來。

找到你的法律專家團隊

世上的執業律師人數那麼多，你要如何找到適當的人選？在你開始替你的公司尋找合適的法律顧問之前，不妨先**請你的人生導師與同事推薦**。我就是那麼做的，在公司成立後，我立刻透過社交媒體尋找資源。

當我 PO 文說我需要法律諮詢時，有個過去曾共同參加睡眠體驗營隊的女生便特別傳簡訊給我，叫我去詢問她的先生。他就是公司法暨智

慧財產權法的專家艾倫·萊特（Aaron Wright），同時也是 Cardozo 法學院科技新創事業診所的創辦人／總監，我從他那裡獲得好多好多的法律指引及支持，還獲得一些必備的法律文件，像是保密合約以及影片發行的合約——而且都是免費的。我還要感謝艾倫的學生，他們在艾倫的指導下幫忙解決了我的法律需求。所以我鼓勵各位，先找找看你家附近是否也有免費的法律諮詢服務。

當你有了一群可供選擇的律師以後，請仔細想想你的公司會有哪些特定的法律需求。比方說，我知道我必須跟一位懂得 YouTube 協議的律師談談。話說我參加了一場數位高峰會，並且認識了一位任職於 YouTube 內部的人士，她幫我轉介給她團隊裡的另一人，好讓我成為所謂的 YouTube 合作夥伴。

我對這個名詞很陌生，所以我完全不知道我有哪些權利。我向好多人求救，但是所有跟我聯繫的律師也都沒有跟 YouTube 打交道的經驗。就在我的回覆期即將截止之前，我遇見一位名叫安迪的律師，他熱心地免費替我服務，因為他的女兒曾遭人霸凌，他為了幫助其他孩子，所以願意幫我成立我的頻道。

感謝安迪，我才能放心地跟 YouTube 簽約，因為我確定我不是簽下了一紙賣身契。當你開始著手準備創業時，儘管對每個你認識的人開口求救，因為你永遠不知道，這世界上真的會有人為了相同的使命與願景而對你伸出援手。

接下來，自修跟你的事業有關的法律事務，雖然你不大可能當自己的律師，但是跟你的事業有關的法律，你應該要知道，這樣你才能積極保護你的財產。例如我為了保護自己的品牌，決定自修智慧財產權法，所以我看了專利暨商標局官網上的影片（www.uspto.gov），它的內容相當有幫助，讓我們能夠了解商標法與著作權法。

智慧財產權律師史考特・西山（Scott Sisun）指出：「投資你的智財權投資組合是很好的，因為有意投資你公司的金主或企業，最終一定會問到你的智財權投資組合，以及它提供哪些保護。所以從你設立公司開始，就一定要監控、保護與強化你的標誌、品牌或是智慧財產，否則你有可能會失去它們。」

　　他還補充說，大家在使用網路上找到的圖像時務必要小心：「我常告誡大家，不要『借用』網路上的任何東西，網路並非公開領域，不論你從網路上『借用』的是圖像還是圖畫或文學作品，它極有可能是別人所擁有的。」

看影片！

要學會如何註冊及取得你的智慧財產權，以及了解商標跟版權之間的差異，可至 entm.ag/scottsisun，觀看我訪問史考特的影片。

我們在本章中談了很多關於自己創業的方法，以及應注意的事項，還談到了如何保護你的智慧財產權。以下我們就來回顧本章的主題：

· 你知道自己想要推出什麼產品或服務嗎？你要如何實現你的願望？

· 你是否擁有一個強大的品牌，也知道你想鎖定的目標客群？你要如何與那個族群溝通？

· 你是透過社群媒體跟你的目標客群交流嗎？

· 在行銷你的品牌時，你是否做出了明智的選擇？你是否選對了適合的網紅來拉抬你的品牌？

· 你是否盡全力保護你的資產？

當你有了很棒的平台以及很棒的產品，接下來就要學習如何當個稱職的長官了。

CHAPTER 10　會領導，決定你是誰
How to Act Like a Boss

你有了一間位在角落的公司，也有了標示你職銜的名牌，名片也印好了，一切看似準備就緒。但是你以前從沒當過執行長，也不曾帶過人。想當初你的生意是從你的公寓／地下室／車庫起家的，現在你終於混出名堂來了，你已經召集了一批天團，他們即將擔負起各自的新職務，你 PO 了一張新辦公室的照片。**#dayone開工首日**

　　不論你是自創公司的執行長，或者你是剛升職的執行長，這個角色都蠻嚇人的。你突然身負重任，這艘船**現在由你掌舵**——船上的乘員全都依賴你。你是長官——你的所作所為可不能漏氣，你必須當個稱職的長官。

　　雖然當個執行長很可怕、壓力很大，著實令人難以招架，卻也是令人極度興奮的。像電影界的大老雪莉．藍辛（Sherry Lansing），就覺得那是一段令她回味無窮的時光。

　　雪莉是美國電影圈中首位「女頭目」，她在 1980 年被任命為 20 世紀福斯公司（20th Century Fox）的總裁，並在 1992 年擔任派拉蒙影業的董事長兼執行長。

　　她縱橫電影圈 30 年，曾參與 200 部以上電影的發行、行銷與製片工

作，其中包括榮獲奧斯卡金像獎的《梅爾吉勃遜之英雄本色》、《鐵達尼號》、《阿甘正傳》等多部知名鉅片。

如果你這位菜鳥執行長對你的新角色感到焦慮，雪莉首先要給你的建議就是：**明白自己不會被困住，而且可以有番作為。**

雪莉表示：「商業界經常發生這樣的狀況，有些人在工作多年之後，終於登上執行長的大位，卻懷念起之前的工作。但其實執行長這個位子，讓你擁有協調合作的能力，並幫助別人實現他們的願景。」

如果你還是懷念之前的做事方法，雪莉建議你找到一些方式，盡量讓自己更加融入日常的例行事務中。當年她主掌派拉蒙時，便是把整個片場當成是一個大製片公司：「我總是對主管說，因為我非常熱愛當個製作人，所以我們不妨把自己當成是每部電影的執行製片人，我們必須看過所有的腳本（包括每一份草稿）、還要看毛片、要到拍片現場，還要親赴每場試映，那就是我持續熱愛這份工作的方式。儘管我看起來沒花很多時間處理某些事務，像是規定販賣部的店面配置，或是跟銀行開會，但那是因為我還有個夥伴，所以我們可以分工合作。」

如果那樣還是行不通，而且你真的很懷念從前的工作，或是你真的不喜歡當個執行長，那你就該有所改變：「如果你發現你被高升的那個職位，做的並不是你真正在乎的工作，那你就該掛冠求去並回去重操舊業，這沒有什麼不對的。要不然你也可以自己開間公司，說不定這樣你會覺得更上手。」

所以我將在這一章中提供一些想法，幫助各位新手長官盡快適應你的新角色，包括如何帶領部屬，以及如何觸及你的目標客群。下一節的內容，則是多位前輩提供的帶人訣竅，她們都主張領導者應當**仁慈待人**，既然你已經當上長官了──就好好幹吧。

看影片！

各位請上 entm.ag/sherrylansing，觀看我訪問雪莉的影片，並聽聽她對想要成功的人，提出了什麼樣的意見。

先了解自我偏見，才能全面

你或許以為自己是個心胸寬大的人，也為自己擁有一個囊括各路人馬的團隊感到自豪，但那並不表示，你看待世界的方式，不會受到自身的經驗與外界的影響。大多數時候，我們對自己的偏見毫無知覺。請各位想想，你是否有過以下狀況：

- 你是否曾經到餐廳用餐，結果遇上了特別怠慢的服務？當你發現你這桌的服務生，是跟你不同種族的人，你不是直接問對方你的餐點好了沒，而是小聲地偷偷嘀咕：「哼，這家店怎麼會僱用這種人？」
- 你是否曾經面試一個操持著外國口音的應徵者，結果你非但沒有放慢說話的速度（眾所周知你講話很快，像連珠砲似的），反而大聲問他話？
- 你是否曾因為趕著下飛機，卻被走得很慢的老人或拄著拐杖的人擋在前面，而勃然大怒？

不論你是因為看了今天的頭條新聞，而變得比平常偏激，還是因為你（沒來由的）討厭某人，只要你願意「自我稽核」（self-audit）一下，

就能知道自己是否有偏見。各位可以在網路上找到一些能夠判斷你是否有偏見的題庫來測試，當然你也可以直接問自己，你是否會根據自己內心的想法與信念，而做出扭曲的決定。不過話又說回來，如果你覺得給女醫師看診比較自在，這種狀況是 OK 的。但如果在同一家診所裡有兩名醫師，你一口咬定男醫師一定比較聰明，而且比另外那位女醫師受過更多訓練，那這樣的想法就絕對不合理了。

請容我在這裡耽擱 1 分鐘，先聊點題外話。因為我看到一份針對性別偏見所做的研究報告，覺得相當有意思。這是刊登在《紐約時報》社論對頁版（op-ed）的一篇報導，標題是「她不受尊重」（She Gets No Respect）[12]作者尼可拉斯・克里斯多夫（Nicholas Kristof）檢視一項與颶風命名有關的研究[13]後發現：「以女性命名的颶風造成的死亡人數，是以男性命名的颶風的 2 倍，因為有些民眾會低估前者的威力。美國人會預期以男性命名的颶風極具破壞力，並誤以為以女性命名的颶風比較秀氣且無殺傷力，所以沒有採取足夠的防範。」但這篇報導最令我吃驚的是「女性跟男性一樣，會小看以女性命名的颶風。」

作者指出：「人們通常會理所當然地認為，只有那種偏執的人才會種族歧視，只有瞧不起女性的厭女者才會性別歧視；但是最近 20 年來的研究顯示 —— 例如這篇關於颶風的研究 —— 其實更大的問題在於，即便是那些平日充滿善意，且信奉眾生平等原則的人，其實也有不自覺的偏見。」

這也是促使蓋兒・提芙德（Gail Tifford）為廣告行銷工作者發起一項重要運動的原因之一（內容稍後再詳述）。蓋兒是慧優體國際公司

12　全文請參www.nytimes.com/2014/06/12/opinion/nicholas-kristof-she-gets-no-respect.html。

13　<Female hurricanes are deadlier than male hurricanes>。全文請參 www.pnas.org/content/early/2014/05/29/1402786111。

（Weight Watchers International）的品牌長，在加入慧優體之前，蓋兒是聯合利華集團旗下的媒體暨全球數位創新事業群的副總裁；她從那個時候就開始發起一項全國性的活動，宣導媒體對女性做正確的描述，避免引發性別偏見，她指出：「我認為**最重要的事情，是理解我們每個人都有偏見，只是形式不同**——性別偏見、宗教偏見、身障偏見。我們必須先知道自己有哪些偏見，才有可能開始改變。」

◎ #SeeHer 運動如何導正廣告與行銷業

蓋兒之所以會推出 **#SeeHer** 運動，來敦促廣告、電影以及電視改變它們刻畫女性的方式，其實是源自於她跟兩個女孩的車上對話：「當時我開車載我女兒跟她朋友回家，我問她們長大後想要做什麼，我女兒說她想當偵探，因為她超愛看《法網遊龍：特案組》，她朋友則說她想當醫師，因為受到《實習醫生》的啟發。」

這一席話讓蓋兒意識到，電視節目裡的女性角色，對女生的影響力非常之大，但好的女性角色模範實在不夠多。

她隨即去找她的 2 位朋友商量，其一是歐巴馬政府的資訊長梅根·史密斯（Megan Smith），另一位是 The Girls Lounge / The Female Quotient 的創辦人雪麗·薩利斯（Shelley Zalis）。

她們的想法與蓋兒不謀而合，梅根表示自己擔心從事科學、科技、工程、數學等相關行業的女生不夠多，而雪麗則關切女性在職場是否能獲得公平對待。

她們深入探討造成這些問題的原因後發現，女孩缺乏足夠的正面角色典範，而罪魁禍首則是媒體持續呈現負面的女性刻板印象。

蓋兒表示：「我們發現媒體不只反映文化，而是**會創造文化**，所以我

們決定透過全美廣告主協會，號召所有的品牌，一起來幫忙打造正確的女性形象。」

蓋兒發現 **#SeeHer** 運動大為成功的原因之一，是不把這個運動定位為「女性」議題，「這是一個社會與經濟議題，男士與男孩的參與及覺知，攸關此運動的持續成功。目前已經至少有 1,000 個以上的品牌參與，投入的廣告費用已超過 500 億美元，希望在 2020 年時，媒體與廣告都能更正確地描繪女孩與女性。我們已經獲得各大電視台與內容創造者的支持，也看到許多成果開始出現，例如頒獎典禮以及奧運。」

看影片！

若想多了解 **#SeeHer** 運動的詳情，可在 entm.ag/seeher 觀看我訪問蓋兒的影片。

千金難買好形象

蓋兒表示，企業可以透過簡單明確的量表，來確認他們推出的廣告沒有性別偏見：「我們推出了性別平等量表，來幫忙廣告商評量他們製作的廣告內容是否有偏見。」

所有廣告商在開發一支廣告時，必須思考以下問題：

・我有認真思考這支廣告呈現女性的方式嗎？
・這支廣告是否以尊重女性的方式來呈現她們？

- 這支廣告呈現女性的方式是否不恰當？
- 這支廣告裡所呈現的女性，是否能做為其他女性與女孩的優良模範？

　　對於推動 **#SeeHer** 運動的團隊來說，最重要的就是讓企業主管更加注意性平問題，並且負起應有的責任，同時要確保他們製作與發行的作品，能夠達到 **#SeeHer** 社群所期盼的標準。

待人和善 ≠ 軟弱

　　蓋兒與雪麗都認為：「女性會見賢思齊。」法蘭・豪瑟（Fran Hauser）也認為，如果你在一位好主管的手下做事，你就會耳濡目染、也成為一個好主管。

　　法蘭很受不了大家長期以來一直**把和善待人跟軟弱混為一談**，所以她立志要導正這種錯誤的觀念。

　　有不少女性相信，當個咄咄逼人的惡女能幫助她們出人頭地，但法蘭完全不認同，所以她寫了《善良女性也有出頭天》（*The Myth of the Nice Girl: Achieving a Career You Love Without Becoming a Person You Hate*）一書，來挑戰與人為善就不能成功的奇怪觀念。

　　「其實，**善良（niceness）是領導統御的必要特質，它的威力超級強大，能夠開啟我們正在流失的各種潛能與可能性**。領導者若不能以體貼寬容（kindness）待人，實在是大錯特錯；當人們不再讚揚體貼寬容的美德，我們就會置身在一個無法激發潛能，甚至會毒害我們的惡劣職場環境中。因此大家應大聲疾呼，請給我們一個更善良、更有人性的領導者。」

因為與人為善卻飽受誤解一事，法蘭可是有切身之痛。在法蘭 20 歲出頭時，就在全球知名的安永會計師事務所（Ernst & Young）上班。

年輕的她充滿抱負，工作非常認真，表現自然不俗。但當時的她卻只想拚命當個討人喜歡的人，甚至到了走火入魔的地步，成了一個只會唯唯諾諾的「應聲蟲」。

「我特別記得一位霸氣的客戶，此人是可口可樂的副總裁，他是那種聰明、難搞又嚴厲的領導者 —— 而我就像是小朋友愛玩的牽線玩偶。每次跟客戶開會時，不管大家正在討論的主題是什麼，我的回應都是『好棒喔』，就連有人提議午餐吃壽司，我都會附和說『好棒喔』。情況糟到連我的主管都看不下去，他把我拉到一旁說『法蘭你幹嘛客戶說什麼你都說好？』從那時候開始，我在跟主管和同事對話時，會小心拿捏適當的分寸，既不得罪人但也不委屈自己。」

法蘭建議主管們，要為員工打造一個兼具尊重、信任與和諧的工作環境。如果你認為寬容待人會阻礙你成功，請看看 Google 所做的調查報告，你肯定會大吃一驚。

法蘭指出：「Google 想要知道是什麼因素造就出表現最優秀的團隊，結果發現最高竿的團隊會**尊重彼此**，從而打造出一個讓人人都能自在做自己的友善工作環境。《哈佛商業評論》也發現，人們在選擇想跟什麼樣的人一起工作時，『討人喜歡』這項特質，居然比『有能力』更受重視。該雜誌形容這種人是職場裡的『人氣明星』 —— 既討人喜歡又很能幹 —— 這也是許多女性努力想要擁有的綜合特質。」

但究竟要怎麼做，才能既討人喜歡，又不會被視為拚命討好別人的馬屁精呢？

◎ 親切對待他人並不等於濫好人

記住，對待部屬體貼寬容，並不表示你必須當個濫好人主管；你只需堅持你的信念，直率對待你的員工，並維持明確的報告路線（不鼓勵員工打小報告、發黑函）。

成功主管帶人又帶心

當法蘭在時代集團工作時，米契‧卡伊夫（Mitch Kaif）是資訊長，他雖然貴為科技部門的頭頭，但卻覺得自己從事著一份吃力不討好的工作，因為他需要承受維持基礎建設順暢運作的巨大壓力，然而當他盡忠職守，完成各種艱鉅任務後，往往沒有人會感謝他。會來找他的人都是氣急敗壞的：要不是收不到電郵，不然就是缺少做專案的必要資金。

但法蘭卻是真心跟每個同事交朋友：「我會問候他的家人，跟他聊家裡的事，並聽他訴苦，我跟米契真的很要好。然而許多同事認為米契並不好相處，他們總說自己很難向米契開口，要求他盡快處理他們的案子。有一次，上級要求我的團隊提前完成一個產品上市案，那意味著我們需要米契的團隊提供更多的資源。我原本以為我的長官會直接開口請米契幫忙，沒想到我的長官居然跟我說：『法蘭你去跟米契開口，因為他沒辦法拒絕你。』」

長官果真料事如神，當法蘭去米契的辦公室求助時，米契很爽快就答應幫忙，但那並不是天降奇蹟：「米契之所以會答應幫忙，是因為我們早就有好交情；換言之，我並不是在有問題或有需要的時候才去找他。我平時就是所謂的『好女孩』，我會對別人將心比心，因此當我需要跟人協商或開口求助時，多半都能如願以償。」

要如何成為一個「帶人又帶心」的英明領導者，並率領團隊獲得更好的績效，法蘭提供了 5 個方法，給大家參考：

1. **表示意見**。法蘭指出，千萬不要只想營造和藹可親的形象，因為這樣不但綁架了你自己的效能，更無法讓人對你的能力與價值留下好印象。到頭來別人只會把你視為一個沒有原則的濫好人：「只要不是惡意抨擊，你其實可以對別人的想法表示不同的意見，關鍵就在於**保持正向**──不要光指責別人的想法很爛，而是提出一個更好的解決辦法，並說明你為什麼會那麼想。而且你要讓對方明白，你有花時間認真了解對方的觀點──這通常是避免衝突的好方法。」

2. **提出反饋**。當你跟部屬的關係深厚，並且高度關心他們的職涯發展時，往往很難對他們提出忠言逆耳的反饋。但法蘭提醒，**如果長官因為害怕得罪人而避免提出負面的反饋，反倒成了不稱職的長官**：「因為這麼一來員工就無法從有建設性的批評（重點是有建設性）中受惠。其實只要你是用將心比心與支持部屬的方式，提出對他們有幫助的資訊，這樣的反饋就是好的，因為這是對他們有幫助的建議而非找碴。」法蘭建議，你不妨先用一張小卡片肯定此人的表現──但內容必須是真實的才有意義，也才不會讓人家覺得你是在講場面話。例如你可以先告訴對方：「你的分析面面俱到，令我印象深刻。」接著再點出「正題」：「但是我想幫你了解真正的問題所在（無法如期完工）。」法蘭指出，只要是就事論事，並提出具體的事例，員工就不會覺得你在找他麻煩。例如：「不夠嚴謹的財務報告，會令人對你提出的數字缺乏信心。」法蘭指出：「你要

向對方提出問題，並展開雙向的對話，而非單向的訓斥員工。當你對員工提出將心比心的反饋，你們之間的對話就會比較愉快，且讓所有參與的人都獲益匪淺。」

3. **談判協商。**造成男女同工不同酬（gender wage gap）的主要原因之一，就是女性很不擅長替自己爭取薪水。法蘭認為女性員工絕對不要害怕替自己爭取應得的待遇：「以一種對你個人與公司雙方都好的方式，運用你的人際關係技巧展開策略性談判。重點要放在公司的目標，以及**你為公司附加了哪些價值**，而不是講出一堆理由證明你應該拿到更高的薪水。用數字替你說話──盡量蒐集能夠替你增加說服力的資料，像是你的成就，或是其他公司同級職位的薪資。有時候你對公司的附加價值，不在於你完成了某個特定專案，而是在於你為**你的團隊打造了一種文化**，從而提升了團隊的士氣，並且降低離職率。女性在替別人出頭的時候，往往能獲得較好的談判成果，所以你不妨用相同的客觀態度來思考你的價值。」

4. **經營人脈。**法蘭指出：「愈來愈多人認同，判斷職涯成功的標準，不只是看你花多少小時埋首於電腦中，而且也取決你跟別人往來的能力、能否採納外部觀點，以及能否引導團隊走向正確的方向。在現今這個超級連結的世界裡，以上這些人際互動技巧乃是必備的技能，因為天底下沒有人能夠存在於真空中；這意味著你必須跟其他的人、企業以及想法產生連結。身為一個體貼寬容的主管，只要願意離開辦公桌，你在經營人脈這方面是擁有優勢的；因為前述的各種連結，都需要用到良好的人際溝通技巧，而這正是你一輩子一直在發展的技能。」如果你還未投資你自己以及人脈經營，那你將無法獲得進行前述連結

所需的經驗與洞見。

5. **做出決定**。身為領導者，你要有勇氣做出有可能令別人不開心的決定。法蘭指出：「領導人在做決策時，的確應該從各種觀點出發去做通盤的考量，以及聽取同事的意見。但是最終領導者還是必須要按照自己的想法，做出一個明確的決定，並承擔該決定所產生的後果。」而關鍵當然就是在「將心比心」與「為所當為」之間取得平衡，法蘭指出：「在做決定時，為了避免你過份擔心決策的成敗，你要問問自己，如果你人生中所有的人都支持你的決定時，你會怎麼做？一旦你做了決定後，記得向每個你曾經請教過的人表示感謝，並承認你做的決定無法讓每個人都開心，但強烈表達你覺得它是正確的決定。為了避免被大家視為優柔寡斷，你最好快刀斬亂麻迅速做出一個決定，這樣你們就可以繼續向前邁進。」

看影片！

請上 entm.ag/franhauscr，觀看我訪問法蘭的影片。

身為受僱者，如果你的長官會利用你願意顧全大局的天性，而對你予取予求，你要勇於捍衛自己的權益，法蘭指出：「**説不，是件極困難的事，但設下界線是很重要的**。首先，如果你的長官（又）把一個拖到最後 1 分鐘的急件交給你處理，或是對你做出不合理的要求，你必須老實說出來，並且拒絕聽命行事。你可以這麼跟長官說：『我一直在想到底要如何跟你談這件事，過去這 2 週來，我已經因為你在最後 1 分鐘丟

出工作要我加班，而屢次更改我的私人行程，我想這次應該由團隊裡的其他人去做簡報。』」

通常你的長官其實並不知道自己有那種壞習慣，所以如果你明明已經承擔過多的工作，卻很難推掉一個喝咖啡的約會或是見面的要求，法蘭建議你**寫下你的職涯優先順序**，如果某人提出的要求，並不符合你的職涯優先順序，那就不失禮地拒絕掉。

◎ 明確設定身體的碰觸界線

我們除了要捍衛自己的時間，更要懂得保護自己的身體和心靈，自衛專家珍妮佛・卡西塔（Jennifer Cassetta）所寫的《捍衛身心靈》（*Hear Me Roar: How to Defend Your Mind, Body & Heart Against People Who Suck*）一書中，提供了許多自保的基本技巧。卡西塔指出，每個人在他的私人空間中才能感到安心自在，「所以各位要明確設定身體的碰觸界線，才能保護你的身體不受心存歹念的惡人傷害。」

各位如果想學習如何運用堅定的語氣、強而有力的措辭，以及展現威嚴的肢體語言，嚇阻壞人並打消歹念，請上 entm.ag/jennifercassetta，看我訪問卡西塔的影片。

營造正向先贏其勢

誠如法蘭所言，和善待人的長官，能夠為你跟部屬打造一個正向的工作環境，凝聚你們團隊的向心力，讓大家做出最佳表現。克雷格・杜畢斯基（Craig Dubitsky）同樣極為重視職場中的善良風氣，不但以此為核心理念打造他的公司，甚至將之加入他的職稱當中：hello 口腔護理產品

的友善創辦人。

　　克雷格的創業動機正好呼應了「需要為發明之母」這句俗諺。某天他在曼哈頓的一家藥局，尋找由天然成份製造的牙膏：「我在貨架上遍尋不著我想要的東西，卻看到一堆附上拔牙照片的產品。我向來很重視產品設計所呈現的整體視覺效果，所以我一直想不通，如果你想賣牙膏給我，為什麼要給我看一顆拔掉的牙齒呢？」等他看了成份表後，更覺得不可思議：「其中有幾個產品，居然使用多年前就已經被禁止的成份，而我們竟然還繼續把這些東西放進嘴裡，甚至是孩童的嘴裡，而且一天要用好幾次，我覺得這真的太莫名其妙了。」

　　克雷格立刻跟一位配方設計師合作，此人也成了 hello 研發部門的頭頭。等產品與公司的營運方式都確定後，克雷格便把全部的精神，投注在公司的價值觀以及員工身上：「我認為如果你開了一家公司，而且你要讓你的經營理念開花結果，那你一定得向人眾傳達你的理念。大多數人跟某個產品產生的第一個連結，就是產品的名字——這個名字一定要讓人看了就立刻眼睛為之一亮，並隨即發出『哇！』的驚嘆聲，否則人家就忘了，所以命名真的很重要。而我老早就夢想著要用『hello』這個字當作我的品牌名稱，因為這個字具有最友善的涵意，而其它品牌的口腔清潔用品都非常不友善。」

◎ 打造美好辦公室文化的方法

　　如果你也想打造一家體貼消費者的公司，並且訓練你的員工努力服務消費者，不妨參考克雷格的作法：

　　・為善就能富過三代。克雷格認為，自創事業讓你有機會「選擇

你的家人」，因為大家一起打拚，所以每個人都是公司的股東：「對我而言，如果我們是這份事業的**擁有者**，那你的工作動力會大不同。同事間會關心彼此，並全力維護我們的品牌，我們公司的價值觀就是，努力創造價值、並把價值分享給大家。當長官替股東創造價值，他們就一定會好好幹。」克雷格指出，把每位員工都當成股東，會產生巨大的影響，讓公司創造的財富能一代代地延續下去，「它會產生漣漪效應。」

- **長官要打造開放的工作環境。**克雷格指出，限定行銷部門的人才能參與行銷會議，不是設計師就不能對設計表示意見，那絕對是大錯特錯：「好點子可能來自任何人，那就是我們想要的工作環境，也是我們的企業文化；沒有人需要壓抑自己的好點子，我們從不曾排擠任何人，如果每個人無法發揮他們的最大影響力，那樣既不友善更會打擊他的工作士氣。」

- **讓每個人發揮他的才華。**克雷格表示，不論你從事哪一行，只要你不是一個人單打獨鬥，你就該知道你的夥伴擁有哪些技能：「重點是你要找到一個方法，能讓員工充份發揮那些才華，並幫助你的事業成長壯大。如果你的事業規模較為龐大，你得想出新的方法，適當運用那些才華，別讓它們被埋沒。」

- **僱用有業餘喜好的人。**克雷格指出：「我不認同某些長官的想法——『你只要對我們公司的品牌有熱情就好。』員工熱愛自家的品牌固然很好，但我們公司希望員工對於**工作以外的事物也有熱情**，因為那顯示了某種程度的情感深度，所以是很重要的。」因為當你剛開創一份事業的時候，你的心情會像搭雲宵飛車般劇烈起伏，「若員工有能力到一個讓他充滿熱情、情緒激昂，卻又感到安心的地方，屆時只要瞄準正確的目標，並且

讓他們發揮才華，你們的公司將來就會一飛沖天。」

• 全力照顧你的團隊。克雷格說：「我們公司的執行長、業務部主管、行銷部主管、財務部主管、營銷部主管、研發部主管全都是最棒的，而且每個人在工作崗位上都是卯足全力。我的工作就是吸引最棒的人才來效力，讓品牌充滿活力。基本上我就是放手，讓那些最聰明最能幹的人才，發揮最優異的表現。」最後一點，長官要努力打造一個人人都熱愛工作的職場環境：「只要職場的氣氛對了，公司的業績自然會蒸蒸日上。」的確，為股東跟利害關係人創造價值固然重要，但更別忽略了每天都來上班並且跟你一起打拚的員工們。

看影片！

各位可至 entm.ag/craigdubitsky 觀看我訪問克雷格的影片。

現在假設你已經有了一個超棒的產品，一個快樂的團隊，以及一家業務蒸蒸日上的公司。不論你是想要提早退休享受人生，或是想另起爐灶嘗試別的賺錢門路，身為創辦人的你，都該好好思考你的**退場策略**。

雙贏的優雅退場

許多企業家回顧當初的創業契機，竟然都是因為他們需要或想要的產品不存在，所以他們只好自己來做；要不就是找不到某個問題的解決

方案，所以他們只好自己發明一個。

　　至於潘蜜拉·米瑞爾（Pamela Mirels）則完全是無心插柳的結果。潘蜜拉原本在一家公司擔任分析師，5 年內從資深分析師一路高升為幕僚長，她發現自己真的很愛處理大型專案。

　　「我真的很愛同時掌管業務、營運及財務工作。雖然我知道自己想要創業，但當時我心中並沒有明確的產品。所以我回商學院進修，打算花 2 年的時間實驗許多點子，我甚至試過經營胖卡餐車以及結婚禮物登記，但我發現這都不是我想要做的。」

　　2012 年，潘蜜拉在看了紀錄片《尋找甜祕客》（*Search for Sugar Man*）後獲得靈感，決定規劃一場活動。那部片的內容，是關於尋找 1970 年代走紅南非的美國音樂人西斯托·羅德里格斯（Sixto Rodriguez）的故事：有 2 名來自好望角的鐵粉，想要探尋他已經死亡的傳言是否屬實（劇透：他還活著）。

　　潘蜜拉決定她要在紐約辦一場演唱會。當潘蜜拉找到他的聯絡人時，立刻用信用卡幫羅德里格斯訂了 3 萬美元的機票：「我在 10 月做了這些事，演唱會訂在翌年的 4 月，我連一張票都還沒賣出去，就先替他的樂團及家人訂好機票。當時我便決定我要創立一家公司，讓人們群聚在一起支持他們喜愛的文化。我想召集全紐約市喜愛藝術的人，並提供他們頂級的經驗，以及接觸巨星的機會，因為通常只有主辦單位的內部人士，才有機會參與這類超酷的活動。我們公司鎖定的是這種客群，我花了 6 週打造一個試營運網站，而且我的票價包含公司的會員資格。」

　　羅格里德斯的活動圓滿成功，而 CultureHorde 的會員人數，也在 4 年內達到千人以上。當紐約的市場達到飽和之後，下一步自然就是往其他城市發展，並在每個據點僱用一名總經理負責。但是後來潘蜜拉結婚了，她打算回歸家庭不想再東奔西跑。

她花了一整年的時間仔細思考，終於決定把公司賣掉。她曾先徵詢公司的營運長是否願意接手，但對方表明無意接手；接著她又跟一位專門提供贊助的企業家接洽，並且花了數個月討論 CultureHorde 該變成什麼樣：「其實脫手一家公司跟約會差不多，你必須仔細比較每個機會，因為你手上明明有個很有價值的東西，但人們會想要拐騙你低價售出，你可能要花很多很多時間才會找到令你滿意的買主。」最後潘蜜拉選擇了另外一家有經驗的公司買下 CultureHorde。

　　潘蜜拉指出，在出售你的公司之前，有幾件事一定要弄清楚：

- 仔細審視你擁有的選項，別倉促做決定。
- 教育你自己，你的公司有什麼賣點——包括法律上以及財務上。
- 如果在 4 到 6 週內，你沒能從有意的買家那裡拿到投資條件書或意向書，那交易恐怕是告吹了。
- 確保你對交易以及資料庫的後續處理感到放心。
- 請做好心理準備，即便你跟買家原本是朋友，但你們之間的信任，很可能因這樁交易而一筆勾銷，收購過程可能讓最要好的朋友反目成仇。你要記住那是**一樁買賣**，每個人都想替自己爭取到最划算的交易。
- 在完成交易之前，要先擬定你的交易大綱。

我希望各位在讀完本章之後，會更懂得如何當個稱職的長官，並擁有帶領部屬的必備工具。不論你怎麼做，別忘了你永遠不會被困住，你要記住：

- 要領導一個團隊，請花點時間思考你的人生經驗，以及你如何看待周遭的人。
- 別讓你的舊習慣讓你做出誤判，也別容忍不該隱忍的事。
- 當個體貼的長官，並為你的員工打造一個體貼的職場。
- 打造真善美的企業文化，讓員工每天都迫不及待想來上班。
- 到了該退場的時候，教育自己該採取哪些步驟。

祝福各位不論是開創或結束一家公司，都能寫下美好的一頁。下一章將要探討如何讓你的公司獲得媒體的報導。

拳拳到肉，精準行銷

Expanding Your Reach and Platform

你現在還請不起專業的公關團隊，但你希望全世界都認得你的公司，所以你問你外甥，願不願意幫你經營社群媒體，以及研究如何跟媒體搭上線並獲得報導。他很高興有機會賺點零用錢，而你也樂得不必學習如何使用 Snapchat。週一早上醒來，你看到你外甥 PO 的創意貼文獲得許多讚及留言。**#MondayMotivation週一全力上工**

　　在聽過公關人員的推銷簡報（pitch）那麼多年後，我對於正確與錯誤的簡報方式算是頗有心得。對於他們花時間研究我的工作、熟悉我做的報導，我是相當感謝的。但我衷心建議：別把簡報用電郵傳給我，而且若在當天還沒看到我回覆，就按下你螢幕上的轉傳鍵，讓它再次出現在我的收件匣裡；應該要給我幾天的時間看一下，你再追蹤進度也不遲。

　　有些人傳給我的簡報，會在主旨欄中放上我的名字，例如：

　　「潔西卡──我這兒有位企業家你一定要見見。」

　　我通常會打開那些電郵，因為我很好奇，但我討厭明明不認識的人卻跟我裝熟：「親愛的潔西卡，好久好久沒見了，你好嗎？我想跟你介紹一位我認為你肯定會很愛的客戶……」

　　千萬不要說謊，有話直說就行了：

親愛的潔西卡：

　　我們沒見過面，但是我很熟悉你的作品；我最近剛看到你對 Roth, Tooch & Tova 所做的報導，所以我想你可能會對我的一位客戶有興趣，此人創設了一家公司（於此說明該公司的概況）。我還附上了相關的新聞稿與訪談重點，不知你是否有空來電，我們可以討論說故事的角度，我也很樂意告訴你，我曾為哪些客戶提供服務。

祝好

喬達納‧納汀

　　為了幫助各位獲得媒體的報導，我特別請教了《企業家》（*Entrepreneur*）雜誌的總編輯傑森‧費佛（Jason Feifer）該怎麼做。

　　傑森剛入行是從社區報紙的記者開始做起，之後曾擔任《波士頓》雜誌、《男性健康》（*Men's Health*）、《快速企業》、《美信》雜誌（*Maxim*）的編輯；他也為《瀟灑》雜誌（*GQ*）、ESPN 雜誌、《紐約》雜誌、《紐約時報》、《華盛頓郵報》擔任特約撰稿人，他還自製兩個播客節目（podcast）：《解決問題者》（*Problem Solvers*）與《悲觀者檔案》（*Pessimists Archive*）。雖然他曾說，就算沒當上總編輯也無妨，但其實那一直是他的目標：「我相信人應該設定目標，但如果過程中出現意外插曲我也能接受，幸好我的目標順利達成了。」

　　傑森提到他的工作中最困難卻也是最有成就感的部分：「媒體是個不斷變化的產業，所以我必須持續想出能夠吸引觀眾的新方法，不能再

延用過去那一套基本內容。一個強大的媒體品牌，必須兼具多種角色，我認爲我們才剛起步而已。所以當你在推銷簡報時，你必須弄清楚現今的媒體企業追尋的是什麼，而不只是想著如何填滿雜誌的頁面或電視電台的播放時間而已。」

　　由於正確的媒體報導能夠幫你招攬顧客或販售產品／服務，傑森發現以下的作法效果是最好的：

- **有時候你不一定要當故事裡的主角**。當你向媒體推銷自己時，你可能希望對方能替你個人／你的公司做一個完整的專題報導，但如果沒人買帳時，你不妨退而求其次，先求能在某個大型報導中被提到就好。寫些很花俏的報導固然很棒，但你也可以把你們這一行尚未有人提及的趨勢，以及你可以如何做出貢獻，當作你的推銷重點。尋求媒體報導之路既漫長又花錢，所以你一定要先弄清楚：你為什麼想要被報導，你希望達到什麼樣的目標，並確認媒體能否幫你達成目標，然後再選定適當的媒體。說不定稍後你就可以成功獲得媒體對於你個人或你的公司，給予較大篇幅的專題報導。

- **好故事一向很受歡迎**。記者對於引人入勝的故事向來很有興趣，如果你有個極具說服力的故事來支持你的推銷簡報，這樣的合作就是一種雙贏的局面。即便對方當下沒有報導那個主題，但是大多數記者都會把精彩的故事記下來，等到需要時就會拿出來。例如大家對於這類故事都很感興趣：你是否曾經失敗過、之後力爭上游並成功地東山再起？你是如何辦到的？

- **直接說出重點**。不要傳送沒有重點的電子郵件，既可避免你自己失望，也不會浪費報導者的時間。明確講出重點，把報導者

必須知道的事情告訴對方即可。如果你能跟報導者建立私人交情就更棒了，因為這樣你就比較清楚他們想要報導哪種題材。

· **編輯最恨炒冷飯。**如果你能夠提供一個值得報導的故事給媒體，那自然是最棒的；要是你想推銷一個已經被報導過 100 萬次的故事，那你可得好好發揮創意。好好想清楚你的獨到之處，如果你還不知道，先別急著推銷。

· **投其所好。**在你發出推銷簡報之前，先花點時間看看對方刊登的作品，了解他們的內容是如何架構的。如果你提供的題材，正好是讀者／觀眾感興趣，而且下一期或下個節目，立刻就能刊出或報導時，對方將會非常感激你。

看影片！

各位可以在 entm.ag/jasonfeifer 看到我訪問傑森的影片。

各位現在已經從一個編輯手上，學會了怎麼做才能獲得媒體的青睞，接下來我們要來向一位公關大師討教她的私房絕學。

讓品牌自主發效

如果你有做一些功課，你就會知道大多數的公關各有拿手的領域，有些人會聚焦美容品牌，有些人則專門負責作家。所以你要慎選**適當且有過類似經驗**的公關，相信你總不會想找個只跟居家與園藝刊物合作過的人，來負責促銷你的唇膏產品吧。

如果你決定自己出馬向記者做推銷簡報，不妨聽聽關·溫德利希（Gwen Wunderlich）怎麼說。她與時裝、美容與精品業界的最大咖品牌合作已超過 20 年了，她是溫德利希公司（Wunderlich Kaplan Communications）的執行長暨共同創辦人，也是一位非常懂得巧妙呈現訊息，以引起媒體、投資人及零售商關注的專家。如果你不是請公關公司替你謀劃，溫德利希建議：「千萬別寫囉哩叭嗦的故事。當你透過電郵或電話做推銷簡報時，內容一定要**快狠準**，直接點出重點。你絕不可以說謊或造假，但一定要能打動對方。所以問題就在於，你要如何使你的故事／品牌／訊息，讓人發出驚喜的讚嘆聲呢？」

如果你是跟公關公司合作，溫德利希建議你要有足夠支應半年至 1年的預算才簽約：「有些報導會一炮而紅，但有些則要經過一段時間才會看到成效。」她還補充，你要很清楚自己為什麼要僱用某人或某家公司來幫你：「**爭取媒體報導是要提升品牌的知名度 —— 而非孿生銷售量**，雖然它幾乎一定能夠帶動銷量往上衝高。但你不要期待你的公關替你衝高銷量，因為這並非他們的工作。你的公關預算裡，還要編列提供報導用的必要工具，不論是要寄給編輯的書、衣服或是美容產品，一定不能小氣或一毛不拔，否則到頭來只會傷到你自己；因為許多時候媒體必須先看過產品才能寫評論。其次，**即時**把相關訊息通知你的公關，他們可是盡心盡力地為你推銷，千萬不要因為你慢吞吞的回覆，而害他們失去機會。你對他們要待之以禮，當他們成功時要給予讚賞，這會讓他們更有幹勁。」

最後且相當重要的一點，溫德利希認為，公關能夠讓雇主變得更有力量：「雇主本身就是一個**正在成形中**的品牌，你有一堆故事想要告訴世人。所以你要認真思考，你希望世人如何看待你，並依此來創造你的故事；而且你隨時都能按下重新啟動鍵，創造能夠打動人心的故事，並

用它來建立網絡，贏取你想要的成就，打造你夢寐以求的人生，公關擁有神奇的力量！」當你有了公關利器後，還要記住以下幾點，才可能獲得媒體的報導。

懂自己、懂客戶，才能提供好產品

寫書是件大工程，但如果成為出版作家卻有不少好處。大多數的作家都想要寫本書，是因為他們有事想要分享，而且知道自己多少能夠讓這世界變得更美好，會令他們感到欣慰。不過大多數作家也會告訴你，寫書其實並不能讓他們獲得名或利；但出書除了完成你的一項個人願望之外，還能夠幫你獲得信譽與更多的引導，以及更多的曝光，還會讓你接獲更多的演講邀約。

在各位決定一頭栽進鍵盤、沒日沒夜地寫作之前，我特別請我的「北極星」威考芙，跟我分享她的經驗。她是一位國際知名的暢銷書作家，也是一位獲獎無數的自由寫作者，更是一位經驗豐富的書籍暨商業顧問，想要了解更多詳情的讀者可拜訪她的網站 Your Book Is Your Hook（yourbookisyourhook.com）。

◎ 出書顧問給有志寫作者的意見

威考芙擔任出書顧問已經超過 10 年了，種類包括小說、非小說以及童書，她表示：「我很享受寫作的樂趣，也很喜歡透過各種行銷技巧，跟讀者分享好書。我在書展或出版大會中教學時，認識了許多人，而且也曾跟電影及電視影集的編劇一起合作過。」以下就是威考芙提供的寶貴意見，希望給有志於從事寫作的人做個參考：

- **針對你的讀者群寫作。**首先你要想清楚你為什麼要寫這本書，確定你想要訴諸的對象，並確保你的用語，能夠如實反映這些人的背景。避免使用行話術語，才不會嚇跑你的讀者。

- **別為了跟風而寫。**因為那股風潮很可能在你寫完之前就結束了。你要寫自己熱愛的題材，以及令你有感的事，你的寫作喜悅會反映在作品當中，讀者也會讀得很享受。

- **小說先寫完再找出版商或文學經紀。**小說必須先寫好與完成編輯，你要確保書是你在最佳狀態下完成的，且以最佳狀態呈現在書商與讀者眼前。

- **非小說要先備妥出書提案。**你不必完成全部的手稿，但你必須備妥完整的目錄以及各章的標題。出書提案（book proposal）就像是這本書的「銷售說明書」，它必須記載你的創作對象、市場上的競爭書目，還有你的寫作資歷，以及你打算如何行銷及推廣這本書。你也需要準備至少 1 至 2 章的完整內容，讓對方明白你有能力寫。

- **思考你想藉此獲得什麼樣的經驗。**出版業是用 ISBN 編號來追蹤書的銷售狀況，所以等你的書一出版，書商立刻可得知銷售量。不論你是自費出書，還是透過文學經紀或書商出版，你的書在上市後前 6 週的銷售量，就是你的寫作實力的最佳證明，而這個數字也會關係到後續的出書決定。自費出版的出書程序通常比較快，與文學經紀或出版社商合作則會慢些，你可根據自身需求做出正確的決定，並清楚理解你的選擇會產生什麼樣的後果，或帶來什麼樣的效益。

最後，記住每位作者與每本書需要一個平台，出版業的鐵律就是

「平台、平台、平台」，你的平台是什麼呢？不論你想推出小說還是非小說，你都必須在網路與網路以外的世界，擁有一個紮實的平台，這樣讓產業的專家才能夠很容易就找到你。所以除了網站之外，你還可以透過社群媒體活動，或是親自現身與書迷見面等活動，擴大你的的行銷與影響網絡，這樣就會有更多出版商會對你的推銷簡報感興趣。畢竟在出版業裡，書賣得最多才是王道。

　　要讓你的事業受到關注這條路並不好走，記住別把你的事業成功，跟你個人的快樂畫上等號。獲得媒體報導相當有助於提升曝光度，所以你在爭取媒體報導時，要想清楚你是向**誰**（WHO）做推銷簡報、你該**如何**（HOW）做，以及**為什麼**（WHY）要這麼做。並記住以下的想法：

- 想構思一個能夠打動人的故事，不妨跳脫平常的思考框架。
- 與媒體接洽時別偷懶，應預先做好功課，並及早提供重要的資訊，讓報導者可以省事些。
- 如果你打算提出一份出書提案，可別指望靠這個案子就能有錢買艘新遊艇。
- 如果你希望你的書能夠拉抬你的品牌，幫你賣出更多產品，或是接獲更多演講邀約，那你就該留意已經上架的書，並想辦法觸及你設定的目標讀者群，千萬別搶跟某種風潮而寫。
- 不論你是跟出版社合作，還是打算自費出版，你都要有個紮實的平台，好讓你可以賣出最多的書。

　　切記，人生中的大多數事物，都需要一些時間才能成就。雖然你試圖讓奇蹟發生，但你務必要讓自己身邊圍繞著腳踏實地的人，如果你發現你再也不知道誰是你真正的朋友，我希望下一章能夠幫你釐清思緒，並重新結交志同道合的朋友。

Part 5

不畏孤獨的
勇氣
Happiness Is Not a Pie

. . . . .

倘若「友誼」成為「友移」的時刻已然到來，你也要告訴自己這是成長必經的路途；因此你要更加珍惜幫助自己成長的朋友，同時努力讓自己成為值得朋友信賴的夥伴。

至於人生的伴侶更是可遇不可求，你可以先思考自己究竟是什麼樣的人，確認自己對於感情的定義後，自然能明白應該選擇什麼樣的伴侶；你毋須羨慕在社群媒體上放閃的其他人，因為你已經從前面的章節學習到──不要輕易相信網路上的每件事。在你遇到對的人之前，你應該為自己認真過好每一天，才能確保在緣分到來時已做好準備。

誰都是我們生命中的過客
Navigating the Friendshift

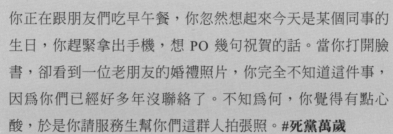

你正在跟朋友們吃早午餐，你忽然想起來今天是某個同事的
生日，你趕緊拿出手機，想 PO 幾句祝賀的話。當你打開臉
書，卻看到一位老朋友的婚禮照片，你完全不知道這件事，
因爲你們已經好多年沒聯絡了。不知爲何，你覺得有點心
酸，於是你請服務生幫你們這群人拍張照。#死黨萬歲

　　古有明訓：親君子遠小人，爲了確保你身邊不會圍繞著一群喜歡唱
衰你的人，你要牢牢記住：朋友應相知相惜、互相給予支持和鼓勵。如
果你的身邊有一個人這樣對待你，算你好運；如果你身邊有好幾個這樣
的知心好友，那簡直就像中了樂透。

　　能夠擁有這麼美好的關係是如此的重要，所以我想請你寫下他們的
名字，並提醒自己要珍惜他們的友誼。你要隨時關心他們的近況與需
求，並適時給予支持。要是你讀到這段內容，便立刻放下本書，並且跟
你的好朋友聯絡，那我會非常開心。你一定要讓好朋友知道你經常想到
他們，也要告訴他們，你有多感謝他們的友誼。

　　請寫下你的超級好友名單，當你感到茫然失措或孤單無依時，不妨
去找他們：

1. 姓名 _____

2. 姓名 _____

3. 姓名 _____

4. 姓名 _____

5. 姓名 _____

　　這張清單還可提醒你，你跟哪些朋友已經很久沒聯繫了；這種情況的確會發生，畢竟我們會一直改變，並且走上不同的人生道路。這也是無可奈何的事，**友誼就像是地表的板塊，會隨著時間而重疊或移動**。如果你目前跟某個老友或一群舊識疏遠了，我把這種情況稱之為「友移」（*friendshift*）。它跟吵架不同，因為朋友吵完之後可能會言歸於好，但如果我們的「友誼」因為某些原因而變成「友移」，彼此的好交情很可能就回不去了！

當友誼成為「友移」

　　我經常聽到的一個原因是，某人的環境出現劇烈變動，但好友們的生活環境卻風平浪靜，因而發生了「友移」。大多數人都曾經因為公務（例如一起出差開會），而與團隊中的某個成員「形影不離」，但是等雙方一回到各自的崗位上，立刻又變回點頭之交。另外還有些朋友，雖然多年來一直在你的人生中扮演重要的角色，但是你長大後，終於發現你不再喜歡他了。

　　舉個例子來說，我在念大學的時候，有個女生老是要說我的閒話，所以我總是盡量躲著她，避免惹出事端。沒想到我們畢業之後，情況變本加厲，於是我問自己：「我幹嘛還要理會這個人？為什麼其他朋友對

她的惡行一聲不吭？」

　　我的這群朋友，每個都早早就結婚生子。當時還在工作的我，年薪只有區區 25,000 美元，時不時就爲了參加她們的婚禮而荷包大失血——伴娘的置裝費、各種脫單活動還有新娘的結婚禮物，以及機票和住宿費。等她們當媽了之後，還得開始花錢買嬰兒禮物。但是那幾位大小姐中，有幾個人捐錢給我舉辦的慈善活動？只有 2 位。而且重點不在錢多錢少，我最需要的是她們的支持。

　　當時我爲了應付生活開銷，經常加班想多賺點錢，再加上我必須籌辦募款活動，並打造我的事業，所以忙到分身乏術，也因此比較少跟她們聯絡。當她們的愛情與事業兩得意時，我這兩方面都還在全力衝刺。爲了跟老同學重聚，我搞到一文不名，看著她們帶著另一半高調出席，而我卻仍是單身一人，且生活捉襟見肘。從她們當著我的面所說的話與做的事看來，我知道我們之間的友誼不僅變質了，而且也該結束了。

　　這個經驗讓我很受傷嗎？遠超過筆墨所能形容。難道是我小氣，見不得她們過得比我好？當然不是。但**人生苦短，不值得被負面情緒綁架**。各位將會在後續的故事中看到，友誼可能會因爲各式各樣的原因而變調走味，除非你做了傷天害理之事，需要尋求對方的諒解，否則沒必要拚命修復一段業已受損的關係。請各位記住，友誼可能因爲以下的原因而生變：

- 你在一群人當中感覺格格不入——那滋味真的很不好受。
- 有時候你經歷了一場巨變，但你的朋友無法理解。
- 有時候是因為你的環境改變了。
- 有時候是情勢所迫。
- 有時候是因為你必須拚命工作。

有趣的是，我們也可能與老友重拾情誼。當我們隨著時光的流逝而變得圓熟，或是有人願意低頭認錯，或是人生中的某個重大事件，都有可能讓一度失聯的我們再度聚首。如果此刻你正經歷一場「友移」劇變，但你卻摸不著頭緒，就讓一些人生前輩來告訴你，該如何度過這段考驗吧。

不一樣，又怎樣

　　在嘉貝莉‧塞格芙（Gabrielle Segev）即將邁入 30 大關前，她已經在澳洲擁有一家美容院。她的朋友早就都走進家庭了。「我的那群好友，從來不曾顧及我是唯一一個還沒脫單的。我替她們每一個人打點婚禮妝容，也幫她們的伴娘梳妝打扮。雖然我很感謝她們為我帶來這些生意，但有時候還是難免會覺得心酸酸的，忍不住躲到洗手間裡哭。我其實一直很努力安排約會，我的客人也都會好心幫我介紹。可惜現在事業成了我的人生摯愛，因為它填補我心裡的空虛。」

　　嘉貝莉會想要避開訂婚派對之類的事，並且決定離開雪梨，是因為她覺得好孤單。「我拚了命地工作了 10 年，因為我打算去洛杉磯住半年。我在洛杉磯的時候，有個朋友邀我一起去紐約玩；我們在紐約逛街的時候，聽到有個帥哥說：『你們在講希伯來語嗎？你們好！』」這就是嘉貝莉跟她先生相識的經過，現在他們不但已經結婚、生了 2 個小孩，而且嘉貝莉在洛杉磯的美容院，生意也非常興隆。

　　嘉貝莉從她自身的經驗得知，如果你是好友團裡，唯一一個跟大家不一樣的「異類」，你要記得：

‧總有一天會遇上愛你的人。

- 姻緣天註定，要是更年輕的時候就結了婚，說不定婚姻關係中
  會出現其他問題。
- 要耐心等待你的真命天子／天女，試著替自己的生活增添樂
  趣，像是造訪新的咖啡館或健身房，別去理會別人在社群媒體
  上 PO 了什麼東西。

我們總各有際遇

　　有時候，朋友並不是因爲吵架才翻臉，而是因爲無法理解對方。我們**每個人會在不同的時候經歷不同的挑戰，當我們還未親身經歷某些事情時，就很難理解與體諒別人的處境。**像我的好友吉兒，她的父親因癌症病逝時，兒子才 2 歲、女兒才出生 3 個月；她坦言當時忙著幫助周遭的人明白她的新處境，根本沒空悲傷。

　　「在葬禮上，竟然有人對我哥說：『哎喲，你現在算是半個孤兒了！』某人則是告訴我，醫生跟他說他得了癌症，『幸好只是一場虛驚！』搞什麼！他忘了我爸就是死於癌症嗎？還有，看到一堆問我『你還好嗎？』『有我能幫上忙的地方，請別客氣』的簡訊，根本無法安慰到我，反倒令我生氣。雖說大家都是一片好意，但說實在的，我怎麼可能記得哪些人有空能幫我？再說了，跟別人說你需要幫忙也很尷尬。我怎麼可能開口對別人說：『請你幫我顧一下小孩，因爲我快崩潰了』？人們會說『有任何需要請告訴我』—— 但我根本不知道自己需要什麼！有個朋友送了我幾張外送禮券，那就眞的幫上忙了，因爲我眞的必須叫外送晚餐。她不是在嘴巴上說說『有任何需要請告訴我』，而是直接做了她知道能夠幫我忙的事。雖然我的父親過世了，但人生不會就此停住，我的孩子會如常起床、而且必須要吃三餐。」

吉兒的父親過世不久後，她的媽媽也被確診罹癌，吉兒成了她的主要照顧者，除了幫忙處理父親的遺物，以及跟律師聯繫，她還得跟先生一起照顧小孩：「這時候你會去找那些能夠明白你處境的人，倒不是說你會跟其他朋友絕交，而是你會跟那些有相同經歷的人往來更爲密切。」這段日子吉兒經歷了一連串的重大打擊，她明白這會影響到她跟朋友的情誼，如果各位也遇到類似的「友移」狀況時，不妨參考吉兒的一些建議：

- 當你痛失至親時，吉兒建議：「針對不同的事情，可以找不同的朋友來幫忙，因為很會整理屋子的朋友，未必有辦法跟你討論癌症的可能療法。」
- 當朋友失去至親時，如何給予支持？吉兒說：「**不要問，只管做就對了**。例如有個朋友打電話給我，說她要帶她兒子去博物館，問能不能順便帶我兒子一起去？這種作法，比打電話問我說能為我做什麼，要好太多了。」

　　吉兒還建議，要讓別人知道你正想著他們：「我有個朋友是天主教徒，而我是猶太教徒，但她每次上教堂都會爲我點一盞蠟燭，然後拍張照傳給我，令我覺得很窩心。」

　　如果你擔心事情已經過了那麼久，所以便沒向喪親的朋友表達慰問之意，吉兒是這麼說的：「絕對沒有過太久了這回事，因為傷痛一直都在。像我們就收到我爸前同事寄來的一封慰問信，我們全都不認得此人，但他在信中訴說了我父親對他的影響。那時我父親已經過世 2 年了，此人的來函格外有意義，因爲我們都希望死去的親人能夠被大家一直惦記著。知道我父親生前曾對別人產生影響，而且對方一直念念不

忘，真的很令我們家屬感到欣慰。」

吉兒還想告訴每個人：「曾有人說，人過世後，真正的工作才開始，此話一點不假。我花了好幾個月的時間，陪我媽打理每一件事；一開始我連房契放在哪都不知道，現在我們已經完成很多事了，而且每樣東西都妥善地放在資料夾裡。老天讓我有機會陪伴我媽，算是不幸中的大幸，我們在每一張照片的背面，寫下每個人的名字，這樣我們才知道相簿裡有誰。」

吉兒還提到，你必須打起精神處理摯愛的遺物：「我並沒有跟爸媽住在一起，所以當我看到我父親的那一堆遺物時，真的嚇呆了，完全不知道哪些該留哪些該丟。而且當你的親人剛過世的那陣子，根本沒心情處理這些事情。所以最好趁你的親人還在世的時候，盡可能處理掉不需要的東西，這樣等到大限來臨之時，你才不會手忙腳亂。」

不要害怕錯過，而勉強擁有

當你進入人生的新里程／新環境時，通常不可能呼朋引伴、攜友同行。雖然你們仍可透過社群媒體保持聯繫，但那畢竟跟時不時相約一起聚餐喝咖啡，或是一起慶祝生日或升職，是截然不同的。所以當**距離**使得你的友誼板塊鬆動時，你該怎麼做呢？

琳西對遠距離造成的「友移」很有感。她在進大學前，就選定了往後的職涯道路，她打定主意大學一畢業就要移居到一個小鎮：「我想當個新聞記者與主播，並決定先從一個小市場開始。所以大學一畢業，我就按照計畫進行，雖然要跟朋友分離讓我很感傷，但這老早就規劃好了，我也只能默默接受。」琳西的其他朋友全都搬到同一個城市，並且仍舊延續她們在大學裡的好交情；「而我則是一個人孤單地在異地打

拚，有段時間真的很難熬，我覺得非常寂寞，但這也讓我明白了好友的重要性（如果跟一群好友聚在一起，就無法有此體悟）。真正的好朋友會來探訪我，而我也會去探訪她們。」

但隨著她年紀漸長，琳西開始明白，即便是這樣的關係都變得很難維持，因為她選擇了一條跟大家截然不同的路。朋友無法理解她的工作所帶來的寂寞和壓力，因為她的工作時間不固定而且週末也要工作。當她工作不順，卻沒有朋友想到要傳簡訊安慰她，這令她覺得很委屈：「那樣的疏離讓我開始結交更多新聞界的朋友，因為他們才懂這一行的辛苦。從事新聞工作跟藝術家或演員有點相似之處，你必須對這工作有相當大的熱情，否則根本撐不下去，但並不是每個人都明白這點。雖然我最要好的朋友仍然是我最好的朋友，但是我愈來愈習慣我跟她們有一小部分斷開了——那就是我們不一樣的地方。」

◎ 琳西的過來人經驗談

琳西坦承踏入新聞界讓她失去了一些私人關係，所以她想提供一些過來人的經驗談，教大家如何安然度過遠距離造成的「友移」：

· 老實說，當我看到昔日好友們 PO 出她們聚會的照片時，我還是會有點吃味；而且我會在腦中想像，她們在豪宅裡整夜暢談心事的畫面，而可憐的我卻連週末的深夜都還在工作。但其實每次我回去看她們，根本就待不住，才一抵達就想要打道回府，回到我身處的那個現實世界裡，回去找那群一再幫我度過難關的超讚同事們。所以各位千萬不要對從前的朋友念念不忘，卻忽略了你眼前所擁有的超棒友誼。

- 我大學時期的那群閨蜜，到現在都還是會集體行動，但是每次跟她們聚在一起時，我都會覺得格格不入，因為我必須臨時腦補很多資訊，才能知道每個人的近況。不過現在我終於明白了，雖然她們全都過著棒到不行的生活，但那並不是我想要的快樂。所以各位一定要提醒自己莫忘初衷。
- 我很喜歡在全國各地都擁有好朋友，也喜歡在辦公室裡擁有好朋友，因為我知道當我有需要時，他們任何一個人都會立刻伸出援手。**社群媒體有時候的確會讓人害怕錯過任何資訊**，但是我為了要追求我的夢想，難免會錯過朋友的一些訊息。所以請記住，**雖然你們可能各自走在不同的道路上，但有緣的話你們還是會碰到的。**

俗話說：相逢自是有緣，每個人會出現在你的生命中，都是有原因的；而且朋友的確會隨著時間而物換星移。

失去的都是人生

有時候友誼會改變，是因為我們的環境變了。老實說，在我撰寫本書期間，世事無常這個主題是最常出現的。

比方說有個朋友告訴我，當他以 100 萬美元賣掉公司時，他那群從小一起長大的好朋友們，對待他的態度突然不一樣了：「每次跟他們聚在一起時，他們就說些酸言酸語，而且顯然對我很不爽 —— 即便這些年來他們明明知道我有多拚命在工作。」

婚禮也是「友移」發生的原因之一，沒結婚的人真的很難理解，要安排賓客名單有多煩人。像我是在 36 歲結婚的，在這 36 年來我有幸結

交了許多好友，除此之外，還有我爸媽的朋友、我們家的親戚、我先生的親友。再加上我來自於一個大家族，那讓宴客名單變得更長，取捨也就更加困難。我為此失去了幾個朋友，因為我沒邀請他們參加婚禮，這傷了他們的心。但是說真的，我並不是依據我喜歡此人的程度，來決定要不要邀請他，如果只是生日派對，事情就好辦多了。

如果你因為某些原因失去了一些朋友，希望有朝一日當他們遇上相同的狀況時，就能明白你的苦衷。如果你因為朋友見不得你好、或是忌妒你的成功，而失去了他們，能夠擺脫這些負面人物，對你而言說不定是件好事。

◎ 有時你就是得全力拚事業

當瑪莉莎被廣告公司炒魷魚時，她哥哥建議她開始做烘焙，而且他們好好擬定了一份計畫。瑪莉莎一直很愛烘焙，既然她失業，她哥便打算跟她合夥做生意，瑪莉莎烘焙坊開幕的第一天，她一口氣做了 250 個杯子蛋糕。

瑪莉莎表示，為了要應付訂單與站穩腳步，她不得不跟工作約會，根本沒時間跟朋友聚會：「我 1 天有 17 個小時都在烘焙，且全年無休持續了好一段時間。我有 2 位好友，她們到今天都還是我最要好的朋友，她們一有空就會來廚房幫忙，當我忙著烘焙的時候，她們甚至願意對著我的背影陪我聊天。」瑪莉莎說就是這股**拚勁**，以及好友的理解，讓她到達今天的成果：**「身邊有愛你與支持你的人陪伴非常重要，而且在你覺得自己不夠好的時候，幫你加油打氣，因為每個人都有低潮的時候。」**

儘管瑪莉莎坦承這樣的好友真的很少，但卻是人生中不可或缺的重要支柱。當你沒日沒夜地工作時，她們會全力支持，她們希望你心想事成，

並且當你的啦啦隊。要是有人失業了，瑪莉莎希望你要記住：「你是很棒的，只要你下定決心去追尋夢想，就一定會成功。」各位可以在 entm.ag/bakedbymelissa，觀看我訪問瑪莉莎的影片，希望能提供有「友移」困擾的你一點安慰。

「友移」可能因為各種原因而發生，但你一定要秉持一個原則：不要向其他人說此人的壞話。因為這是你跟這人之間的問題，就留待你們自己解決，這樣當事情逐漸平息時，你才不必為了當時你在氣頭上所說的話道歉。你不妨想想：

· 你想要修復的是什麼樣的關係？
· 你想要放棄的是什麼樣的友誼？
· 誰一直在那裡默默挺你？
· 你打算結交什麼人？與誰重修舊好？
· 你如何讓自己成為一個更貼心的朋友？

朋友能夠陪你走過痛苦的日子，讓快樂的日子變得更美好。而且不同的朋友會在你的生命中扮演不同的角色，你可以跟每一個朋友擁有不同的交情。

例如你的生命中或許也跟我一樣，有個像崔西這樣的好朋友，對於我感到困惑的每件事，她都能給我理性的意見；或是像艾美一樣，耐心地陪著我討論每個故事的細節，並幫我分析它的每個部分，從不嫌煩；還有從小一起長大的吉兒，她對我的心思瞭若指掌，在我說好要打電話給她卻忘記時，非但沒有生氣，還傳簡訊替我加油打氣；或是像艾蜜莉，她的人生階段跟我完全不同，卻還是對我百般包容，因為她明白我只是還未經歷過這一切；或是像法蘭克，他是我在工作中認識的朋友，結果卻成了我的榮譽家人，總是跟著我一起哭一起笑。

還有像梅蘭妮與托瓦這樣的朋友，雖然我們認識得晚，卻成了莫逆之交；或是像琳西這樣，雖然我們在大學時就認識，但多年後重新聯絡上，才發現我們有好多地方很像。在各式各樣的友誼中，也有像史蒂芬與蘿莉這樣的夫妻檔朋友，我們是透過我的前男友介紹才認識的，但我跟前男友分手後，他們夫妻卻跟我成了相知相惜一輩子的好朋友。

　　還有一群人，是你展開人生的新扉頁後才結交的好友。移居洛杉磯對我而言是件大事，因為我一直生活在紐約，從未想過有一天會離開它。而馬利和羅倫這兩位好友，在我移居西岸後，給了我無微不至的關心與支持；茱莉讓我認識洛杉磯的一切；艾美跟凱蒂則成了我隨時能討教的朋友。

　　所以如果你有一位真正的朋友，算你好運；如果你有一群忠實的朋友，你是個不折不扣的幸運兒。期許自己當個忠實的好朋友，隨時關心你的朋友，讓他們知道你有多重視他們。

　　各位將會在下一章中發現，約會可能會讓你淚漣漣，但是帶著健康的觀點與好友的支持，可以幫你在覺得孤單無依的陰雨天中找到陽光。

CHAPTER 13　用力愛自己，別人才會愛你
Being Single Is Not a Life Sentence

一想到要去三姑家吃年夜飯，你就頭皮發麻，因爲每個人肯定都會問你結婚了沒？而且還會鐵口直斷，指責你就是因爲眼光太高，所以才會一直單身。你說約會好可怕，誰會相信？因爲在交友網站跟應用程式問世以前，家族裡的其他人還不都順利成家了？你在社群媒體上 PO 了你的狀態：「超歡樂的除夕夜家族團圓飯！」但你真正的心聲卻是 **#眾人逼婚超傻眼**

我們大多數人進了大學之後，會先研修幾門不同的科目，然後才選擇主修，許多人會透過實習，確認自己喜歡或不喜歡哪些職業。其實約會也需要付出同樣的時間和精力做研究，如果你因爲周遭的人認爲你不可能兼顧愛情與事業而覺得氣餒，你不妨暫時停止約會，好好檢視一下你目前的狀況、未來的目標或是職涯計畫。

如果你才剛分手或是被甩了，讀到這一章不禁令你悲從中來，我向你賠罪。其實我非常懂這種心情，它真的很痛苦（但如果你的前男／女友是個渣男／女，我反倒要恭喜你脫離苦海！），我懂那種一切必須打掉重練、從頭開始的感覺，因爲我這方面的經驗可多了。我認爲約會──甚至只是想要約會的念頭──有時候其實挺折磨人的，所以我真

的很希望自己能幫你按下快轉鍵甩開一切。不過我可以向你保證，失戀的傷痛終究會過去的，當你有一天回顧這段過往時，你絕對能夠對別人拚命在社群媒體上曬恩愛一笑置之。我會在這一章裡，跟大家聊聊約會前的準備工作，並分享其他戰友們的爆笑故事。

先成為對的人

在深入探討如何找到最適合你的人生伴侶，並攜手共度你想要的人生之前，我們必須先從本身著手，你是如何看待自己的？你對自己的身材感到滿意還是討厭？你樂於獨處，或總是跟朋友們膩在一起？你想找一個崇拜自己的人？你總是貼心照顧每個人，所以你希望能找到一個像你一樣貼心的人來照顧你自己？

認清自己是件非常美妙的事。如果你明白自己擁有哪些天賦與需求，那會幫助你了解自己的長處何在，以及哪些地方需要仰仗別人。要在事業或愛情方面能當家做主，並不表示你各方面都是完美的，而是代表你能充份展現自己的才能，而且你身邊的人都能夠幫你成為一個更棒的人。其實約會無非就是為了找到一個愛你、支持你、接受你與欣賞你的人，我希望這些就是你開出的約會條件。

◎ 說明你想要找什麼樣的伴侶

我並不是要你寫下理想伴侶的外表細節，而是你希望這個人能夠帶給自己什麼樣的感受。請閱讀以下的問題，仔細想想，然後寫下你的回答：

・想像你跟對方一起來到最喜愛的地方，不論是知名旅遊景點，

還是山野小徑或網紅咖啡館，又或者是你的親友家，你有何感受？

- 當你得知一個天大的好消息並打電話給對方時，他／她做何反應？

- 對於他／她的反應，你感覺如何？

- 當你握著對方的手或親吻對方時，感覺如何？

- 當你某天遇到一堆倒楣事並跟對方訴苦時，你感覺如何？

請記住以上所有感受。如果你目前正在交往的人，他／她給你的感受跟以上情況不同時，你必須好好思考，想清楚你爲什麼會跟此人交往。

1 加 1 是否能大於 2 ？

當交往的雙方都想著能爲對方做些什麼時，這段戀情就會非常美好。要是你一早醒來，就想爲對方做一件好事，而對方一早醒來，就想爲你做件好事，這份戀情將會十分溫馨，而且充滿了愛與支持。

人們常期待伴侶會替自己奉獻，同時卻又會批評伴侶犯的每個錯，但戀愛關係其實需要雙方都付出投資，有時候其中一方會因爲情勢的關係而比另一方付出較多，如果你是在當時受到支持的那個人，你一定要抱持感謝的心態，並讓對方感受到自己的心意。

我衷心期盼各位能夠找到一個像我先生這樣的伴侶，我們不僅是最好的朋友，而且也是對方最大的擁護者。我從不必爲了表現眞正的我而向他致歉，他也是如此。我也不必對自己的成就刻意保持低調，因爲我先生也會以我的成就爲榮。我們的關係之所以能堅若磐石，就是因爲我們努力讓對方的人生更美好。

我在導言中曾提及，我在撰寫這本書時，不但已經懷孕了（仍每天寫作 12 至 16 小時），而且還從紐約搬到洛杉磯，我先生就是幫我安然度過那段時間的最大功臣。

他會幫忙整理打包、買日用品、下廚，而且每當我身體不適，我先生都會盡全力讓我舒服些。嬰兒要用的每樣東西都是他幫我打點好的，而且從不讓我不開心。即便我整天待在家裡，不出門也不梳洗打扮，他還是深愛著我，讓我可以心無旁鶩地一直寫寫寫。

不過一段美好的關係需要兩個人的共同投入，以及對大小事都表示感恩。自從我們結婚以來，我陪伴著我先生從肩膀手術中順利復原，也在他開設律師事務所時從旁協助。我的先生給予我很大的支持，但我們倆都明白，我會全力回報他對我的愛。所以如果你仍在尋找伴侶的約會階段，你一定要找一個能成為真正伴侶的人。

給約會新手的小叮嚀

要是你有好長一段時間不曾約會了，你要知道現在有很多規則已經變了。例如你在跟某人見面之前，很可能連電話都不曾講過。你們只是透過簡訊或約會軟體「交談」過，所以約會之後，對方不會打電話給你，而是傳給你這樣的簡訊：「我玩得很愉快，不過我覺得我們並不合適，祝你好運囉。」有時候甚至根本沒有任何簡訊，這是近幾年來發生的變化。

至於約會結束時，該由誰付帳？某次演講結束後，有位長相十分甜美的 22 歲女大生來找我，她說她很想約會，但是她很煩惱：「這次見面該由誰付帳？帳單來的時候我該說什麼？」

我一向會主動提議由我付帳，要不就是在該付帳的時候，開始準備

拿出我的錢包，因為我不希望跟我見面的人覺得他必須幫我付錢，或是我因為期待對方會付帳所以才前去赴約。但有些人可能不認同我的作法，認為應該由提議要見面的那個人付帳，答應要赴約的人則不必付錢，關於這一點其實並無任何硬性規定。

如果你的約會對象帶你去一家你負擔不起的高檔餐廳，或是點了菜單上最貴的餐點，而且還大肆暢飲昂貴的酒類，而你只點了 600 元的主菜跟冰紅茶，那你不妨只付自己的餐點費。照理對方應該會說：「這餐我請客。」但約會時除了信用卡之外，身上準備一些現金總是比較保險的，如果對方真的請客，也別忘了表示謝意。

那位女大生又接著問我：「如果我說我要請客，而且對方也接受了，那我還要再跟這個人交往嗎？」這個問題的答案見仁見智，畢竟每個人的想法都不一樣，所以我們很難知道對方究竟會不會付帳。

我個人是這麼覺得啦，如果你真的很喜歡某人，大可不必因為對方要求你分攤約會的花費，就跟他絕交，畢竟要找到一個各方面都非常契合的人並不容易。我就認識幾對情侶，其中一人非常大方、另一方則比較小氣，但他們的相處還是非常融洽，所以我還是會建議你們可以繼續來往。但如果約會幾次之後，你發現對方對每件事都斤斤計較，令你覺得很困擾，或是每次約會都是你付帳，而且你覺得對方根本只是為了吃一頓免費晚餐才跟你出來的，那我就會建議你跟對方絕交。

如果你還有其他跟約會禮儀有關的疑問，不妨請教你的親友（或是你最信任的人），或是參考約會教練馬修・巴格斯（Mathew Boggs）的YouTube 影片。

看影片！

如果想了解更多馬修的看法，請至 www.youtube.com/user/matboggs。

◎ 其他應注意的事項

只要你抱持正確的心理狀態，就比較不會那麼害怕認識新對象。不過要注意的是，女生一旦進入約會模式，往往很容易陷入好萊塢式的浪漫情懷，有時候雙方的確是一見鍾情，但有時恐怕未必是如此。所以我懇請各位記住以下這幾條「誡律」，免得被沖昏頭：

· **聽從你的直覺並找到志趣相投者。** 如果你不知該如何填寫線上個人資料，不妨找最了解你的家人或朋友來幫忙。如果你不喜歡網路約會，不妨加入某個團體，像是跑步俱樂部或是公益團體的委員會，或是烹飪班都行──總之做一些你喜歡的事，說不定就會在那裡遇上同樣喜歡做這件事的未來另一半。找個朋友跟你一起報名參加某個活動，而且你們要約好，除非兩人都結識新朋友，否則絕不能中途落跑。即便你對某人沒能產生火花，至少能獲得認識新對象的信心。

· **一定要「先友後婚」。** 不論你是在網路上認識對方，或是由別人安排在一起，最好不要還沒見面約會就先互許終身。你覺得對方很迷人、而且你倆真的很合，固然是件美事，但最好還是不要沒見面相處過，就認定此人是你的真命天子／女。

- 雙方要輪流講話。約會的時候，要口耳並用——不要自己一直說個不停，也不要什麼都不說。約會就是要雙方都投入才行。

- 還要不要再見面呢？約會之後，如果你覺得並不開心，而且不想再跟此人出去，那就別再見面了。我也曾因為想再給對方一次機會，而強迫自己跟不喜歡的人約會第二次或第三次。如果你還沒那麼確定，當然可以答應第二次約會，但如果第一次約會就讓你坐立難安，我建議你禮貌地婉拒第二次約會。

- 不要隨意人間蒸發！曾有個 30 多歲的人問我，如果他不想跟某個對象約會第二次，可不可以人間蒸發，我的答案是不行。請各位將心比心，對方原本有其他事情可做，卻選擇跟你見面，為此他必須梳妝打扮、搭地鐵／公車／優步／開車來見你，他們為你花了這麼多時間、並跟你分享他的個人故事。如果對方並不是什麼粗魯無禮之輩，你至少該用簡訊告訴他：「能認識你真好，但我覺得我們缺少愛的連結，不過我還是祝你好運。」這樣才算對得起人家，如果你曾跟某人出去數次，或是由彼此的朋友安排你們認識，就更不可以不告而別。但如果對方真的讓你覺得很不自在，你不想再跟那人有任何牽扯，那我就同意你人間蒸發。

關於網路交友的建議

如果各位想透過網路交友找到另一半，請參考以下幾點建議，希望能幫助各位獲得正面且有效的經驗：

- 呈現真實的你。當你在填寫個人資料時，請附上最新的近照，

而且畫面要清楚，千萬別拿多年前的幼齒美照，或遠距離拍攝的照片來唬弄。我的意思是不要拿一張沒人認得出來的照片充數，也別放上你的寵物照，或是扮裝照或戴上面具，也別只照身體的某些部位，想認識你的人會想要看到你的整張臉。

- **男士請勿附上浴室裡的自拍照。** 拜託各位男士別再為了秀你們的六塊肌，而 PO 出浴室裡的自拍照好嗎？尤其是有些人在拍照時忘了關閃光燈，結果一個白球出現在鏡子裡，根本看不到你的臉，還是請朋友幫你拍張帥氣的照片比較好。

- **別自拍下體照。** 我真的記不清有多少次聽到朋友抱怨說：「好噁心喔，昨晚我跟一個很棒的男生出去，沒想到今天早上那傢伙居然傳了一張下體照給我，你想看嗎？」當然不想！除非你知道對方也喜歡這類東西，否則別再傳這種噁照給別人了好嗎？

- **女生勿 PO 清涼照。** 別忘了這是網路，你無法控制你的照片會流向何處。再者，如果你拚命推銷你的性魅力，又怎能期待男生把你奉為女神呢？

- **已有對象者就別來亂了。** 請你們遠離約會網站與交友應用程式，我是說真的！我經常見到某人的照片突然出現在交友 app 上，那其實來自他的社群媒體動態——而且主角正是他們夫妻倆，不是他的前妻，也不是亡妻，而是現任的妻子，那真的很不 OK。

- **配對成功！** 如果你在網路上跟某人配對成功，你無從得知對方是真的想要認識你，或只是對目前的生活感到厭煩，隨意地上交友網站逛逛，也有可能對方根本沒有認真看你的個人資料，卻意外跟你配對成功。為了避免浪費你的精力，你最好立刻跟

對方進行一些有意義的溝通，例如：「嗨，洛可，你這星期過得如何？我注意你喜歡旅行，我剛從西班牙回來，你去過那裡嗎？」或是說一些真正能夠破冰的話，像是：「嗨，妮娜，你好嗎？希望你喜歡此刻的天氣，這個週末你有什麼好玩的計畫嗎？」這樣你就能比較快知道對方是否有意跟你聊天。

- **安全第一。**如果你要跟網友見面，請做好事前調查，你要盡量找到此人的一些資訊，例如他的 LinkedIn 個資，或是臉書頁面，或公司的介紹。當然此人有可能完全沒有參與任何社群活動，但你至少要確認他的存在，當你找到任何蛛絲馬跡時，務必要跟他先前告訴你的事做比對。如果你們有共同的朋友，一定要從他們那裡盡量打聽到此人的相關訊息，雖然你不必知道此人的每一個細節——但你要確保它們是合法的。我知道很多人的神祕約會對象劈腿，或謊報他們的工作、年齡、學歷。

當你跟網友約見面時，一定要約在公開場合，並且讓至少一位朋友、室友或家人，知道你的行蹤。自我保護專家卡西塔建議大家使用 Kitestring（www.kitestring.io）應用程式，當你感覺所在地方有危險時，它會通報你的家人。

為了幫你脫離不愉快的處境，事先請你的家人或朋友，在某個時間打電話或發簡訊給你，並表示他們要立刻見到你。其實只要你覺得情況怪怪的，根本不必枯等家人或朋友叩你，而應立即向對方表示你另有要事、必須馬上離開。

如果你跟對方聊得很開心，你可以決定是否要送對方回家——同理，要不要讓對方送你回家的決定權也在你。**安全約會的關鍵在於相信你的直覺，而且不要迫不及待地想要認識這個新朋友**——如果你們互看

順眼，往後多的是一起看電影的機會。

最後且相當重要的一點，許多人發現小酌之後比較容易認識人；但不論你們是在餐廳吃飯，還是在派對或某人家中閒聊，你都要留意自己究竟喝了多少酒，而且眼睛隨時盯著你的飲品，提防不肖之徒在酒中放入有害之物。

我的約會奇譚

我在撰寫本書期間，曾為各個年齡層的客戶提供戀愛諮商服務；每當有人聊起他的戀愛故事，我都會試著分享我曾經歷過的狀況，無非是希望能幫助他們記住，明天太陽一定會再升起——而且**大笑真的是最棒的神藥**。以下有些故事是我個人經歷過的，有些則來自朋友的分享。我希望各位看了之後能會心一笑，並明白其實我們每個人都有過離譜的約會經驗。

◎ 腹瀉哥

這人約我週日晚上 8 點在曼哈頓的一家酒吧見面，我進去後發現他正坐在吧台觀看棒球賽，我走過去跟他打招呼，問他是要繼續坐在吧台，還是坐到用餐區的座位，他秒答：「我要繼續坐在吧台看球賽。」雖然我並非棒球迷，但我想陪他看一下應該無妨。

那人只把兩成的注意力放在我身上，其他八成全在球賽——但他突然站起身來並且大喊：「要命！我快拉出來了！」接著便狂奔而去。

幾分鐘之後，他從廁所傳簡訊給我：「墨西哥菜雖然很好吃，但也有缺點，我可能還要再留在廁所好一陣子。」

20 分鐘後他回來了，我問他還好嗎，他有氣無力地說：「你知道嗎？我一到這裡肚子就怪怪的，我覺得它就快要拉出來了，你懂吧，就是胃裡頭不停地翻攪，讓人覺得快要爆炸的那種感覺。」

這時候服務生過來問我們要不要再來杯啤酒，他說：「好啊！我想再來杯啤酒！我剛剛才清空了一些玩意兒，現在又有空間可以容納新的啤酒了！」

我問服務生，我點的健怡可口可樂多少錢，然後把錢放在吧台上（他從頭到尾沒說過要請我）。我告訴腹瀉哥，我會跟我們的共同朋友說，我們已經見過面了，他說：「你真的需要早起，如果你必須先走，請自便不必客氣。」我感謝他的體諒，然後一路大笑著回家，這真是個彆腳的約會經驗。

◎ 落跑哥

我帶某人去參加一場派對，但是派對結束時卻找不到他的人，最後我終於找到他，原來他正跟我另外一位朋友在樓梯間「開戰」。

◎ 睡衣哥

某個週六，我跟一位網友約好一起吃早午餐，沒想到他居然穿著睡衣來赴約，他說：「我只會在第二次見面的時候，穿上要送乾洗的高級襯衫。因為紐約的乾洗費實在太貴了，所以我想，我又不知道我會不會喜歡這個女的，幹嘛要浪費錢穿襯衫呢？」他只叫了杯氣泡水（喂！我們不是說好要吃早午餐的嗎？）並且說：「要是我們看對眼了，我就可以槓掉我的人生清單上的一個項目。」於是我問他是哪個項目，他回

說：「我一直想跟新聞主播睡一回。」接著他便把每個女主播的小祕密告訴我。**#可怕的傢伙**

◎ 撒謊哥

這人是我大學期間在紐約實習時認識的，他告訴我的資訊，包括姓名、家庭以及念過的學校，全都是假的。當時他告訴我因為他家族信奉的宗教十分保守，所以他害怕要是他的家人知道我們正在交往，恐怕會跟他斷絕關係。我們只交往了 2 個月，並在暑假結束時分手。

當時我以為我們之所以分手，是因為我要回西北大學，而他要開始念法學院。但幾個月後，我遇到一個曾經跟這傢伙交往過的女生，她告訴我這個渣男其實已經結婚了。這消息令我非常難過，要是他說實話，我很樂意跟他當個普通朋友，我根本不想當個介入別人婚姻的小三。

◎ 盜用哥

這傢伙盜用別人的身分來建立他的線上個資，我們曾經透過電話聊過數次，他提到他工作的醫院，以及他因為母親死於癌症而從醫，甚至還聊到他為了紀念母親而成立的基金會。

我們原本約好在某晚見面，但他臨時傳簡訊來說，他在急診室裡走不開，那是我最後一次聽到此人的消息。幸好當晚我跟朋友一起參加一場慈善活動，所以沒去約好的地方見他。後來我才知道那家醫院根本沒有這名員工，而他所說的基金會也不存在，我完全不知道當初在電話線上另一端跟我聊天的人是誰。而這傢伙後來竟然用相同的個資跟我的朋友來往，真的太差勁了！

◎ 跳舞哥

　　我在網路上認識的某個男子，籌劃了最有創意的一次約會——探戈課！不過我要告訴各位：如果你才剛認識某人，而且你覺得你們根本不來電，卻被迫要跟他臉貼臉、胸貼胸、手牽手跳上 1 小時的熱舞，真的是尷尬到不行。雖然我覺得學跳探戈等到第二次約會比較好，但我還是要稱讚一下他的創意。**#幸好我有先沖澡**

◎ 省話哥

這傢伙回答問題永遠只給兩個字。

我：你這星期過得如何？

他：不錯。

我：你說過你爸來看你，你都帶他去哪裡了？

他：吃飯。

我：不錯喔，你們去哪裡吃飯？

他：餐廳。

　　在我絞盡腦汁硬跟他聊了 90 分鐘之後（其中 89 分鐘都是我拚命地沒話找話講），他站起身去上廁所，我就趁空看一下我的手機，結果我收到了有封關於時裝週的電郵，我趕緊向省話哥表示我有工作必須要處理。於是我們一起去櫃檯結帳，在我們互道再見之後，他卻開始傳瘋狂的簡訊給我：

　　「這是我平生最短的一次約會。」

「我認為你在撒謊，你根本沒有工作要處理。」

「我討厭別人胡說八道。」

第一，我真的是有事情要處理；第二，我們約會一整晚，他什麼話都不說，我都快被他搞瘋了。

◎ 吃手哥

我曾經跟一個看起來很斯文很正常的人，約好一起吃早午餐。這是我們第二次約會，我們覺得相談甚歡，所以約好下次一起看電影。看電影時他拿起我的手，我正心想這舉動還蠻甜蜜的，但接著他卻立刻把我的手放進嘴裡，並且開始吸吮。我實在很想大喊：「搞什麼鬼啦！」但又怕影響到其他人。雖然我非常震驚，但我還是很有禮貌地把手抽回來，並且兩手抱胸交握。**#超倒楣的啦**

◎ 仲介哥

我應知名主持人史帝夫・哈維（Steve Harvey）之邀，去上他的脫口秀節目，還讓史帝夫幫我在節目中安排一場約會。那集的主題是房地產仲介是最棒的約會對象，我最後選中的那位男士轉頭對我說：「謝謝你選中我，我希望他們下次還會找我上節目，這樣我就可以再賣出好幾間房子了。」

◎ 魔鬼教練哥

我的身材並不嬌小，某天有個男生約我出去，雖然我們倆在很多方

面都很像，而且又有共同認識的朋友，但我還是很意外他居然會約我，因爲我知道他只喜歡身材纖瘦的女生。我原本以爲他可能是變成熟了，不會再那麼膚淺地只重視女生的外表，但沒想到我們每次見面，他都會鉅細靡遺地盤問我那天吃了什麼，甚至是每一餐吃的內容，以及我做了多少運動。這眞的太蠢了。

◎ 口香糖哥

嚼過的口香糖不可以吐在哪裡？答案是任何地方，包括桌子底下。我跟口香糖哥的第一次約會是在一家非常棒的餐廳，但他一坐下來，就把嘴裡的口香糖拿出來，並且黏在桌子下方。看到此情此景我整個人嚇呆了，而且他對服務生的態度很差，儘管我一刻都不想久留，但我勉強待了 44 分鐘後落荒而逃。嗯！

◎ 告解哥

不知道爲什麼，我經常遇到初次見面就向我傾訴他們不爲人知祕密的男生，例如被逮捕、偷東西、恨爸／媽、厭世 —— 有些人講到泣不成聲，有些人則是把我當成他的心理醫師，將所有的煩惱全部一吐爲快。而我也會不厭其煩地告訴這些人，可以求助哪些機構解決他的悲傷、憤怒與痛苦。

◎ 友寶哥

我跟友寶哥約在一家酒吧見面，我們是透過交友應用程式認識的。

當我們找到彼此時，他介紹我認識那位陪他一起來的朋友，當下我心想：誰會帶著朋友一起來約會？

當我們開始閒聊後，我發現場面變得更好笑了，友寶哥和朋友完全沉醉在他們倆的共同話題中。最後我決定先行離開，讓他們倆好好享受今晚的約會，但我實在忍不住，一路笑著回到家。

◎ 約會糗事大分享

蘇西：我曾經跟一位禮儀師約會，結果他竟然開著靈車來接我。

亞曼達：我曾經跟某個男生約會，我們本來約好在他家看電影，結果我們一直在聊天，途中他突然表示：「我覺得我已經相當了解你了，所以我可以給你看樣東西嗎？」我心想，天啊！他要壁咚我嗎？結果並不是，他把我帶到他的房間，那裡豎立了一根鋼管，然後他問我：「你打算怎麼做？」我二話不說立刻轉身離開他家。

布萊德：我跟一位在餐廳遇見的女生約會，當她走進來的時候，身上幾乎一絲不掛。我趕緊請她把外套綁在腰間，因為她沒穿內褲，而且每個人都看得出來。她這種愛裸露的風格令我很不自在，但我

並不打算讓她難堪，所以我們一起喝了一杯之後就分道揚鑣了。

吉兒：我跟一位網路上認識的男性約會，他是個運動員經紀人。那天他因為腳踝扭傷所以晚到了，他一進來就跟我借 20 美元要付計程車資，說是因為自動提款機不收他的卡片，還說待會這頓由他請客。但約會結束時，他打電話給他的「司機」，並且送我去搭那部已經付了錢的車。但那輛「轎車」其實是個叫傑隆的人開的計程車，而且在我坐上車後，他也跟著擠進車裡。這時服務生追出來攔車，因為他根本沒付錢！他大聲咆哮：「我付過錢了！傑隆，開車！」傑隆立刻把車開走。我問他是否付了 100 美元的餐費，他說：「當然，我扔了 150 美元在桌上。」我說：「要是你真有 150 元，那你幹嘛跟我借 20 元？」我叫傑隆停車，並且立刻下車，離開這個莫名其妙的傢伙。

布雷特：有個女網友特地開了 1 小時的車來見我，她說為了避開塞車，所以她會提早到，並先去做美甲等我下班。我告訴她，因為她那麼大老遠過來，我很樂意幫她付美甲費。當我去拿回我的信用卡時，發現金額居然高達 220 美元，我完全不知道她還做了什麼？

看完這些「可歌可泣」的約會糗事之後，我們要來談點正經的。約

會其實不輕鬆——因為在現今這個社群媒體當道的世界裡，每個約會都可能被人用放大鏡檢視，或是流傳到全世界，但如果你還不打算放棄，那我們全都會為你加油打氣。

約會也有值得稱道之處，它讓我獲得很多的故事構想，交到新朋友，甚至有一群無緣做夫妻的男士，加入了我主持的慈善委員會一起做公益。所以我很想幫助各位享受此一過程，並找到你的天賜良緣。

眾人皆閃你獨魯？

許多青少年朋友問我，他們還沒談過認真的戀愛（a serious relationship，指以結婚為前提的正式交往），是不是他們有什麼問題。如果你也曾問過自己相同的問題，我相信你肯定是個很有內涵的好人。其實有些人是因為家長禁止或宗教方面的原因，還有些人則是因為忙於打工或必須照顧家人，而沒機會談戀愛或約會。

如果你已經成年了，但從未談過認真的戀愛，不妨考慮參與合適的社群，而且要勇敢請朋友幫你介紹安排。很多客戶告訴我，他們早就準備好要迎接命中註定的另一半，卻不敢主動追求心儀的對象，也很排斥網路交友。另外一些人則表示，他們非常想要談戀愛，可是當我替他們安排對象時，他們卻開出一堆條件，例如要求女方體重不可超過 50 公斤，男方的年薪必須破百萬，還真敢講！

拜託各位別那麼機車好不好，天底下哪會有那麼完美的人等著跟你結婚？你應該敞開心胸接受緣份的安排，約會其實跟經商差不多，我們必須大膽採取行動，否則根本無從得知成功的配方是什麼。

不想約會又何妨

　　我的好友請我跟一位名叫希妮的年輕小姐聊聊，她是在一場婚禮上遇到希妮的。擔任伴娘的希妮在婚禮上的致詞大獲好評，而且她本人也有意當個勵志演說家。當我跟希妮通電話時，她告訴我她目前只想全力衝刺事業，完全無意約會，因為她對目前的工作很不滿意，所以想要有所改變。如果你也像希妮一樣，暫時不想談戀愛或約會，**有何不可？你完全不必聽命於任何人，來告訴你該在什麼時候做什麼事。**如果你已經空窗 10 年，現在終於想要談場戀愛，你儘管大大方方地「重出江湖」。總之，**要不要約會談戀愛，是你的自由。**而且我完全相信，你現在暫時閉關，努力於自我成長，他日將會吸引到在愛情和事業兩方面皆與你匹配的人。

單身絕非公害

　　當初我在撰寫本書的第一種版本時，我已經 35 歲了，而且還是單身。我年輕時若有人問我，35 歲時的我會是怎樣，我的回答可能會是這樣：「我已經結婚了，而且有 2 個小孩，在 NBC 上班。」但現實完全相反，35 歲的我仍在約會，而且忙著經營自己的公司，以及奔波全美各地巡迴演講，同時擔任 NY1 新聞台的特約記者。我的真實人生跟我年輕時的想像截然不同，但那又怎麼樣呢？

　　在大多數情況下，我對自己的單身生活還挺滿意的，但若遇到下列情況，我就會有點沮喪：

- 約會對象糟到令我後悔，覺得還不如待在家裡做點事。

- 參加某個單身派對，遇見之前認識的人，發現他不放過任何機會想要釣人上床。但不少女生卻常自我欺騙以為自己已經贏得某個男生的「芳心」，沒想到對方卻在別的派對中，拚命對別的女生獻殷勤，導致原本是朋友的女生們反目成仇，並且互相說對方的壞話，這種情況實在令人作嘔。而且我很討厭參加那種活動，來的全都是玩咖，他們恨不得跟每個女生都有一腿，我覺得那種心態真的很可悲。

　　更糟的是，我知道有些人認為我跟同年齡的人相比，堪稱略遜一籌，因為我既沒結婚又沒小孩。我把這群人稱做自以為聰明的愚人（sillies），我很想對他們說：「我認得一些結了婚且有小孩的人，他們過得很悲慘，所以我不明白你憑什麼認定某個人只要結了婚且有小孩，就一定會既快樂又成功。」真的氣死人了！

　　那群自以為聰明的愚人，老是問我一堆問題，彷彿他們有辦法解開「這就是你為什麼一直單身」的謎底。他們根本不管我明明花了那麼多時間約會，劈頭就審問我：

- 「小潔，你是不是眼光太高了？」
- 「你是不是太忙於工作？」
- 「你是不是太拚事業？」
- 「你討厭男人嗎？」
- 「你還忘不了前男友？」
- 「你是不是想要嚇跑男人？第一次約會的時候，最好少提你的成就。」

這些質問，讓我明白了有些人對於單身有多不理解。它還教會了我，有時候**人們喜歡把他們自己的問題投射到別人身上**──要不就是他們只喜歡聽自己講話。

其實上述每個問題的答案都是否定的，我一直都很積極安排約會，我在好幾個約會網站都註了冊，還請媒人幫我安排相親。而且就像我前面提過的，我甚至還上了史帝夫・哈維的脫口秀節目，並讓他幫我安排約會！所有該做的事我都做了。

我之所以沒跟那些約會過的人結婚，是因為我知道他們並非我的真命天子──或是他們知道我並非他們的真命天女。

當我們在某個班級或某個工作中過得很悲慘時，我們可以改上別的課程，如果是在職場裡，我們可以申請調職，或乾脆辭職不幹。但是遇到明明不適合的戀愛關係，要相信自己的直覺卻很困難，這實在太莫名其妙了。其實我們每個人比自己以為的還聰明，絕對有能力掌控自己的約會生活，所以各位一定要相信自己，不必理會別人說什麼。

給自己一次機會

如果你設定的理想伴侶，是要能夠理解與支持你整天為了熱愛的事務而奔波，要通過約會叢林的考驗就更難了。當你白天就已經忙得不可開交，到了晚上又要經歷求職面試般的約會過程，就為了要找到你的另一半。約會跟求職面試最主要的差異在於，你要同時扮演兩種角色：你既是真命天子／女的申請人，同時也是真命天子／女的候選人。

但你的人生中，時不時都要來上一段心無旁騖的時期。不論是為了應付考試而念書，還是為了招攬新客戶而準備推銷簡報，或是準備一場表演，或是創立一家公司，你全都必須卯足全力拚一場。就像上一章介

紹過的瑪莉莎烘焙坊的老闆瑪莉莎，她在創業初期曾經全年無休工作了好幾年。

如果忙碌的工作已經成為你的生活支柱，所以你根本沒必要進入約會模式，你就該問問自己，你真的想要談戀愛嗎？如果你花點時間仔細思考戀愛關係可能會為你的人生帶來哪些正面效益（有人陪伴、支持、歡笑、親密關係），或許你就不會那麼害怕去約會。面試時我們必須充滿信心地走進會場，並提醒自己，不是只有我們希望能被錄取，其實人資經理也跟我們一樣，希望我們就是這個工作的最適當人選。因為天底下沒有哪個人資主管，想要天天都在面試新人。

同理，儘管有些人對於約會樂此不疲，但絕大多數人都期盼第一次約會就能緣定終生。因此，儘管有時候跟工作約會是 OK，但卻不宜過度樂在其中，而阻礙了你的戀愛關係。你要設法在忙碌的生活中抽空出來認識人，並且趁機嘗試一間新的餐廳，學些城市的新事物，甚至是以不同的方式點杯咖啡，約會還是能為你帶來一些好處的。

　　我希望各位在讀完本章之後，對於約會不再那麼膽戰心驚，而且我希望各位不必像我一樣，在約會場上「身經百戰」。不過下回如果你又遇到不來電的約會對象，別忘了大家都有過一籮筐的失敗經驗。

　　約會時請記得，除非遇到跟你一樣想定下來的對象，否則不必浪費你的時間。以結婚為前提的戀愛關係，有點像是大寫的英文字母 H，兩條平行線靠著中間的一條橫槓連結在一起——看起來就像是這兩條線手牽著手互相凝視對方；而大寫的英文字母 V，雖然有共同的起始點，但隨後則是兩條線各自奔向不同的方向，它是個漩渦，力道強過試圖連結兩條線的小點，所以兩條線只會往分歧的方向漸行漸遠。回想你過去的戀情——你們是否朝著同樣的方向前進呢？你們想要的東西是一樣的嗎？如果不一樣，那你就要慧劍斬情絲，並且我祝福你很快就能揮別情傷。

　　還有別忘了：

- 認真思考你想要哪種類型的伴侶？並依此標準找尋。
- 認真思考你要對這段戀情做出哪些貢獻。
- 不論你是約會菜鳥還是情場高手，對於你的價值觀或安全絕不妥協。
- 不要為愛而失去自我。
- 如果你需要暫停一下喘口氣，別硬逼自己出去約會。

　　如果你已經空窗一陣子了，該是重返約會戰場的時候，可是你卻覺得很難踏出第一步，請看看下一章，我要告訴你如何揮別過去。

分手的藝術

Mastering the Skill of Letting Go

♥ ◯ ◁

你本該在健身房裡，畢竟你都換好衣服了，而且手上還握著心律調節器。但敵不過好奇心的驅使，你想看看你的前男友是否有新的 PO 文（雖然吃午餐的時候你才看過）。沒想到你欲罷不能，光看一個網站還不夠，你逐一檢查他所有的社群帳號，確認你是否已經被新人取代。你在不知不覺中錯過了群體訓練課程，決定乾脆叫外送晚餐，今晚就來追劇《權力的遊戲》吧。**#網飛追劇過一晚**

　　如果你明知某人對你不好，卻怎麼都忘不了他，無法放生這段戀情，我想請你問問自己：如果有朋友來找我，說她認識了一個人，而她形容的人就是令我傷心的前男友，我會讓她繼續跟那傢伙交往嗎？我相信你的答案肯定會是：絕對不行！

　　如果你之前曾經寫下理想伴侶應具備的條件，此時正是拿出來比對的好時機，你的前男友有符合嗎？如果答案是否定的，或許就能幫你認清現實，斷開這段孽緣。

　　我們常會被過去的記憶糾纏，並因為擔心自己會孤獨終老，而勉強遷就現有的一段爛桃花。但各位一定要切記，感情必須兩情相悅才能天長地久，單靠其中一人獨撐大局或百般忍讓是不夠的。

如果你交往的這個渣男／女只在乎自己，把你當成他的附屬品，這絕對不是一場地位對等的平衡戀情，對方遲早會認定你不是他的真命天女／子而甩掉你。當然也可能是你想通了，想要找個像你一樣，真心關懷對方的人來當伴侶。

我知道這些道理說來容易做來難，但這都是我親身經歷過而學到的慘痛教訓，幸好當我領悟戀愛的真諦之後，我的感情生活便開始有了起色，並且順利開花結果。

#我的故事：別再替自己找藉口了

某個週日早晨，我一覺醒來後，竟然莫名其妙想起前男友：「天啊，傑克隨時都可能跟某個女生訂婚。」但我其實已經幾年沒見過他了，也有好幾月未曾聽到他的名字；可是從我忽然想起他的那一刻起，我的心情就變得很低落。

事實上，我們在 3 年前就分手了，之後我也有了一段新的戀情。但那一整個月，我一直覺得自己好像又跟傑克分手一次。我完全搞不懂為什麼會這樣，我明明好長一段時間未曾想到他（也未思念過他），這件事真的好奇怪。

幾個星期後，我的祖父過世了，他出殯的那天恰好是傑克的生日，兩個悲傷的日子無意間撞在一起。更巧的是，傑克就在那個星期訂婚了，但讓我意外的是，當我朋友打電話告訴我這件事的時候，我並沒有傷痛欲絕，而是做了一番深刻的自我反省。

那幾天我一直問自己：

- 如果他能找到某個人並且訂了婚，那我們沒能繼續交往下去，難道原因出在我身上？

- 既然他找到了別人，那我跟他分手對嗎？我應該沒做錯，而且我們不適合彼此，對吧？

- 要是我沒跟他分手，那今天訂婚的就會是我們倆？

- 因為我對伴侶的要求不只是結婚而已，所以沒跟他結婚，我應該覺得鬆了一口氣？

- 我對伴侶的要求不只是結婚而已，難道錯了嗎？

- 要是我早點隨波逐流，就不至於搞到現在還嫁不出去？

- 他當真愛那女人多於愛我？

　　幸好最後我終於想通了，並明白就算我真的可以跟那個女的易地而處，我也不願意那麼做。因為我已經在分手的當下，對於那段感情做了正確的處置，雖然我的心還愛著他，但是我的直覺告訴自己：「不行，我要的不只是這樣。」

　　打電話來通知我傑克訂婚了的那個友人，也跟我形容了他的未婚妻，我這才知道她跟我有多麼不同，這讓我覺得心情好過些。我總算明白了我並不是因為跟傑克分手而難過，我難過的是沒能擁有生命中那份特殊的感情，但我還是替他感到高興，他找到了最適合他的對象，這是件很棒的事。

◎ 有捨才有得

所以如果你因為前任已經另結新歡，而覺得有點不是滋味，這乃是

人之常情。其實長遠來看，那人的新戀情根本沒什麼大不了的，它只會在今天令你心痛，或許明天也還會痛。但你千萬不要忽略了生命中的其他美好事物，如果你需要把這些好事寫下來、並且每天看一次提醒自己，那就做吧。千萬別鑽牛角尖，非要拿下面這些問題來折磨你自己：

- 為什麼新娘不是我？
- 為什麼我那麼難脫單？
- 什麼時候才會輪到我結婚？

我希望能寫一本書來回答所有的問題，但我其實沒有答案，你恐怕一時之間也想不出答案。你不妨從這個角度來思考：你從上段戀情學到哪些教訓，下回等你又想談戀愛的時候，記得把它們派上用場。

要是你不巧在街上遇見你的前任跟他的新歡，我給你惜惜！任何人遇到那樣的場面，肯定都不好受，你不必故作瀟灑，只需用一句話把負面的情緒導正，像是：「舊的不去新的不來。」

你可以這樣安慰自己：**唯有拋開悲傷，我才能因為決心擁有一段健康的戀情而充滿力量**。人生本就夠艱苦了，千萬不要自暴自棄，何況那人根本不值得你這麼做。你也別淨在腦中重複回想舊戀情中美好的部分，而應記取那些痛苦的時光，以及讓你明白這人並不適合你的那些點點滴滴。你會繼續過著你該過的人生，這個失戀經驗其實是健康的，因為它讓你認真思考自己的分手決定究竟是對是錯，並且點出你有哪些缺點。總有一天你不只會趕上你的前任，而且你還會謝謝對方把你帶到一個更好的境地，以及最終讓你找到更適合你的那個人。

雖然愛是一種極有力量的情緒，但**光靠愛並不足以維持一段戀情**。我曾經談過幾段非常認真的戀情，雖然對男友付出了一切，但這樣仍然

無法掩蓋那鐵一般的事實：我們是不同的人，各自處於人生的不同階段，想要的東西也完全不一樣。所以你可以坦然接納你的感受，不論你是想大哭一場，還是開趴慶祝，或是找朋友訴苦取暖，或是拚命跑步直到腿軟為止，你需要一段時間讓你的心傷慢慢療癒。

分手是一種調整，尤其是跟一個已經約會了好長一段時間的對象分手。如果你們之前是朋友後來才變成戀人，原本就需要一些時間釐清這個轉變。此時此刻你該對自己友善一點，你身邊的朋友有時候會說出發人深省的金玉良言，但有時候卻可能會講出令你不以為然的老生常談，雖然他們是出於好意，也可能惹得你不開心。

你只要記住，等你年紀更長時，你會感謝自己的分手決定。老實說，當我回顧這輩子談過的那幾段最認真的戀情時，我發現我在 35 歲以前，根本沒遇見對的人；不過我也很清楚，**那些年的戀愛並沒有白談**，因為他們幫我找到最適合我的那個人。

◎ 揮別錯的才能和對的相逢

你配得上更好的對象。如果有人傷害了你的心靈或是傷害了你的身體，那都不 OK。如果你還在念書，找個你信賴的人談談，不管是朋友、親戚、輔導老師、社工或是保健室阿姨都行。

如果你已不是學生，同樣找個你信賴的人談談，你可以跟親友陳述你的遭遇，或是跟專業的心理諮商人員，或是向支持團體求助。

總之，不要自己一個人默默承受這一切。**天底下沒有任何一個人可以恣意傷害你**，如果你認為你是活該才會遇上這種不健康的戀情，你的想法大錯特錯，沒有人可以在任何方面對你造成傷害。

如果你因為曾經目睹或親身經歷過某種不良狀態，而再度陷入這種

不健康的戀情，你該勇敢打破這個惡性循環。

　　如果你剛結束了一段不健康的戀情，我為你的勇敢喝采，因為斬斷爛桃花其實是件很不容易的事，請將重心放在自己身上，不要忘記每個人都理應享有安全與快樂的戀情。

◎ 學習自我保護

　　如果你需要協助，可撥打家暴防治專線，如果遭到強暴或是凌虐或亂倫，也請撥打相關專線；在臺灣，你可以撥 110 報警，113 婦幼保護專線（男性可撥打內政部男性關懷專線 0800-013-999）；員警及相關人員會阻止施虐者施暴，並護送你到醫院或庇護中心。

快樂的能力

　　人生並不像慶生會那樣，每人都能同時分到相同大小的蛋糕，但也不至於因為你的朋友很快樂，以至於你能夠分到的快樂就會比較少。當你結婚的時候夠早，你會非常希望有很多人來參加你的婚禮。但我想請各位記住：快樂並不是一堆「除非……否則……」的命題，例如：除非你結婚了，否則你不會快樂；除非你升官了，否則你不會快樂；除非你（請自填內容），否則你不會快樂。快樂其實是一種選擇，只要你願意找出什麼事情能讓你快樂，並且保持夠開放的心胸，讓那些事情能夠找上你，你就會非常快樂。

分辨人生真偽

　　當你心碎時，要真心替別人感到高興並不容易。但如果你身邊都充斥著那種自己不快樂，就見不得別人快樂的人，其實也挺惱人的。如果你也是那樣的人，請先花點時間搞定你的問題吧。

　　你可以參考第 3 章提到的各種讓自己快樂的方法（那些方法或許看起來沒什麼了不起的，但確實挺管用的），努力愛你自己以及身邊的人，並且慶幸自己是被愛的。快樂不假外求，能讓你快樂的所有東西，其實已經存在你心中；你一定要**跟真正值得的人，一起分享你的快樂**。以下是大幅提升你的快樂指數的方法：

- **別輕易相信你在網路上看到的每件事**。你的朋友正在談戀愛，就算他們愛的高調也不代表他們一定比你快樂或成功；如果他們因為正在談戀愛，就擺出一副高你一等的姿態，我其實會質疑他們是否真的快樂，因為真正快樂的人，才沒那個閒工夫不停在社媒上 PO 照曬恩愛。需要別人認證他們很快樂的人，真實人生恐怕不像表面上那麼開心，你的人生不該是由有多少人追蹤你或喜歡你來定義，而是取決於有多少人支持、尊重與喜愛你的真實人生。

- **事情背後肯定另有文章**。別再花那麼多時間在社媒上追蹤別人了，我們已經在這本書裡討論了那麼多，你根本不清楚別人的真實人生是怎麼一回事。在你拿別人的人生來評量你的快樂之前，請記住，這些人並不知道你人生的所有細節，你也不知道他們的。如果你看完所有人的動態之後，開始自憐自艾，請暫時放下你的手機，回頭重讀本書的第 1 章，並且大聲念出你的

醒世真言：放下手機，抬頭見喜。

- **年齡只是個數字罷了。**每個人的人生里程碑不盡相同，有些人少年得志、有些人大器晚成，後者的故事同樣有個快樂的結局，所以你的故事只是還未到達精彩的高潮點罷了。

- **光陰寶貴莫要浪費。**在你遇見命中註定的那個人，並且跟對方約會／結婚／經歷各種美好情境之前的這一段時光，都是一去不會再復返的。這段時間不論長短，都無法再存入你的人生帳戶裡，所以哪怕只是 1 秒鐘，都不應拿來悲嘆自己沒人愛。認真過好你的日子，做些能夠讓自己開心的事，並確認你挑選的那個人，能跟你一起分享你的快樂。

想要掌控自己的約會生活，並找到正確的另一半，你必須能夠慧劍斬情絲，勇敢斬斷爛桃花。這並不是件容易的事，但如果你真的很想擁有一段美好的戀情，那你就得設定人生的優先順序，這樣你才可能事業愛情兩得意。請各位試想以下狀況：

· 如果你至目前為止還無法誠實面對自己的人生狀況，就從今天開始努力改進。
· 是哪些原因使得你淪落到今天這步田地？
· 如果你的心胸狹隘不夠開放，你是否願意改掉這毛病？
· 如果你一直埋首於工作中，你能否推掉下個案子，給自己一點空閒展開社交生活？
· 你是否有注意到自己每星期都要跟一個剛認識的人出去玩，並享受那種新鮮感？
· 你該怎麼做，才能讓你的快樂完整無缺？

如果你目前正在經歷一段艱困時光，我將會在下一章介紹一些人的勵志故事，幫助你化悲痛為力量。

Part 6

戒除濾鏡，
活出真我
Finding Your Happy Place

· · · · ·

　　許多人生的考驗都猶如一把雙面刃，雖然會使我們受到巨大的衝擊，但同時也會為我們帶來一些小小的奇蹟。如果你正遭逢突如其來的打擊，你應該尋求支援而非獨自面對；當你調整腳步化險為夷後，你還可以思考是否參與合適的活動與組織，將你的經驗分享予他人，借助社群的力量，凝聚群體一起達成助人的目標。

危機就是轉機

Turn Your Pain into Purpose

不論那是某人的忌日／生日／假日／母親節／父親節（以及
這類場合），總之是個你非常不想面對的日子；你登入社群
媒體跟大夥分享你的心情——卻只是讓你更忘不了當時你在
「那一天」的狀況，你看著你和心愛的人一起慶祝的回憶，
不禁悲從中來。**#只想整天窩在床上哪兒也不去**

　　我曾應 TED Talks 之邀做了一場演講，主題是我們人類跟蜜蜂有多
像（https://youtu.be/pZ525k9BvFQ）：當你被蜜蜂螫了之後，你會選擇去螫
別人嗎？還是會飛向世界、釀製蜂蜜呢？我們每個人都擁有化愁苦為力
量的能力，而且每一天都可以選擇要改善自己還是別人的人生，但是當
我們遭逢椎心之痛時，恐怕就很難做到。

　　人生中難免會遇到突如其來的打擊，像是你原本很高興可以提早下
班回家，沒想到卻意外撞見你跟另一半的睡床上，擺放了一件陌生人的
外套，抑或是聽到醫生宣布重大的壞消息，這些意外的挫折往往會令我
們招架不住，不知如何是好。

　　當我們遇上了重大的醫療決定、災後的清理與重建、被迫搬離住
所，或是任何一種會嚴重打亂原本生活步調的經驗，感覺就像被困在流
沙裡動彈不得。真人實境秀《我要活下去：非洲篇》（*Survivor: Africa*）的

獲勝者伊森・佐恩（Ethan Zohn），曾是職業足球員，卻兩度罹癌。

他說自己之所以能夠活下來，是因為堅信**危機就是轉機**：「我們每個人都只能在地球上短暫停留，所以當你還活著時，要充份利用每一天，從每個危機學到教訓。而且讓別人快樂，就是我們送給自己與對方最棒的禮物。」伊森就是秉持著這樣的信念，才得以在人生最黑暗的時刻，化痛苦為力量。

化悲痛為力量

在長達 18 年的時間裡，活躍的伊森不但是雜誌封面的常客，而且還主持電視節目、以及到各地發表演說。在贏得《我要活下去：非洲篇》的冠軍之後，更讓伊森從事公益活動的熱情躍上國際舞台。

伊森在麻州大波士頓區的萊辛頓鎮長大，他表示：「我 14 歲的時候，父親便因癌症過世，後來癌症也找上了我。幸好我的家人、同學、隊友、師長以及整個社區的人都全力協助我康復。」伊森表示，當他覺得孤單無援時，多虧了周遭親友的全力相挺，不但讓他獲得力量，也強化了自己的價值觀：「當時我壓根不知道，孤單將會在我日後的人生中扮演吃重的角色。」

2001 年，伊森確定要參與《我要活下去》第 3 季，他指出：「當時製作單位只是簡單跟我說，我要在全球數百萬觀眾的眼前，進行一項社會學實驗。但我萬萬沒料到，那是隻身一人被困在肯亞，既沒有家人朋友的陪伴，也沒有科技產品可供使用，那份孤寂與隔離感實在難以形容。我全身上下除了背包裡的衣服，就只有一個花式毽子（hacky sack），那是我父親留給我的遺物。」

伊森指出，當除去所有跟生存無關的事物之後：「就只剩下我跟我

的本能——人在沒水、沒食物，又渴又累時，你的本性就會表露無遺。你身上唯一僅存之物就是你的**品格、毅力與求生意志**，也就是你的靈性本質。」

當伊森領悟了人只要靠自己就能生存與繁榮的道理之後，他便把花式毽子送給一名肯亞兒童：「這雖然是我全身上下最值錢的寶貝，卻也充滿了我思念亡父的無盡傷痛，所以我決定把它送人。那其實是個相當糾結的決定，對我而言那只是個小玩具，但是對那個小朋友來說，卻是一件奢侈品。結果你猜怎麼著？這個舉動不但讓我得以化悲痛為力量，而且也為別人帶來了真正的快樂。」

最後伊森贏得求生比賽的冠軍，並且獲得高達 100 萬美元的鉅額獎金，他決定讓這筆獎金變得更有意義。他與朋友共同創立「草根足球」（Grassroot Soccer）這個慈善機構，它的官網說明：「我們是為了促進青少年健康而成立的組織，期盼以足球的力量啟發及動員開發中國家的青少年，幫助他們過著更健康更充實的生活，並成為改造社區的小幫手。」該組織目前已在全球 50 個國家設有據點，並有超過 130 萬名青少年參與他們的課程。

而且他們最酷的宣導活動是「3v3 PickUp Tournaments」[14]，這是由青少年自己籌辦、草根足球協辦的公益募款足球比賽，去年在全美 60 所高中及大專學校都舉辦了這項活動。

伊森透過「草根足球」幫助世人並帶給他們希望，但人生卻不斷考驗他，伊森在結束真人實境秀的拍攝工作後，自己卻成了需要別人幫忙的病人。伊森在 2009 年 4 月被診斷出罹患了罕見的何杰金氏淋巴瘤（CD20+ Hodgkin），並接受了數次化療、22 次的放射線治療，以及 1 次

14　詳情請參www.grassrootsoccer.org/3v3-pickup。

自體幹細胞移植手術，但 20 個月之後癌症復發：「我的生命必須仰賴素不相識的陌生人，捐款贊助一種名為 Adcetris 的癌症用藥之研究，我就是靠這種藥得以延續性命的。」

伊森的弟弟李伊則是他最重要的救命恩人，因為他的基因與伊森完全相符，所以只有他能捐贈幹細胞給伊森：「朋友以我的名義籌辦了多場慈善募款活動，用來支持癌症用藥的研究，結果我個人也因此而受惠，所以我覺得我必須為那些跟我有相同遭遇的人做些事情，幫助他們戰勝病魔。」

伊森經常上媒體受訪，並錄製他在醫院接受治療的影片，還擔任《對抗癌症》與血友病暨淋巴癌學會的代言人使：「我把自己的病情公諸於世，也把生活的所有細節攤開在世人眼前，目的是希望能夠替其他病友帶來希望，鼓舞他們繼續對抗病魔。讓世人了解癌症的最有力工具，就是把我們這些患者的狀況分享給其他人知道，所以我們正在打造一個網絡，讓世人了解癌症的真實情況。」

◎ 人人都能共襄盛舉！

儘管很多人以為《對抗癌症》（Stand Up To Cancer）這個節目跟演藝圈有關，因為它們請來許多大咖明星在電視上募款，且已募得 1 億美元的善款捐贈給美國癌症研究協會。但其實就算你只是個普通老百姓，也可以共襄盛舉。

該組織提供癌症患者關於臨床試驗的資訊，幫助患者獲得更好的醫療，想要支持該活動的人，請上 https://standuptocancer.org 了解詳情。

◎ 伊森給癌友與照顧者的建議

當你的健康出了狀況，或是被診斷出罹患某種慢性病，你可能會覺得人生沒戲唱了。更何況如果你為了對抗病魔，而必須放棄原本設定的目標與志向，你的心情肯定很沮喪，但伊森說你其實是有選擇的：

「對於那些面臨生死交關考驗的人，我的第一個建議是，對每次的治療做出正確的選擇，那將會大大影響你對治療的反應，並讓醫生對治療的可能結果，做出更準確的預估。你要請教專家關於適當的飲食、體能活動，它們能夠改善你的整體福祉與未來的展望。你要**摒除一切壓力以及對你有害的人**，包括社群媒體上的『朋友』。你還要以真誠的態度面對你愛的人，以及醫療提供者。這樣你在經歷治療的過程中，他們就會考慮到你的想法和感受，幫助你活下來。你會很容易被治療的嚴重性與複雜性搞得心力交瘁，但千萬別忘了為一些小小的勝利慶祝，並擁抱美好的日子。」

看著你愛的人、或是你在社群媒體上追蹤的那個人，正在經歷一場健康危機，讓你覺得很痛苦，伊森是這麼建議的：

「我發現**真實是最有力的支持**，在支持一位生命鬥士時，你要如實表達你的心情：害怕、愛、快樂、悲傷、質疑、看法。其實支持者的想法與心情，通常跟病人是差不多的；身為一名支持者，你會想方設法幫助病人繼續做他們喜歡的事。你希望他們能不受癌症的侵擾，盡一切力量享受人生。只要一想到這世上有那麼多素不相識的陌生人，為了募款捐助抗癌新藥的研發，而努力地跑步、烤餅乾、登山、駕駛帆船，還有人在國會山莊辛苦工作，這種大愛實在太酷了。這些病痛的考驗猶如一把雙面刃，雖然讓我們的人生受到巨大的衝擊，但同時也會在每一天造就一些小小的奇蹟。就是這些小小的奇蹟，以及讓這些小奇蹟發生的

人，讓那些病患得以堅強地活下去。」

伊森希望他的故事能夠幫助各位度過人生中最艱困的難關。但如果你痛失至親，幾乎喪失繼續活下去的勇氣時，請來看看馥蘭・波勒（Fran Boller）的故事，並希望你能從中獲得一些安慰。

◎ 生命鬥士給我們的啟發

莎曼莎・佩琪（Samantha Paige）是一位非常年輕的癌症倖存者，她因為有 BRCA1 基因，所以預先動了乳房切除術，並把這段過程跟世人分享，希望能鼓舞那些經歷生死交關時刻的人，各位可至 entm.ag/lastcut 觀看我們的訪談影片。

化小愛為大愛

伊森的故事讓我們學會如何努力對抗病魔，以及如何支持患病的人；但痛失家人又該如何面對呢？哀傷有好多不同的層次，馥蘭希望她的故事能夠為大家增添一些力量。

當我初見馥蘭時，立刻被她整個人所散發的優雅氣質吸引。那天我是帶著我的《週三開心講》系列影片到她的公司做簡報，希望她們願意提供贊助。一開始，馥蘭幾乎面無表情地聽著我的簡報，但稍後她便逐一詢問我在每一張幻燈片中提到的各個慈善活動，而且她提出的問題非常具體，於是我猜想她家可能也有病童。

當我們的會面結束時，馥蘭表示她非常喜歡我做的這些事，所以她會跟她的團隊討論，看是否要聘請我替她們公司規劃活動，或是贊助我的頻道所推出的內容。我一邊收拾筆電一邊隨口問她：「你有小孩

嗎？」她看了她的同事凱特琳一眼，我還搞不清楚是怎麼一回事，就聽到她輕聲說：「這是個好問題，但很難回答。我有個兒子，他叫喬丹，他在 2 月的時候過世了，我今天才剛回到公司上班。」

我之前便曾聽說這家公司有位女士的小孩過世了，全公司的同事都很難過，但我萬萬沒想到那人就是馥蘭。接著我們便聊了一下喬丹的事，同時我答應馥蘭，我會盡我所能，向大家宣傳馥蘭為了紀念喬丹而設立的基金會。接下來我就從「Jordan Krakauer 紀念獎學金基金會」這個贊助我頻道的故事開始講起。

看影片！

喬丹紀念獎學金基金會成立的第一年便募得 15 萬美元的善款，請至 entm.ag/franboller2，觀看我訪問馥蘭的影片。

把傷痛轉變為無限可能

如果你有在社群媒體上追蹤馥蘭，你會看到喬丹從小到大的許多照片，還有他們一家人的快樂回憶，以及一些鼓勵失親者的勵志格言。馥蘭真摯地表達她痛失愛子的悲傷，此舉鼓舞了其他痛失至親者仿效，儘管馥蘭說她已經做好要帶著一顆破碎的心度過餘生的心理準備。不過馥蘭明白，唯有把喬丹的遺愛散播人間，她才能獲得繼續活下去的力量：「喬丹一向保護弱勢，他總是為那些被霸凌的孩子挺身而出，讓他們有勇氣悍衛自己。」

喬丹在 2015 年 2 月 8 日死於癲癇，得年僅 22 歲，他生前熱愛運動

與研究體育行銷及管理，他先後就讀西維吉尼亞大學與威廉派特森大學。馥蘭與家人決定成立 Jordan Krakauer 紀念獎學金基金會（www.jbkscholarship.com）來緬懷喬丹，並幫助他們療傷止痛：「我忙著張羅基金會的成立以及幫助他人，我知道喬丹會希望我們這麼做，他是一個非常樂於付出的人，所以我們決定**把悲劇變成一樁善事**。做這些事情讓我不至於躲在衣櫃裡日日哭泣，雖然我的哀傷永遠不會消退，但此事幫助我們學會應付悲傷。」

有別於其他許多獎助金，喬丹的獎學金不只資助學業成績優異的人，也頒獎給保護與幫助弱勢者的人，申請者必須主修運動行銷或管理，而且僅限全修生申請。

後來馥蘭打電話通知我，他們選出了第一位受獎者並發給他 1 萬美元的獎學金：「我們選了一位名叫威爾·布伯尼克的學生，他是天普大學的學生，主修運動暨休閒管理。」她說威爾來自聖路易，是家中 4 個孩子裡的老么，馥蘭指出：「他的其他手足都是身障者，而且都參加了特殊奧運，那讓他對運動產生興趣。」看來他們選出了最特別的學生——喬丹肯定也會喜歡這樣的人。我問馥蘭，威爾是如何發現這個獎助學金的，她說：「他就是從你的 YouTube 頻道上看到的啊。」

如果你跟伊森一樣正在跟病魔對抗，或是跟馥蘭一樣正在努力走出失去至親的傷痛，心理學家庫西諾博士（參見第 7 章）指出，不論你是從事哪種事情來幫助別人或是幫你自己，你的心情都將經歷一個正面向上的螺旋起伏，那些人之所以能夠化傷痛為力量而決定幫助他人，是因為：「在**為了幫助別人而走出去的那一刻起，你會暫時收拾起心中最痛的那一塊，化小愛為大愛能帶給你極大的力量。**」

馥蘭之所以能把她的傷痛轉化為力量，也是因為她擁抱了社群，從而找到了活下去的希望。社群是很有力量的，當大家齊聚在一個共同的

公益旗幟之下，社群就能發揮更大的力量。心理學家史蒂芬・波斯特（Stephen Post）堪稱是最了解群體力量的人，因為他一輩子都在研究它。

◎ 誠實面對我們的痛苦與尷尬

如果你想要找一個「喜淚交織」又讓人有點不自在的播客節目，不妨聽聽看大家力推的：Terrible, Thanks for Asking with Nora McInerry（www.apmpodcasts.org/ttfa）。

施比受更有福

聚集整個社群的人一起達成一個共同的目標，不只會讓大家感到開心，而且也有益你的健康。史蒂芬・波斯特不但與吉兒・內馬克（Jill Neimark）合著暢銷書《好人有好報》（*Why Good Things Happen to Good People: How to Live a Longer, Healthier, Happier Life by the Simple Act of Giving*），並經常到世界各地演講，在數間學校任教，更曾在國會發表關於志工與公共衛生的演講。他於 2017 年在《美國健康促進期刊》（*American Journal of Health Promotion*）上發表的文章「處方：做好事有益健康」（Rx It's Good to Be Good）[15]中，跟大家分享他與同事的研究成果，告訴大家為什麼擔任志工會是幫助我們活得更愉快的一帖全球通用的良藥。

波斯特認為**擔任志工，就跟攝取健康的飲食與適當的運動一樣，能促進我們身心和諧**。他參考了一項由志工人力銀行 VolunteerMatch 與聯

....

15　全文參見www.stephengpost.com/downloads/Rx%20Its%20Good%20to%20be%20Good%20 2017.pdf。

合健康集團（United Healthcare）在 2010 年共同執行的調查[16]，此一調查詢問了超過 4,500 名美國成人，對於過去 1 年他們從事志工服務的心聲；調查結果顯示，1 年內曾經從事志工服務 100 小時的人表示，他們覺得**壓力減少**了，而且**更能面對損失與失望**，波斯特在接受我的訪問時指出：「被調查者表示，從事志工服務讓他們覺得身體更有活力、心情更快樂，而且覺得活著很有意義，更感恩，與親友之間更融洽，睡得也更好。」

「有些人在從事志工服務的過程中，展現了源源不絕的精力，讓他們生氣蓬勃，並且做了讓人讚嘆的事情，生活因此發光發熱。但是並非人人都能如此，你必須找到適合你的空間，以及什麼事情能讓你愈做愈起勁。而且你不一定要從事正式的志工服務——就算是幫忙鄰居這種比較隨意的事情，也算是志工服務。」

上述這份調查中有許多部分都讓波斯特嘖嘖稱奇，而下面這幾點尤其令他覺得不可思議：

・96% 受訪者表示，從事志工服務讓他們變得更快樂。這一點是特別重要的，因為我們現在身處的時代，「國民幸福指數」並不出色，整體而言，美國人普遍覺得不快樂，而世界上其他物質條件不如我們的地區卻比我們快樂。

・68% 受訪者表示，從事志工服務令他們感覺「身體變得更健康」。現代人的生活經常是坐著，如果你有支手機，光是看影片或上網就可以消磨大半天的時光。但從事志工服務卻能讓你

16　全文參見 cdn.volunteermatch.org/www/about/UnitedHealthcare_VolunteerMatch_Do_Good_Live_Well_Study.pdf。

站起身來走出家門，而且當你忙於志工服務時，你會有更積極的動機好好照顧自己的健康。

· 73% 受訪者表示，從事志工服務令他的壓力減少了。壓力是很危險的，如果是持續性的壓力，其危險程度更會隨著時間遞增。壓力造成的死亡率是相當驚人的，壓力會增加罹患心血管疾病與失智的機率，還會讓傷口不易痊癒。人之所以會有壓力，是因為對某些問題過於執著，或是因為難以取捨而受到壓力。但是當你忙著幫助別人時，你的心就自由了。雖然壓力是幫助我們完成任務的一個強力動機，但也要懂得如何減少長期與日常的壓力，這樣才不會損害你的健康。

· 78% 受訪者表示，從事志工服務有助於從損失與失望中復原，而且可當成一種自我照護的形式。透過服務他人來療癒傷痛的人，會活得更有希望且更有韌性，因而比較不會陷入惡性循環中，因為他們會感受到愛的力量而堅強地活下來。

· 25% 受訪者表示，他們是因工作的關係而與志工服務結緣。如果員工有機會擔任志工，會更以公司為榮，跟同儕及顧客的往來也會更融洽，從而提升了業績。

波斯特還指出，如果你是個臨床醫師，你或許需要休息一下，別再為別人擔憂，並且應花更多時間聚焦在自我照顧。不論你是想要促進你們整個社群的福祉，或是促進你個人的健康，科學皆已證實「施比受更有福」，而且波斯特指出：「付出者不一定要獲得對方的回報、或是贏得行善的好名聲，自然就能因為付出而受益。」

如果你正經歷人生中的一段艱困時期，你大可按照自己的步調慢慢處理每一件事。如果你需要一些時間想清楚自己需要什麼，沒必要迫不及待地幫助他人。

如果你已經準備好可以為某個公益活動擔任志工，或打算自己推動一個公益活動，千萬要想清楚，你**想做什麼**以及**為什麼要做**這件事。記得一定要認清現實，你一定會有過不去的關卡，所以請給你自己一點空間容納你的傷痛。

如果你目前沒有任何雜務纏身，而且很想要對社會盡份心力，卻不知道該上哪兒幫忙，我們將會在下一章探討如何發現你的熱情。

CHAPTER 16 社會因你而善

Find Your Passion

你的同事中有一對夫妻，因為長年替本地某個基金會服務奉
獻而接受表揚。你們組裡的每個人都將到場觀禮，你甚至租
了禮服出席以示隆重。在晚宴正式開始前的雞尾酒會上，你
巧遇某個認識的人，你滿臉笑容地告訴對方，你替同事覺得
驕傲。但你其實無法衷心地感到與有榮焉，因為這一年來你
唯一做的一件善事，是向你外甥買了一包愛心餅乾，不過你
的助理很貼心地在甜點檯上放了一張你與這對同事的合照。
#令人驕傲的同事

　　這些年來，有很多人告訴我，其實他們做公益的心情是好壞參半。
當他們覺得自己所做的善事，發揚了人性的光明面，就會覺得心靈很充
實；但隨即又會因為自己似乎做得還不夠多，而覺得很沒用。心理學家
塔拉・庫西諾博士指出：「我們不明白一個人的力量會有多驚人，只要
把一個正向的想法、態度或行為，放入一個社交網絡裡──不論是透過
線上還是離線，就可以帶動一大群人踴躍捐輸。」

　　研究社會連結的科學家尼可拉斯・克里斯塔基（Nicholas Christakis）
與詹姆斯・傅勒（James Fowler）在他們合著的《社交網絡的驚人力量》
（*Connected*）一書中提到所謂的「三度影響原則」（three degrees of

influence rule），庫西諾認爲此一現象顯示，當你展現一樁行善的義舉時，即便它令你付出一些代價，但那個慷慨的行爲會**延伸**到你的朋友（一度）、你朋友的朋友（二度），以及你朋友的朋友的朋友（三度），從而觸及到你根本不認識的人：「同理，只要你們在某個社交網絡中擁有共同認識的人，那位與你隔了三度且互不相識的朋友，也會影響到你。」

熱心公益的女演員艾莉莎・雷納就是證明此一原則的最佳例子，她正是受到另外一位前輩的啓發，而矢志成爲一名社會變革的促進者（social change agent），並帶動其他人跟著她一起行動。

改變，從你我開始

各位曾在第 8 章中看過，艾莉莎跟我們分享她參與「停止姑息運動」（Time's Up Movement）的故事。艾莉沙從小就以社會企業家的觀點來看待這個世界，她說：「我非常感恩自己在一所非常先進的學校裡接受教育，我還記得我們學校居然小一就教倫理困境！我念的是紐約市的道德文化費斯登全人學校（Ethical Culture Fieldston School，從托兒所一直到高中），我不只學習倫理道德，而且還學習砥礪自己，要**從社群或社會中的一份子的角度來思考事情**；所以你必須積極爲你的社群或社會服務，讓它變得更好。這句話雖然聽起來很八股，但是我眞心認爲『改善世界，人人有責』。我從小就夢想長大後要成爲一名女演員，當我看到大前輩梅莉・史翠普大力呼籲農夫別再用殺蟲劑噴灑蘋果，因爲那會傷害到兒童。後來我又看到她在電影《絲克伍事件》（Silkwood）裡的演出，透過電影讓觀眾明白這世界存在許多不公不義之事，我從她那裡獲得的啓發，已經超越文字所能形容。看到她那麼積極投入公益活動幫助

世界改變，我當時心想：我也可以像梅姨一樣，當個演員兼社運人士——因為那實在太酷了！我從影並不是為了獲取名利，而是覺得自己可以替弱勢者發聲，並讓世界變得更美好。」

這份社會良知迄今仍是促使她積極行動的最大助力，艾莉莎表示：「我一直覺得我們的刑事司法體系是相當扭曲的，並導致那麼多不公平的入監服刑案例。所以我心想，我能幫監獄裡的受刑人做些什麼？後來我有機會在《勁爆女子監獄》（*Orange is the New Black*）中演出，讓我覺得自己似乎註定要做這件事——現在**我可以替人發聲**了。所以我積極參與女子監獄協會的事務，並在因緣際會下，跟克勞汀·狄索拉（Claudine DeSola）以及塔碧莎·聖伯納傑卡伯（Tabitha St. Bernad-Jacobs）共同成立了 LIVARI 服飾公司。因為我們想要僱用服刑期滿出獄的女性更生人，所以 LIVARI 便跟一家叫做 Road Twenty-Two 的公司合作。」

艾莉莎明白天底下沒有人能一手包辦所有的事情，所以她找出自己能做的部分：「我覺得現在的世界有點黑暗，所以我每天早上一起床就在思考，我該採取什麼行動來改變世界？這種想法對我真的很有幫助。即便只是打電話給我那個選區的眾議員討論一件我認為重要的事，都會讓我的心情感到和平寧靜，並且更清楚我的使命。」

艾莉莎說從事志工服務最令人驚訝的是，你想上哪兒都可以，而且明天就能上工。「你不需要具備任何的特殊技能，也不需要錢，你只需要付出你的時間和勞力。找出你的熱情所在，找到你的聲音，找到你認為最迫切需要愛心、服務與改變的地方。不論是性騷擾、環保、女權或任何一種名目——能夠從事志工服務的地方多到不勝枚舉。」

如果你想要找出自己究竟對什麼事務有熱情，以及你可以做些什麼事情幫助他人，我們將會在本章的後半部討論這些基本事項。

發揮你的影響力

你擁有改變人生與拯救生命的能力，但是在你踏上改變的道路之前，我希望你能先想想，做什麼事情會令你感到快樂？畫畫？烹飪？運動？我們每天為了一長串的待辦事項忙得不可開交，而忘了做什麼事情會讓我們感到開心。所以請你先花一點時間，好好想想做什麼事情會令你覺得躍躍欲試，並且把它寫下來：

當我在做 _____ 的時候，我最開心。

如果某人告訴你，你明天可以休假，而且你的工作全都有人負責處理，那你會如何度過這自由自在的一天呢？如果你知道你會去做什麼，現在就把這些事情整理出來。請暫時放下那些雜務與不得不去的應酬，這一天是專屬於你的！

在休假的這一天我打算要做：

_____

如果你的想法太多，不知該如何選擇，不妨參考表 16-1，把它們分成幾個較小的類別。

現在請你看看你寫下的清單，其中是否有些可以納入你每日或每週的例行公事？是哪些事情呢？規劃這個休假日，是否讓你領悟到，你竟然忘了從前很愛做的某件事？你必須做什麼才能重拾往日的舊活動呢？有誰可以支持你做這件事呢？請跟那些與你個人興趣有關的人聊聊，並且找到能夠讓你參與那項活動的機會；那個人說不定願意擔任你的人生

表 16-1 我的休假日活動流程表

問問你自己：

一早醒來你會做什麼事？

你會冥想？運動？祈禱？看報？看電視？開始滑手機看社群媒體動態？跟寵物玩？跟孩子玩？泡澡？

接下來你會做什麼事？

寫你之前提過的劇本？打掃家裡？外出？

中午打算吃什麼？

自己在家裡做？叫外賣？去漂亮的餐廳吃大餐或是找間家常小館？你會在室內還是戶外用餐？不吃午餐？為什麼不吃午餐？

吃過午餐後你打算做什麼事？

睡午覺？散步？打電話？閱讀？購物？打掃家裡？準備晚餐？做志工？運動打球？上美容院護髮？置身大自然中？做手工藝？

晚餐打算吃什麼？

在家裡自己做？叫外賣？吃剩菜？上館子吃大餐或是找間家常小館？你會在室內還是戶外吃晚餐？

晚餐後你打算做什麼事？

泡澡？散步？看電視或電影？寫日記？

就寢前你會做什麼事？

閱讀？冥想？寫點東西？

表 16-2 找到你想從事的公益活動

問問你自己：

- 如果你喜歡作菜，你願意到慈善機構擔任掌廚的志工嗎？

- 如果你愛運動，你願意到某個跑步協會當志工、幫忙下一次的跑步活動嗎？你願意擔任志工教練嗎？

- 如果你是科技高手，你願意為你的母校或是某個需要翻修房屋的公益機構免費做設計工作嗎？

- 如果你喜歡跟人互動，是否有療養院／醫院／免費送餐／育幼院／麥當勞叔叔之家之類的公益機構，正在招募願意陪伴病患與其家屬的志工幫手？

- 如果你跟某個宗教團體或心靈組織有關，他們通常都會有一些請求支援的機構清單。

- 如果你喜歡小孩，你願意到某個國小的班級裡念書給小朋友聽嗎？你願意幫喜願基金會的小朋友圓夢嗎？你願意當大哥哥大姐姐志工嗎？

- 如果你是某個產業的資深專家，你願意到本地的學校（或是你的國高中母校）／社區活動／宗教團體中講課嗎？

- 如果你很有創意而且有時間，你願意到某個慈善晚會，或是即將舉行的慈善公益活動中擔任委員嗎？你能幫忙尋找場地／挑選菜單／布置場地／設計邀請函嗎？你能夠幫忙擬定或分攤一些工作

嗎？你能幫忙販售餐券或邀請賓客來參與活動？

· 如果你跟某個生病的人／照顧病人的人很熟識，你能幫忙打理餐
點或做一些家務嗎？

在本章中，我們談到了當一個社會變革促進者的好處，以及如何找到你想要有所貢獻的公益事務。下回當你心動卻不知該採取什麼行動時，不妨再次想想以下這些問題：

· 是什麼事情令你晚上睡不著覺？

· 如果你有一天不必上班可以自由運用，你會如何度過這一天？
　（你很喜歡且一直想要做哪件事？）

· 有哪些公益活動跟你的興趣有關？

· 在你認識的人當中，是否有人正好在從事那項公益活動，所以你可以向他們討教？

· 你可以跟著那個人一整天嗎？參加他們的委員會？

· 一旦你找到了你想要做的事情，一定要鼓起勇氣跟機構的負責人談談，並找到你可以貢獻服務的地方！

現在你已經知道你想做哪種志工了，下一章我要告訴你如何把你的社會服務精神發揮到淋漓盡致。

CHAPTER 17　做對的事，不需要原因

Amplify Your Activism

你正在收看電視新聞，感覺心臟愈跳愈快，因為主播剛報導了一則大規模槍擊案，接下來則是一樁誤判案，然後是某所學校因老師毆打學生而召開緊急會議。你不知道你的海報板或麥克筆在哪，也不知道誰會參加你發起的遊行活動，畢竟現在已經是晚上 11 點了，你早就換好睡衣準備上床睡覺了。雖然你終於決定放棄，但你心裡真的很沮喪，為什麼**每天都會發生這麼多鳥事**？但最後你只是引述了金恩博士與曼德拉的語錄，並且 PO 上了你最愛提起的 3 個字：**#改革者**

導師或問責夥伴（請參考第 4 章）；又或者他說不定願意邀請你跟在他身邊幾個小時，或參與某個會議，好讓你可以重溫舊夢。請把這些人的名字寫下來：

　　現在請你想想其中的某個活動，問你自己是否了解跟它相關的公益活動。你可以參考表 16-2，找到你想從事的公益活動。

不論何時，我們每個人都有一大堆事情可做，有些是不得不做的公務、有些則是可有可無的私事或休閒娛樂。那就是為什麼當我們看到新聞報導、並思考如何改善這世界時，會覺得千頭萬緒不知該從何處著手。所以我將會在本章，詳細說明投身公益活動要考慮的相關事宜，讓各位明白如何在有需要的地方發揮你的長才。不論你已是個資深志工，或是最近有意出來帶領一項公益活動，都可以參考我個人打造公益活動的一些步驟；本章將會提供非常多的實用資訊，讓各位的滿腔熱血有用武之地。

　　在展開改革行動之前，每個領導者都應先問自己以下 2 個問題：

・我為什麼想要帶頭做這件事？
・現在是我開始做這件事的好時機嗎？

　　雖然你是出於一片善心想要解決世界上的問題，但是在你披上超人斗篷之前，如果沒有先想清楚相關細節，或是你根本抽不出時間做善事，日後你很可能會後悔踏上這條路。為了避免你白白浪費自己和別人的時間，我們要好好檢視這 2 個問題。

停止問，開始做

　　如果你是因為喜歡受人矚目、想要獲得好評、想要被眾人賞識，或者是因為無聊想找點事情做，而決定帶頭做公益，那都是 OK 的。或許你是因為孩子上學了，你想找個重新跟社會連結的管道，或是你想做些充實心靈的事情，以上種種原因都言之有理，你或許認為：「想當個改革者，不就是為了要有所改變嗎？」但其實每個人選擇當個社會改革者

的理由都不一樣，更重要的是，你打算如何達成改革的目標，以及過程中你要如何對待別人。

如果你是打算利用這個領導者的身分，提高自己的地位和權威感，好讓你可以指揮與使喚身邊的人——這可就不 OK 了。如果你是為了獲得學分，或是想把它寫入你的履歷表而做這件事，我並不會指責你。但如果你把這件事寫入履歷表、或是把你的名字放在活動邀請函上，卻什麼事都沒做，那我可就無法認同了。

當一名成功領導者的首要祕訣：如果你想邀請某人加入你的委員會，你必須讓對方知道，做公益能讓他們得到哪些收穫。**領導人不能只顧著讓自己置身在聚光燈下，而應該把焦點放在那些需要大家伸出援手的事情上。**

其次，俗話說：三個臭皮匠勝過一個諸葛亮，如果其他人願意提出具有建設性的意見，就能幫你提出更周全的觀點，並且獲得學習的機會。人多半有物以類聚的傾向，所以你需要有不同觀點的人加入，以擴大你的使命與視野，讓你成為一個更有見識也更有作為的領導者。

如果你看了這段內容後，覺得參與委員會的負擔太大，就別忙著成立你自己的社會公益平台。不妨先從出席活動開始做起，等到你想多盡點心力時，再向負責的人表明你比較想參與的事務。其實人們通常是因為害羞，而不參與公司或是孩子的學校或是社區團體所舉辦的活動。我希望各位明白，**你不一定要當團體裡聲音最響亮的那個人，才能改善社會**，其實活動的成功，要靠很多無名英雄在幕後默默的付出，所以你不必硬逼自己走到幕前或是當個領導人。如果你生性害羞，不習慣站在聚光燈下，你只需要讓人家知道你有什麼特殊的才華，這樣你就能以你感到自在的方式，為你支持的公益活動盡一份心力。

#我的故事：你很擅長領導統御嗎？

　　我在大專院校演講時，曾有 2 名大學生告訴我，他們學校的幹部委員會會長，是個很會欺壓與使喚別人的傢伙。這絕非正確的領導方式，只會讓其他人離心離德。

　　後來在某個大專研討會中，有名學生在我演講結束後舉手發言，說他發現自己會嚴厲批評委員會中的同學，還會使喚身邊的人，於是我問他當初為何想要擔任領導者的角色，他回答說：「因為我覺得只有在這裡，大家才會聽我說話。」

　　聽到他的回答令我的心往下沉，於是我請他寫下他引以為榮的優點，以及他是否有把其中任何一項特質，應用在他的領導統御風格中。他回答說沒有——他總是迫不及待地對著別人大吼大叫，結果忘了自己是個很有創意的人，並且擁有很優秀的組織能力。

　　我剛推出 YouTube 頻道時，曾經開了一門由我親自指導的課程。某晚，一名心情非常沮喪的學員打電話給我，他說在課後會議中，大家都不聽他講話，而各項任務的負責人，也都沒做好他們的工作。我聽完他的抱怨後問他：「你為什麼會想要擔任這個角色呢？」他回答說：「因為我希望畢業以後，人家還會記得我是個領導者。」

　　這個答案並不算太糟，至少是誠實的。但問題來了：如果你的委員會成員，發現你這個領導者，只是想要「名留青史」，他們恐怕未必樂意替你「抬轎」吧。所以我問他：「你曾否問過每位成員，為什麼想要加入委員會？曾否問過每個人，他們喜歡參與哪種團體，以及他們想要改變這個團體的哪件事？」他回答說沒有。

　　於是我問他，是否願意跟每位成員一對一見面，並問他們，他

該扮演什麼樣的角色，才能幫到對方？他同意我的建議並且認眞照做，幾個星期後，他寄了封電郵給我。他說當他改變領導風格之後，事態大爲好轉，現在大家不只認眞完成他交辦的任務，而他自己也發現到，這樣的作法比之前有效多了。

成功強化優勢

雖然這些故事大多來自年輕人，但其實我也曾跟許多非營利組織的專家以及剛開始帶頭做公益的菜鳥領導人談過，所以下面的建議可適用於每個人：

- **如果你想要被看到，就先找出你的長才。**如果你要帶領的人，不知道他們能夠做什麼，你要幫他們找出他們的長才。
- **如果你想要被聽到，一定要傾聽被你領導的人。**找一個安靜不會被打擾的地方，試著傾聽你自己的想法、夢想以及恐懼。你要用這些東西來提振大家的士氣，而非把它們投射到你的團隊裡，因為那麼做的話只會令他們感到擔心害怕！
- **如果你想被人記得，一定要讓你身邊的人知道，你有看到、聽到且支持他們。**你的委員會成員不可能記得每次會議的每個細節，但他們永遠會記得你帶給他們的感受。
- **如果你想創造一番新氣象，就需明白眾志成城的道理，並且讓成員分享他們的看法與構想。**

如果你害怕失敗，歡迎來當個領導者。如果你害怕大家會認爲你是個差勁的領導者，或是認爲你的點子根本行不通，因而對他們大吼大

叫，並無法掩蓋你很沒安全感的事實。你該做的是，預先想到所有可能出錯的環節，並且指派專人負責各項議題，然後大家合組一支團隊。如果你自己攬下太多工作，那其他人就無事可做了，所以在你答應帶領某個公益活動之前，務必要先確定自己有能力承擔這個任務。

不過度付出，是一種負責

當你筋疲力盡或是沒那個意願時，當然沒必要硬逼自己參與公益活動，你大可婉拒邀約，因為你需要先照顧好自己。

由於某些事務需要投入較多的時間和精力，所以**你必須仔細評估自己是否有足夠的時間和能力從事志工服務**。例如義務幫忙籌備一項活動，跟加入董事會，兩者承擔的責任是截然不同的。

簽名銀行（Signature Bank）的創辦人兼董事長史考特・薛伊（Scott Shay）指出，在你加入某個董事會之前，你必須先問自己這些問題：「如果是非營利組織的董事會，你要問自己：『我願意自掏腰包開支票贊助嗎？』、『我願意在財務上提供援助嗎？』至於營利事業的董事會，當然是有錢可領的。但不論是哪種性質的董事會，除非你對於該組織所從事的事情極有興趣，而且對方主動開口問你，否則不要涉入。耐心等待一個更好的時機，等到有你想做的事情，或是有你想參加的董事會時，再加入也不遲。」

他還指出，如果你是某個董事會的主席（董事長），你必須看看團隊裡的成員有誰，「每位董事如何對公司的業務做出最大貢獻？每位董事各有不同的專長，擺對地方才能有最佳表現。我常鼓勵董事們有『異見』的時候一定要講出來，因為那樣才能對抗團體思考。要避免董事會做出糟糕的決定，最好的方法就是有人出言提醒：『你有好好想過這個

嗎？』、『你有好好想過那個嗎？』、『你有用之前從未想過的角度好好檢視過嗎？』」

你在某個時間點可能想要加入某個董事會，但現在你可能更想要落實你的理想，所以接下來我們就來探討如何達到此一目的。

◎ 女性也能勇敢爭取自身權利

如果你是位女性高階主管，並且有意加入某個企業的董事會，你可以從 http://womenintheboardroom.com，獲得一些有用的資訊，以及董事會的職缺。

採取行動實現你的理想

接下來我要跟大家分享的，是我這些年來學到的一些教訓；不論各位是想要開創新事業，還是加入某個委員會，或是籌辦一場公益活動，都可以做個參考。這些資訊不僅能應用於公益活動，還可以改變你做事的方式，以及帶領你辦公室裡的團隊。

當你想要籌辦一場公益募款活動時，能讓愈多人得知這個訊息愈好，並且開始招募人手加入你的委員會。如果你是為了大家都在關注熱搜的頭條新聞舉辦公益募款，要號召大家來幫忙就會很順利。

例如我為 2004 年南亞海嘯的受難者籌辦募款活動時，雖然我個人並未受到這個天災的影響，但我知道我可以號召大家一起來幫忙這場災難的倖存者。雖然我並不知道要從何開始，但我逢人便說我要辦場派對、捐款給南亞的猶太教會，透過他們來幫助當地的百姓。有個朋友告訴我，他認識那裡的拉比[17]，所以他居中介紹我們認識。我一共問了 12 名

朋友，是否有興趣擔任我的委員會成員，我們事先向有意參加派對的人收取 36 美元的訂金，當晚則在會場門口加收 54 美元，結果我們一共募到了 2 萬美元，用來替普吉島外的一座村莊打造一座淨水系統。

如果你支持的是大家比較不熟悉的公益活動，那你要先跟大家說明，然後再開口請求對方提供金錢或時間的支援。當我想為年僅 2 歲的狄倫‧羅比諾維奇（Dylan Rabinovich）舉辦一場正式的募款晚宴時，我不可能只是發送大量電郵或邀請函給朋友，就期待大家願意掏錢買票並且盛裝出席我的活動、幫我捧場。

我必須告訴大家，狄倫一出生就罹患了一種稱之為狄喬治症候群（DiGeorge's Disease）[18]的罕見疾病，所以每一次我想要分享活動的細節時，我首先要做的事，就是分享狄倫的故事。

接著我要跟大家說明，為什麼我們要募款與呼籲大眾重視此事，因為這樣才能透過 Chromosome 22（www.c22c.org）這個公益組織，來幫助其他有類似處境的病童及其家屬。

當大家理解狄倫的特殊情況後，就會開口問他們能夠做什麼。這時我會向他們解釋，善款將用來製作門診手冊，以及贊助每兩年一次的研討會，屆時會有來自全球各地的病患家屬齊聚一堂，分享各種治療資訊並且互相加油打氣。

經過這番詳盡的說明之後，大家就會踴躍地捐款或掏錢買票出席晚會，因為大家都想要參與這項能夠改善別人人生的善行。如果只是在臉

---

17 「拉比」是猶太律法對於合格教師的稱呼，這個字最早源於希伯來文的Rav（或寫為Rab），意謂「一位偉人、首領、師傅」。拉比的宗教及社會地位十分崇高，為許多猶太教儀式中的主持，君王也經常邀請拉比進宮教導。

18 由於第 22 對染色體缺失，導致患者有臉型、心臟、頭頸部、聽力、副甲狀腺、胸腺異常，亦有學習障礙、生長遲緩或智能障礙等異常表現。

書上 PO 個文，然後就交差了事，活動絕對不可能這麼成功。

群眾募資網站，以及利用生日派對做公益，也能讓大家更願意慷慨解囊。不過我們每個人每天都會收到各式各樣的募款請求，為了要讓大眾支持你的理想，你必須提出有意義的訊息打動他們。換言之，為了要引起大眾的注意，你必須讓他們關心你的議題。

別小看眾人齊力

當我的朋友蕾秋·柯恩·傑蘿（Rachel Cohen Gerrol）要歡慶她的 40 歲生日時，她除了在社群媒體上 PO 訊息，而且還廣發電郵給她的親朋好友，號召大家一起支持她極為認同的一項公益活動，以下就是那封電郵的內容：

親愛的朋友們：

今天可是我的 40 大壽！為了回報老天給我的福報，我希望各位能夠助我一臂之力……

數年前我得知大紐約地區，有將近 25,000 名的大屠殺倖存者，他們的生活困頓，已經到了貧困線之下，於是我成立了「倖存者援助計畫」[19] 來幫助他們。

這些倖存者靠著微薄的援助勉強度日，他們的收入根本不足以支應食物、房租、暖氣費用、以及醫藥費。

19　「倖存者援助計畫」詳情請參 www.survivorinitiative.org。

他們經常處於饑寒交迫的狀態，而且無人聞問。但是只要我們大家一起伸出援手，他們就知道這世上還有人記得、尊敬與關心他們。

「倖存者援助計畫」想要跟大家募款，用來協助本地的慈善機構，加強照顧這些貧窮弱勢的大屠殺倖存者。我希望各位能夠加入我的行列，幫忙提供他們亟需的支持，讓他們能夠過著更有尊嚴的生活。

不論捐款金額多寡都很歡迎，意者請詳：

http://ubackforgood.com/donor/#1/app/nonprofit/20814

感謝大家

蕾秋

◎ 捐款贊助骨髓配對公益組織

我的朋友辛蒂發現她 1 歲的小女兒艾亞樂，罹患了罕見的骨髓造血功能不良症候群，他們夫妻倆立刻發起全國性的骨髓募集活動，希望能找到相符的骨髓。他們募集了超過 33 萬美元的善款，捐給「生之禮骨髓登記中心」（Gift of life, GOL），用來支付將棉花棒唾液採集包送至檢測機構、並且登錄到骨髓資料庫所需的費用──希望能替艾亞樂找到配對的捐贈者。

可惜艾亞樂沒能等到好消息，並於 2012 月 1 月過世了。得知還有好多檢體因為缺乏經費而無法送去檢驗，我們的心情沉痛不已。

在猶太教的一週哀悼期內，我見到了 GOL 的創辦人傑伊・芬伯格

（Jay Feinberg），他特地從佛羅里達州飛過來向家屬致意。我告訴傑伊，我想替這些病患做些事情；他告訴我，完成 1 份檢驗的費用是 60 美元，只要他們一拿到捐款，就會立刻送檢。幾個月後，我參與了該組織的年度大會，親眼見證了骨髓受贈者與捐贈者相見的感人場面。那晚我也做了檢驗並且做了登錄，我告訴傑伊跟他的團隊，我將在紐約替 GOL 舉辦一場募款活動。

我組織了多達 150 人的委員會，並跟我的朋友、老師與同事約定，定期舉辦咖啡聚會、午餐聚會以及晚餐聚會。我甚至召募我在約會網站上認識的人來共襄盛舉，不過我會先把話講清楚 —— 我並不要求他們來開會，也不會佔用他們很多時間，我只需要他們的支持，至於參與的方式由他們自己決定：

- 有些人負責大量發送電郵。
- 有些人負責開支票捐款。
- 我跟我的朋友尤莉製作了一支有名人客串的 MV，並邀請《花邊教主》的女星凱莉‧魯瑟福來主持我們的募款晚宴，雖然她工作滿檔，卻一口答應幫忙，而且她也做了檢驗。
- 有些人動用他們的人脈，找名人錄製宣傳影片，或是幫忙勸募一項物品拿來義賣。

各位可在以下網址，看到骨髓配對晚宴的實況錄影：http://youtu.be/f7vLfA7N_dg；那場活動募得將近 30 萬美元的捐款，專門用來支應檢驗費用。直到今天，每次我們要為 GOL 募款或是贊助一項移植手術時，我仍然會大量發送電郵，並在社群媒體上 PO 出消息。截至目前為止，我們已經促成了 35 個成功配對的案例，並且贊助了 8 次移植手術。

這個眾星雲集的盛會吸引了 600 人的參與，儘管事前發生了許多緊急狀況，不過幸好最後都靠著大家的幫忙，活動才得以圓滿落幕，**每個參與者都功不可沒**。誠如我在本章一開頭就跟大家分享的，要成為成功的領導者，只有 2 個祕訣：弄清楚自己在做什麼，以及為什麼要做這件事，並為每一個參與的人找到適合他的工作，那麼大家就會盡心盡力地協助你圓夢。

籌辦公益活動的 8 個步驟

現在各位已經知道籌辦公益活動需要做哪些事情了嗎？好極了，那我們就開始吧。以下是我經常採用的行動計畫，我把這整套資訊全都教給各位，乍看之下，你可能會覺得「我的老天鵝呀！」即便到現在我已經辦過那麼多次活動，但每次開始一個新的計畫時，我仍然會覺得很緊張，因為看起來要做的事好多、但時間卻好緊迫。但其實只要你列出各個待辦事項，並且逐一完成，事情就會變得容易些。所謂「一回生、二回熟」，只要你從頭到尾打理完第一個活動，第二個就不會那麼可怕了。而且你會開始看到自己擅長的部分，以及需要別人幫忙之處，你也會從自己犯下的錯誤中，學到寶貴的經驗和教訓。

◎ 步驟 1：弄清楚你想改變什麼以及為什麼想要改變它

在我開口邀請某人幫忙籌辦骨髓配對晚宴之前，我已經**清楚設定我的目標**：我想要捐款給 GOL，讓他們把所有熱心人士寄回來的檢驗小包拿去檢驗並完成國際骨髓登錄。這是個野心很大的目標，因此我雖然沒能達成心願，但我還是覺得很欣慰，因為完成一部分，總是好過一個都

沒完成。

有一點要請各位注意，有時候你想替別人做點好事的心意，有可能會惹怒別人。我知道此話聽起來很莫名其妙，因為我們都認為，每個人都願意幫助有需要的人；但請各位要做好心理準備，並不是所有的人都理解，你想要改變什麼，也不明白你為什麼覺得有必要改變。這些人喜歡事情保持原樣，所以他們完全沒興趣參與你的公益活動。

有些人會質疑你的動機，還有些人則會認為，你逃避自己的問題，所以你才會覺得有必要解決其他的問題。有些人會甚至會因為你有心行善而討厭你，他們會被你的熱心所激怒，並且想要阻撓你。

你要盡一切力量不讓這些人打敗你，並且依靠那些支持你的人。相信我，要當一名領導者，你會有一長串的事情要做，根本沒時間理會那些為反對而反對的人。

◎ 步驟 2：問自己，誰能幫我完成此事？

現在你已經知道自己想要改變什麼，以及為什麼要這麼做，太棒了！現在請你問問自己：誰能幫我完成此事？如果你的答案是：沒人，那你最好就此打住，千萬不要自己一個人走上這條路。如果你是 A 型人，我知道你會很想自己獨力搞定一切，但如果你能找到對的人來幫忙，其實當個領導者，你可以成就更多事情。

我的作法是，**親自打電話給能幫我的人，並邀請他加入我的行列**。這麼做雖然比廣發電郵或簡訊花時間，但是親自打電話邀請對方，意義就是不一樣：「我想做某件事，而且我很希望你能來幫我。」他們有可能會加入，甚至會推薦你不認識的其他人來共襄盛舉。你可以發電郵給這些新朋友，約好何時打電話給對方，然後你再上社群媒體發布消息，

說明你們這群人正在做的事情。

如果你沒有任何朋友能幫你，找找看周遭是否有類似目標的組織，如果你的構想與某個組織的宗旨不謀而合，你不妨找它的會長或主管，要求跟對方見個面，要是他們很欣賞你的想法，說不定就願意幫你落實它。如果你還是決定自己來，他們說不定會給你指點迷津，告訴你如何推動此事。

你還可以開始參與他們的活動，在那裡擔任志工、交些朋友，等到你的想法順利展開後，你便可以問他們是否願意助你一臂之力。如果你有 1 個朋友願意幫忙，那你們就有 2 個人可以一起腦力激盪，並且分攤待辦的事務。當你們互相到對方的班級或辦公室拜訪，就會認識另外一批人；你永遠不知道接下來會認識誰，而且對方說不定就會成為你們 2 人之外的下一名生力軍。

◎ 步驟 3：打造一個執行委員會

假設你已經接洽了一些人，跟他們約好一起喝杯咖啡，也準備好要開始工作了。我希望你們盡快成立一個執行委員會與次委員會，執行委員會要由願意承擔較多責任的人組成，他們必須參加會議、參與規劃整個活動，並且要擴大活動的規模。身為活動發起人的你，不可能獨自包辦募款、籌辦活動、分裝禮品袋、發送電郵所有大小雜事，所以你要把工作分派給執行委員會裡的每個人。你應指派幾個人負責募款、公關、招募人手、設計、物流、志工、拍賣，以及準備紀念品。執行委員會裡的成員，應當擔任各個次委員會的負責人。所以如果有 10 個朋友說他們願意來幫你，但他們抽不出時間參與活動，你就可以請他們加入志工小組。如果你有個朋友很喜歡設計東西，那你不妨請他幫你設計海報、邀

請卡，甚至是識別標幟，這樣每個人都能找到適合他的工作。

◎ 運動員和品牌間良好的營銷合作夥伴關係

當你想籌辦一場活動時，可以接洽各種不同的贊助廠商，有些贊助者會支付一筆費用，讓你把他們公司的名稱與識別標幟，放在跟活動相關的所有物品上，有的廠商則願意付費，跟你們推出聯名商品。不過要獲得廠商的贊助並不容易，所以伊希雯·艾南德（Ishveen Anand）設立了OpenSponsorship（www.opensponsorship.com），這是個專門促成運動員與品牌及公益活動結合的雙向市集，「有些人在體育界擁有豐沛的人脈，而且知道如何用運動員替品牌加分，我們這個平台就像是贊助界的 Airbnb 與Match.com。」想要了解更多詳情的人，可至 entm.ag/opensponsorship 觀看我訪問伊希雯的影片。

◎ 分派團隊任務的小祕訣

以下是我過去在舉辦大型活動時，分派小組任務的作法：

- **活動總負責人**：此人要負責督導每個人的工作，並且要核實所有的工作是否如期完成
- **募款組負責人**：此人要協助活動負責人擬定活動預算，並與執行委員會一起訂下一個募款目標。募款負責人的職責包括：領導募款委員會、拜訪捐款者，以及安排電話募款。此人有時候還要負責接洽所有的贊助廠商與品牌夥伴，如果你能夠找到一位很有外交手腕的募款負責人是最理想的。

- **公關組負責人**：此人要負責撰寫新聞稿，還要與媒體打交道，讓活動有機會獲得媒體報導；同時還要負責在社群媒體 PO 文，供活動負責人以及所有的執委會成員使用，好讓參與活動的每個人，都能到他們各自的私人網絡，分享活動的正確資訊。

- **人力招募組負責人**：此人要負責招募人力，他必須為活動成立臉書頁面，並在活動正式舉行前，不時舉辦一些小型聚會，告訴大家本次活動的宗旨是什麼。此人還要與接待委員會合作，確保接待組發送活動邀請卡給他們的人脈，並在他們的社群媒體上 PO 文。

- **設計組負責人**：此人是團隊中的**創意大師**，他要設定所有事物的調性。他要與活動負責人共同打造活動全部素材的外觀、感覺以及用語。在討論上述內容時，如果能邀請執委會及／或公關團隊共商大計會更好。

- **紀念品組負責人**：在活動結束時，要送給每一位來賓一份紀念品，內容通常是贊助商與品牌夥伴捐贈的產品，或是你們支持的慈善機構的成品，例如一本書。此人要與他的團隊討論，禮物袋裡要放哪些東西？該從哪裡取得禮物袋（用訂購的？捐贈？是可重複使用的環保袋還是用過即丟的紙袋？）

- **拍賣組負責人**：此人要負責取得可以拿來拍賣的物品——這是在整個活動期間持續進行、由一般民眾競標物品的募款方式，最後會由在活動當晚出價最高的人得標。由於拍賣募款需要相當多的規劃，要是沒人出價的話，就不值得費這番工夫，所以你一定要清楚鎖定可能競標的對象。拍賣品負責人要跟他的團隊，負責取得物資並加以整理——有些物品如果跟其他物品組

在一起，拍出的價格可能會更高。此一團隊還要負責介紹拍賣物品，或註明任何限制（例如註明賞味／使用期限，或優惠截止日），以及物品的估計市價。

- **後勤支援組負責人**：在活動舉行的當天，你會需要很多協助，例如來賓報到、現場售票、分送禮物袋、回答問題、解決突發狀況。這時候就需要後勤支援組的負責人與志工組的負責人的全力配合，確保每個人都能做好各自該負責的工作。

- **志工組負責人**：通常我會同時擔任活動總負責人，以及後勤支援組和志工組的負責人，但我建議各位最好分別請專人負責。擅長調度人力的人最適合擔任志工組的負責人，因為要調度一場大型活動的所有志工，其實是件大工程。志工組負責人必須**製作一份班表**，載明每個人值班的時間與負責的事務，讓大家上工的時候能夠簽到。如果有人錯過他的排班，志工組負責人必須立刻決定是由自己上陣，還是由其他待命的志工即刻救援。志工組負責人還需確保每位志工都有適當的休息空檔，每個人都需要用餐，並且有時間享受這場活動，但如果有人樂於全程服務，當然也 OK。

- **接待組負責人**：接待組的成員，通常很支持你的想法，而且也想參與活動，但實在抽不出時間，所以他們基本上會買票並且邀人來捧場。接待組對於任何活動都是相當重要的，他們算是你的神隊友，因為單憑你自己的力量其實很難扛起整個活動。接待組的負責人要牢牢掌握組裡的每位成員，還要負責發送活動的宣傳文案，好讓每個接待組成員都可以轉發電郵或 PO 在社群媒體上，讓最多人知道你們在辦活動。

等你的團隊全員就位後，你要想想如何讓每個人都能隨時得知活動籌備的最新進度。

◎ 如何準備禮物袋裡的紀念品

蕾秋‧哈諾威茲‧柯斯葛洛芙（Rachel Honowitz Cosgrove）是 Gift Bags by Rachel 的創辦人（giftbagsbyrachael.com）。她曾經爲影視演員協會獎、日舞影展、艾美獎、紐約時裝週、鄉村音樂獎，以及白宮記者聯誼會，提供紀念禮品袋。蕾秋指出，人人都愛免費的禮物，所以不論你是想爲孩子就讀的學校辦一場活動，還是替你最愛的公益機構募款，最好都能爲來賓準備一份紀念品。在準備禮物袋時，她建議最好要把活動本身、來賓以及時下的流行風潮都納入考量。爲了確保你的禮物袋能替活動加分，蕾秋提供了以下建議：

- 在活動 2～3 個月前便開始準備。
- 跟多個品牌接洽，因為就算你接洽了 20 個品牌，最後頂多只會有 2、3 家真的願意捐贈。
- 禮物袋裡的東西要討人喜歡，人人都喜歡先試用再購買某個產品，所以**新推出的巧克力、護膚產品、手機殼或珠寶都是不錯的選擇。放幾張產品兌換券**也是 OK 的，但不宜太多，因為大家喜歡立刻就能摸到及試用的新產品。如果某人不喜歡某樣東西或那東西不適合，他們大可轉送給別人。
- 5 到 10 樣東西就很夠了，儘管人人都愛免費的東西，但也不必做過頭。
- 視活動的性質而定，你可能需要把禮物袋分成一般人士與 VIP

兩種等級。如果你要求的數量不大，贊助廠商或許會願意捐贈一些較高檔的商品供 VIP 使用。

- 如果禮物袋的數量龐大，你可能需要租用一個空間，來分裝與放置禮物袋，這會省下很多舟車往返。

- 記得要給贊助廠商適當的回報，例如在社群媒體上 PO 文感謝，或是保證會在活動的新聞稿中提到它們。他們給了你不少價值的產品，你至少要公開致謝做為回報。如果某個名人或 A 咖來賓，在推特或 IG 上 PO 了禮物袋中的某個物品，那對廠商來說是大大加分的。

- 記得要附上一張印有活動 logo 與 hashtag 的謝卡，感謝所有捐贈物資的廠商與品牌，記得加註他們在社群媒體上的暱稱，此舉將會鼓勵來賓把他們最愛的物品 PO 出來。

- 多準備幾個禮物袋，以備不時之需。手上隨時有禮物袋可以送給贊助廠商，或是無法到場的 VIP 當作謝禮，才算周到。

◎ 步驟 4：決定你要如何與你的團隊溝通

等到整個團隊就緒後，你要如何讓他們取得最新的資訊？是要定期開會？還是每週發送電郵？利用線上軟體召開視訊會議？活動總負責人必須了解你的團隊偏好什麼樣的溝通方式 —— 並準備好兩種更新內容；（發電郵與親自致電；負責重要工作的人，例如執委會成員與各組的負責人，則可透過 Skype 聯繫）我會在活動場地跟團隊進行小型會議，並且每月發送一次骨髓配對晚會的彩色電郵。

同時你要做好萬全的心理準備，就算你已經把所有事情全都清楚寫在電郵裡，卻總是會有某個人或某些人，詢問一些**你明明已經回答過**的

問題，你會很想要打電話給那人，並且告訴他：「你有仔細看我剛剛傳給你的電郵嗎？所有的答案都已經寫在裡頭了！」**千萬別動怒**，記住這些人可是無償來幫忙你的，而且他們都盡了最大的努力。但如果這樣的情況持續存在，而且對方的行為已經干擾到你的生活，那你應當找個時間好好跟對方談談，了解他是否還想繼續留下來幫忙。

舉辦一場活動、晚宴或是成立俱樂部，通常挺累人的，所以記得給自己保留一點私人時間，好讓你能享受這整個過程。

◎ 步驟 5：適時讓自己暫停一下喘口氣

你是否光看這些步驟就已經覺得吃不消了？要當個改變者可沒那麼容易，需要付出很多時間和精力。不論你是想改變還是改造，過程中總是會有很多起伏。有時候你必須被別人拒絕過很多次，才能獲得對方的認同，並且募到一筆款項、修改一個政策，或是看到你想要的改變成形了。所以千萬別讓一場苦戰，就擊潰你的心志。

為了避免把自己搞到筋疲力盡，你必須給自己一點休息的時間，並且抽空跟你的家人和朋友聚聚、冥想打坐、聽點音樂放鬆心情。總之做些你平常愛做的事，讓轉個不停的大腦稍稍休息一下，所謂休息是為了走更長的路，適時讓自己喘口氣是非常重要的。

帶領一個社會運動更需要耐力，所以我常說人生就像一場馬拉松，而且我覺得自己才剛跑到折返點，這是什麼意思呢？我的用意是，**你不要老想著你還有多少公里要跑，而應該想著你已經跑了多少公里**。你一定要抽空犒賞自己，這樣你才能成為一個更優秀的領導者（而不是每次都在活動正式舉行前，因為累倒而抱病上陣）。

◎ 步驟 6：事情搞不定時向各路軍師請益

所有的領導者免不了都會遇上有人質疑你的時刻：**這樣做行得通嗎？我們能成功嗎？**遇到這種時候，請去找那些愛你且相信你的人。誰總是會提出理智的意見？誰能令你開懷大笑？誰是你的啦啦隊？誰曾經遇過類似的情況，因此最能理解你的心情？以上這些都是我在陷入瓶頸時，會打電話求助的人。

我在籌備骨髓配對晚會期間，曾被電視台指派報導颶風珊蒂（2012年）肆虐美東的實況，長達 9 天的時間我一直待在紐約皇后區的牙買加，親眼目睹颶風對當地造成多嚴重的災情。

骨髓配對晚會預計 11 月 18 日舉行，而颶風珊蒂則是在 10 月底來襲，我拿不定主意是否該把募款活動延期？值此紐約市遭受颶風重創之際，許多市民仍生活在無電力可用、被颶風吹倒的大樹還壓在屋頂的時候，我們真的要辦一場盛裝的正式晚宴嗎？

但另一方面，還有那麼多能夠救人一命的檢驗包亟需檢驗與登錄的時候，我們真的該取消這場籌備多時的募款餐會嗎？

如果是你，你會怎麼做呢？最後我們決定如期舉行募款餐會，但請每位來賓帶一項物品送給颶風的受災戶。會後我們收集到很多清潔用品，送給史塔頓島上的民眾，並協助他們返回家園。

◎ 步驟 7：隨機應變

身為改變者，意味著你已經備妥一份藍圖。但是最優秀的領導者，會盡量預測可能發生的狀況，以便在真的遇到問題時，能夠迅速解決。

我一向會在活動舉行的數週前，便與我的委員會坐下來，把所有可

能會出錯的狀況，逐一列在清單上。我們會把自己當成是當晚的來賓，從場地的大門外開始，一路走向報到處，並穿越整個空間，這樣可以預先檢查哪些事項被疏忽了。

但儘管你做了萬全的準備避免出錯，你同時仍要做好心理準備，屆時還是有各種你可能永遠無法預測到的狀況會出現。

活動舉辦的當晚，我提早數小時抵達會場，在做最後一次巡禮時，我找不到贊助商送到會場的伏特加酒 —— 那可是價值數千美元的重要物資！現場雖然有很多的啤酒（那是我的好友艾莉森捐贈的，而且我們在前一天便全數運到會場），但伏特加酒完全沒運來！

我們大約會有 600 名嘉賓，我們原先預計在他們一進門後，就會看到伏特加廠商贊助的開放式酒吧，所以我得趕快想出法子解決。

我緊急詢問出借場地的負責人，是否可以先用他們的酒，等活動結束後他再向我請款，對方爽快地答應，最後甚至無償捐助。因爲他們知道我們爲了辦這場活動非常的盡心盡力，因此願意助我們一臂之力。

◎ 步驟 8：誠摯致謝

在活動舉行前 1 週，我們獲得 200 位善心人士簽署骨髓配對同意卡，活動當晚則有超過 600 人出席，這個數字讓我一則以喜一則以憂，因爲我不知道我們是否有能力負擔全部的檢驗費用、提供足夠的餐食，以及準備好我的謝卡。自此後我便提醒自己：如果活動來賓多達 600 人，謝卡千萬不要親筆簽名（最後我整整 24 小時沒闔眼，在活動前一口氣簽了 180 張謝卡）。

即便在這麼緊張的工作壓力下，你還是要記得關心你的團隊，並且當一個讓人樂意追隨的領導者。每當有人走進房裡時，受人愛戴的領導

者會說：「真高興見到你！」而不是酸言酸語地說：「哎喲，看是哪位貴人大駕光臨！」你無從得知別人花了多大的工夫來開會，就算他們（又）遲到了，但至少他們來了。

你可以嚴以律己，但盡量寬以待人，**永遠都不要伸出指頭指責別人，而應張開雙臂歡迎與感謝別人。**

　　如果你不覺得有什麼問題**必須**要解決，也不認爲必須爲哪個社團貢獻一己之力，你可能會覺得很沒勁。要當一個改變者需要具有持之以恆的毅力，以及一種「這件事我非做不可，否則我無法對自己交代」的使命感。但我希望各位在打定主意從事某個公益活動之前，先把以下這些問題想個清楚，以免日後感到後悔：

- 你想要改變或改造什麼？爲什麼你想這麼做？
- 誰能幫你達成此願望？你的執行委員會裡，會有哪些成員？你需要成立次委員會嗎？會有哪些人呢？
- 你要如何跟你的團隊溝通？
- 你要如何讓自己有喘口氣的機會？多頻繁？
- 事情搞不定時，你會向哪些人請益？
- 你如何隨機應變？
- 你如何向人表達謝意？

　　在籌辦活動時，你必須跟場地出借者／外燴業者／表演者以及廠商簽約，我希望你跟自己也簽署一份約定，以促使你達成目標。我將在本書的最後一章，提供跟自己立約的範本。

CHAPTER 18

衝刺吧，這一生只有一次
Ready, Set, Goal!

哇！終於來到最後一章了。我希望各位喜歡本書，並覺得從中獲得一些有用的工具，能夠幫助你活出最真實無偽的人生。我們就來回顧一下書中曾經討論過的內容，這樣當你感覺自己似乎又陷入因循怠惰的舊習，或是有人向你求助時，你才知道該如何正確因應。書中曾經提到的所有重點，就是我用來因應各種「每當……」狀況的錦囊妙計。

可以休息，但不要停止前進

每當你登入社群媒體，就因為「人比人氣死人」效應，而覺得自己很魯很沒用時，你一定要弄清楚，究竟是什麼事情令你對自己的人生那麼不滿。你不妨回頭重讀第 2 章，找出有哪些可行的措施，能夠幫助你擺脫困境。把你的不滿寫下來，找出可能的解決方法，像是減少滑手機的時間、更專注於當下的生活、擔任志工，或是你在書中找到的其他宣洩出口，來排除你的負面情緒。

每當你感到迷惘不知所措時，請提醒自己這種情況只是**暫時的**，並向你的人生導師或是信得過的夥伴求援，來幫助你達成目標。

每當你犯了錯，請允許自己生氣難過，但是不要一直糾結於這個挫折。你要勇敢承擔過錯、盡力亡羊補牢，並從中學到教訓。記住，今天沒能得到這份工作，或許能引導你在明天邁向一個更大更好的機會。被開除說不定能引領你找到自己真心喜愛的工作，明白自己其實入錯了

行，反倒讓你能下定決心轉換職場跑道。深吸一口氣，坦然面對命中註定的那個惡劣處境。

每當有人 PO 出他了不起的辦公室、團隊、專案或是產品，記住，你也可以對你的工作產生那樣的光榮感。你只需對你的現狀和未來的目標，以及過程中你要如何自處與對待他人，擬定適當的策略即可。和善待人固然是你最厲害的能力，但那並不表示你要忍受職場上的不公不義或惡劣小人；你要知道自己的權利，懂得如何保護自己，而且要勇敢對抗霸凌，千萬不要覺得自己必須默默忍受職場上的騷擾或歧視行為。你要當個讓別人想要見賢思齊的領導者，但在邁向成功的這一路上，也別忘了要好好照顧自己。工作不光是為了賺生活費，而是為了實踐你的理想，與過你喜愛的人生。

每當你發現自己跟朋友處在不同的地方，不論是心情還是地理環境上的，提醒自己這是成長必經的狀況，而且人生並非跑步比賽。當你感覺跟朋友圈漸行漸遠，不論那是因為你是唯一一個經歷過某些事情的人所造成的，還是因為你現在已經沒法像從前那樣跟大家打成一片，那滋味都不好受。所以你要珍惜那些幫助你成長的朋友，並努力讓自己成為朋友們需要你當的那種朋友。

每當你覺得身心俱疲再也不想約會，而且身邊的每個人都訂婚了、結婚了甚至有小孩了，千萬要堅持下去。因為**你根本不知道別人的笑顏背後發生了什麼事，所以何苦浪費精力嫉妒他人的生活**。倒不如花點時間想想，你想吸引哪種伴侶？你想對這段戀情做出什麼貢獻？相信你的直覺，勇敢揮別過去，相信自己最終一定會遇到一個最棒的對象。

每當壞消息或新的現況重擊你的人生，不必強顏歡笑故做無事狀；有時你會想要振作、想要反擊，但有的時候你卻只想躺在床上默默哭泣。不論你是健康出了問題、還是遭遇喪親之痛，你都不要獨自面對，

而應尋求支援。花點時間研究你能參與哪些活動或組織，既幫助別人也幫助自己。

每當你看到別人正在做一些很有意義的事，不要因為你自己還未找到認同的公益活動而嘲笑他們。你應想想是什麼事情害你晚上無法安睡，並想想該怎麼做才能解決此事。不是只有生活富裕的人才有資格行善助人，也不是說話大聲的人才能改善社會。等你開始參與公益活動後，記住，「捐助疲乏」（donor fatigue）乃是確有其事，**拒絕幫忙也不代表你這人很自私 —— 你只是在保存自己的能量**。你要經常為自己的成就喝采，也別忘了感謝那些幫助你完成使命與實現願景的人。

和自己立下真實人生契約

現在各位已經讀完本書的所有章節，想必也發現到，其實我跟大家一樣，經歷了好多的起伏才有今天的表現，而且你知道嗎？這本書講的就是我的人生故事。如果我把迄今活過的每一天，用筆點出一個小點，那這些小點已經足以填滿一整張紙。你認為我還記得每個小點所代表的事情嗎？我不記得了；你認為我還記得每個傷害過我的人嗎？我只記得其中一些人；但我記得我達成的大多數目標，以及改變我人生的恩人；但我確定我會開始忘記一些事情，所以我們會記得哪些人事物，其實完全取決於我們自己。

我之所以能擁有今天的一切，完全要歸功於我的人生目標：活出最充實的人生，並幫助其他人也活出最精彩的人生。因此，我鼓勵各位要當自己的人生嚮導，帶領自己到達嚮往的地方。當你期許自己要過著#不用濾鏡的真實人生時，最好能對自己許下一些承諾，敦促自己莫忘初衷。各位可以參考我在表 18-1 所列舉的這些事項，當成是你請自己履約

的條款──不過你只需簽署你認同的部分即可。

　　我希望各位能忠實履行你自己簽下的這份合約，活出真實無偽的人生（好事或糗事都坦然面對），讓你的真實人生就像你 PO 在社群媒體上的那般精彩，人生至此夫復何求。

　　謹祝各位**#不用濾鏡活出你的真實人生。**

表 18-1：#不用濾鏡活出真實人生合約

· 我，＿＿＿＿＿＿＿＿＿，將以我今日所知道及所擁有的一切，做出我最大的努力。

· 我不會爲了我的雄心壯志而道歉。

· 我不會爲了成就自己而打擊別人；而且當我需要別人幫忙時，我會開口求助。

· 我不會讓負面思惟腐蝕我的心靈，而是讓它們激勵我革除舊習、讓自己改頭換面。

· 我不會讓任何挫折來界定我這個人或是我的價值。

· 我會更加相信自己、不再動輒懊惱後悔。

· 我會清除對我無益的雜音；我會與那些害我向下沉淪的惡劣小人斷絕關係。

· 我會在遇見今生的眞命天子／天女之前，盡情追求自己的夢想。

· 我會盡力維護我的外表，並感恩我的身體爲我做的一切。

· 我不苛責自己。

· 從現在起，我會努力讓世界變得比我發現它的時候更美好。

· 我會說「我愛你」、「對不起」，並在必要時說「不」。

· 我會盡量少滑手機，抬起頭來享受眼前的一切。

· 我會記住生命眞美好，我亦如是。

立約人＿＿＿＿＿＿＿＿＿

日　期＿＿＿＿＿＿＿＿＿

謝辭
我真實人生中的無私支援

沒有我親愛的家人，就不會有今天的我。感謝爸媽，您們總是陪著我度過每一次的起與落，謝謝您們給予我無條件的愛、相信我的夢想，並且以身教讓我明白什麼是家人為先的道理。我以能當您們的女兒為榮，所以我要跟您們分享這個成就。

艾莉莎，我們能成為好姐妹是上天賜予的緣份，要當彼此最好的朋友則是我們的選擇。謝謝你陪我見證所有的故事，並且一直伴我左右同甘共苦。大 D，不論是一起聊人生或是為人父母的趣事，你跟我之間毫無隱瞞的心裡話，對我而言都是最重要的。席維垂阿姨，謝謝你總是跟我在電話上長談，並且一直支持我。蘭迪叔叔，我是你的大粉絲。馬修、喬達納、艾利克以及克里斯，你們最棒了！謝謝你們為了這本書，跟我做了無數次的腦力激盪。葛萊妮斯與馬文，謝謝你們歡迎我加入你們家，並在我從紐約搬往洛杉磯的過程中給我支持。小黛，謝謝你總是在我最需要的時候送上你的愛與關懷，並且當我的心靈大師。布蘭登，我很珍惜我們對每一件事所做的坦率對話，謝謝你花了那麼多時間跟我討論這本書。

米卡和尤里，謝謝你們的友誼，以及跟我一起製作那麼多的影片。

感謝 Entrepreneur 的每個人，尤其是比爾、傑森、丹、琳達、史帝夫、珍娜以及康瑞，謝謝你們堅定不移的支持。迪帕，謝謝你讓奇蹟發生，並且當我的磐石給我信心。

感謝 Entrepreneur 出版社的珍妮佛與凡妮莎，我們做到了！從我們第一次見面到現在，書居然真的出版了，你們相信嗎？謝謝你們從第一天起，就給予我以及這本書的信任。能跟你們合作真的是我無上的光榮。凱倫和丹妮耶，謝謝你們的創意以及對細節的留心。

我在撰寫本書期間，不但要忙著從東岸搬到西岸，而且肚子裡懷著一個小生命，還要在紐約時裝週展示我自創品牌的服飾。感謝我在東西兩岸的親朋好友們，幫助我度過這一連串「甜蜜的苦勞」（labor of love）。我還要特別感謝我的表姊卡蘿、吉拉與安杜西耶團隊、拉比 T 與畢尼、瑪提娜與 PT、庫西諾博士、貝斯博士、卡琳、大衛、伊恩、羅莉、傑佛瑞、JSW、艾琳、法蘭以及艾拉團隊。

布萊特，好高興我終於等到你了。謝謝你在我懷孕期間，用歡笑趕走疼痛；還有在我寫書期間，每天照三餐替我加油打氣。書裡的一字一句，你不知讀過多少次；並且在我們的寶貝出世後，幫我趕上每一次的截稿日。感謝你帶給我的一切，我更愛你了！

謝謝你，我的寶貝女兒，艾麗莎・馬可斯，你是我跟你爸爸生命中的光。謝謝你選擇我當你媽，我對你的愛已經超越文字所能形容，我迫不及待想跟你一起讀這本書。**#給你一個大大的擁抱**

社群假象

不掉進與他人比較的絕望陷阱

Unfiltered: How to be as Happy as Yon look on Social Media

作　　者　潔西卡・艾寶（Jessica Abo）

譯　　者　閻蕙群

書封設計　張天薪

內文版型　楊廣榕

編輯協力　張婉婷

資深編輯　盧羿珊

行銷總監　張惠卿｜一方青出版國際有限公司

行銷主任　汪家緯

總 編 輯　林淑雯

社　　長　郭重興

發行人兼
出版總監　曾大福

出 版 者　方舟文化出版

發　　行　遠足文化事業股份有限公司

地　　址　23141 新北市新店區民權路 108-2 號 9 樓

電　　話　+886-2-2218-1417

傳　　眞　+866-2-8667-1851

劃撥賬號　19504465

戶　　名　遠足文化事業有限公司

客服專線　0800-221-029

E-MAIL　service@bookrep.com.tw

網　　站　http://www.bookrep.com.tw/newsino/index.asp

排　　版　菩薩蠻電腦科技有限公司

製　　版　軒承彩色印刷製版有限公司

印　　刷　通南彩印股份有限公司

法律顧問　華洋法律事務所｜蘇文生律師

定　　價　450 元

初版一刷　2019 年 8 月

國家圖書館出版品預行編目 (CIP) 資料

社群假象：不掉進與他人比較的絕望陷阱 / 潔西
卡．艾寶 (Jessica Abo) 著；閻蕙群譯 . -- 初版 . --
新北市：方舟文化出版：遠足文化發行 , 2019.08
　　面；　公分 . -- (心靈方舟；ATH0018)
譯自：Unfiltered : how to be as happy as you look
on social media
ISBN 978-986-97453-7-6(平裝)

1. 社會心理學 2. 網路社群

541.7　　　　　　　　　　　　　108008857